LIVRE DE RAISON

DE LA

FAMILLE DE FONTAINEMARIE

1740-1774

PUBLIÉ PAR

PHILIPPE TAMIZEY DE LARROQUE

CORRESPONDANT DE L'INSTITUT

Ouvrage honoré de la Souscription du Conseil général
de Lot-et-Garonne.

AGEN

IMPRIMERIE VEUVE LAMY

—

1889

LIVRE DE RAISON

DE LA

FAMILLE DE FONTAINEMARIE

LIVRE DE RAISON

DE LA

FAMILLE DE FONTAINEMARIE

1740-1774

PUBLIÉ PAR

PHILIPPE TAMIZEY DE LARROQUE

CORRESPONDANT DE L'INSTITUT

*Ouvrage honoré de la Souscription du Conseil général
de Lot-et-Garonne.*

AGEN

IMPRIMERIE VEUVE LAMY

1889

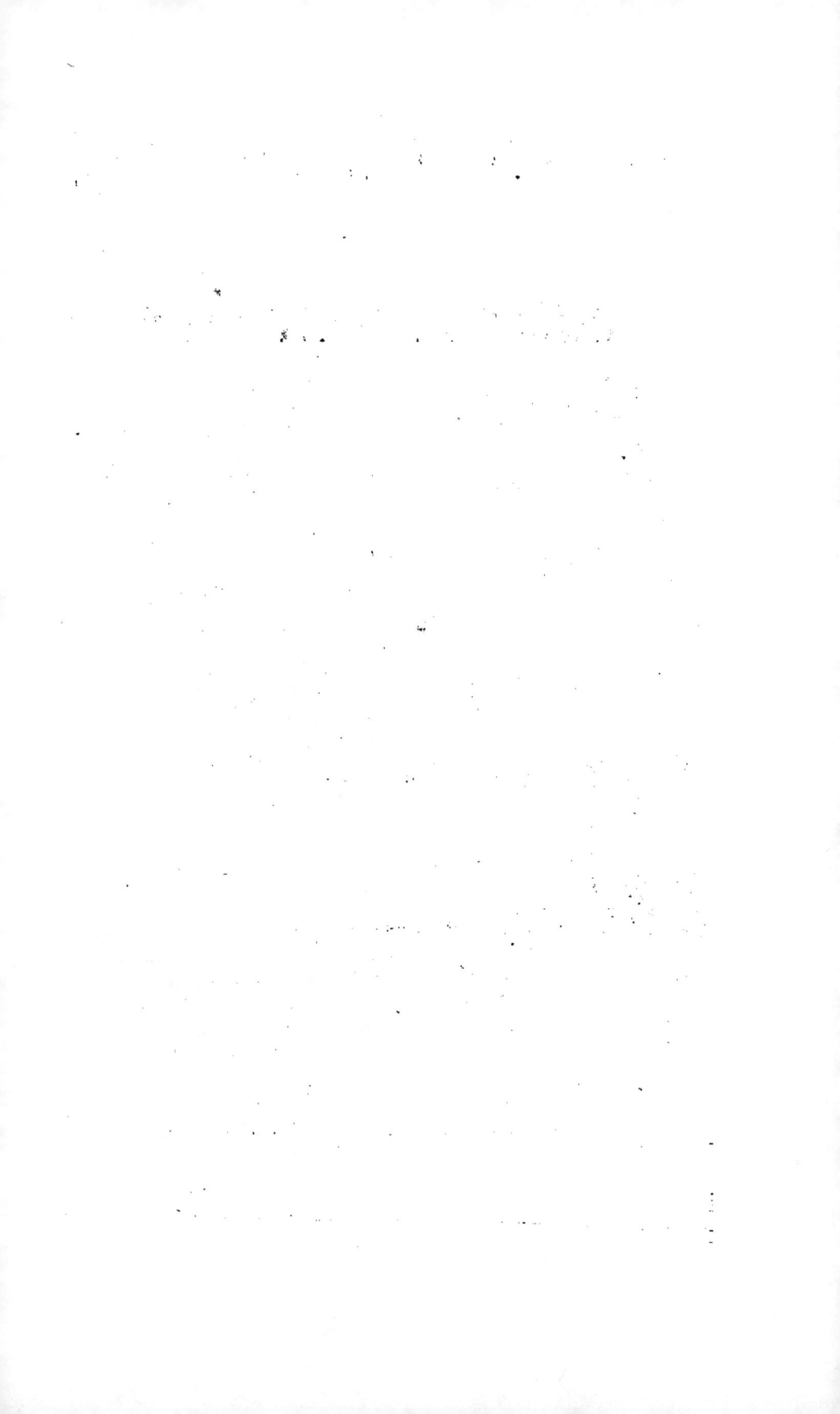

LIVRE DE RAISON

DE LA

FAMILLE DE FONTAINEMARIE

1640-1774

PUBLIÉ PAR

PHILIPPE TAMIZEY DE LARROQUE.

AVERTISSEMENT

M. Charles de Ribbe a tout dit sur les livres de raison en général, et M. Georges Tholin a tout dit sur les livres de raison de l'Agenais en particulier. Ne voulant pas revenir sur un sujet épuisé par les deux savants écrivains, je renverrai mes lecteurs aux nombreux ouvrages de l'un [1], au petit volume de l'autre [2], et je me contenterai de présenter en quelques mots aux amis des intimes récits du bon vieux temps, les rédacteurs successifs du journal que je viens mettre en lumière.

---

[1] On trouvera la liste complète de ces ouvrages dans l'essai de bibliographie des livres de raison qui figure à la suite des récits de la famille de Fontainemarie, essai que l'obligeante amitié de M. de Ribbe m'a tant aidé à étoffer.

[2] *Le Livre de Raison des Daurée d'Agen* (1491-1671). Texte précédé d'une étude sur quelques livres de raison des anciennes familles de l'Agenais (Agen, imprimerie Ve Lamy, 1880) Madame la comtesse Marie de Raymond avait demandé à M. Tholin cette publication, dont elle paya les frais avec son habituelle générosité. C'est là un des meilleurs titres de notre amie si regrettée à la reconnaissance de ceux qui ont le culte des vieux souvenirs.

1. Le premier de ces rédacteurs est Jacques de Fontainemarie, natif de la ville de Marmande, qui devint en 1660 conseiller à la Cour des aides et finances de Guyenne, et qui mourut doyen de cette compagnie, le 18 septembre 1708. Ce magistrat fut le grand homme de la famille. Son récit embrasse la période comprise entre les années 1640 et 1708.

2. Le second rédacteur est le fils aîné de Jacques de Fontainemarie; il portait le prénom de François. Né à Bordeaux en 1663, il mourut à Marmande en 1741, après avoir, comme son père, long-temps siégé à la Cour des aides de Guyenne. Son journal s'étend de l'année 1663 à l'année 1730.

3. Ce journal fut continué, de 1741 à 1750, par la veuve de François de Fontainemarie, Marie-Marguerite Boutin.

4. Le quatrième et dernier rédacteur est Jean Baptiste de Fontainemarie, fils de François, né à Marmande en 1723, mort dans cette ville en 1780. Comme son père, comme son grand-père, il appartint en qualité de conseiller, à la Cour des aides de Guyenne. Son journal remonte jusqu'en 1720 et descend jusqu'en 1774.

Ces récits qui, dans leur ensemble, forment l'histoire d'une famille pendant plus de cent trente ans, présentent diverses sortes d'intérêt. Fidèle miroir des mœurs du passé, le livre de raison des Fontainemarie nous révèle, ou du moins nous rappelle, des côtés bien curieux de la vie de nos pères. La sincérité des chroniqueurs, qui semblent se transmettre de main en main la même simple et naïve plume, nous permet de lire jusqu'au fond de leurs âmes, et ceux qui sont jaloux d'interroger le *document humain*, trouveront dans les mémoires de cette série d'honnêtes gens un attachant sujet d'étude.

Considéré au point de vue de l'histoire régionale, le recueil fournit divers renseignements qui ne sont pas à dédaigner, soit en ce qui regarde cette Cour des aides de Guyenne où, pendant plus d'un siècle, la famille de Fontainemarie fut si brillamment représentée, soit en ce qui regarde un assez grand nombre de villes de l'Agenais et du Bordelais, notamment Agen, Blanquefort, Cocumont, Fauillet, Gontaud, Izon, La Réole, Libourne, Marmande[1], Tonneins, Tournon,

---

[1] Les récits de MM. de Fontainemarie complètent en une foule de petits points la monographie publiée en 1872, sous les auspices du Conseil général de Lot-et-Garonne, par celui qui écrit ces lignes.

Vayres, Villeneuve-sur-Lot. Mais c'est l'histoire de Bordeaux qui tient le plus de place dans notre livre de raison, lequel pourrait passer pour un supplément à la *Chronique Bourdeloise*. Je citerai particulièrement les détails relatifs à l'entrée du maréchal d'Albret dans la capitale de la Guyenne (31 mai 1671), à l'émeute qui ensanglanta les rues de cette ville (27 mars 1675), etc.

J'aime à l'espérer, le journal des Fontainemarie sera plus qu'une lecture intéressante: il sera une lecture salutaire. En un temps où trop de publications égarent les esprits et les cœurs, puisse ce modeste recueil, où resplendissent les beaux sentiments et les nobles exemples, être fortifiant, bienfaisant pour tous ceux qui daigneront le parcourir ! Un proverbe indien glorifie l'homme qui a fait pousser un seul brin d'herbe. N'est-ce pas encourageant pour celui qui, s'occupant d'une culture mille fois plus précieuse, aurait fait éclore une seule vertu [1] ?

Pu. TAMIZEY de LARROQUE.

[1] Le livre de raison et divers autres documents utilisés dans les notes, m'ont été gracieusement communiqués par M. Maurice Boisvert, maire de Beaupuy, membre du Conseil général de Lot-et-Garonne, et descendant des Fontainemarie par sa grand'mère. En exprimant ici ma plus vive reconnaissance au fils d'un homme qui fut pour moi un ami dévoué, il m'est doux de constater que, dans la famille Boisvert, la bonté parfaite est une qualité héréditaire. Je dois aussi diverses excellentes indications à M. le docteur d'Antin, à M. Gustave de Colombet, qui l'un et l'autre se rattachent par d'étroits liens de parenté à la famille de Fontainemarie, à M. l'abbé Alis, curé de Xaintrailles, à M. A. Communay, ancien président de la Société des Archives historiques du département de la Gironde, à M. le comte Albert d'Auber de Peyrelongue, et je prie ces obligeants et aimables auxiliaires d'agréer mes plus chaleureux remerciments.

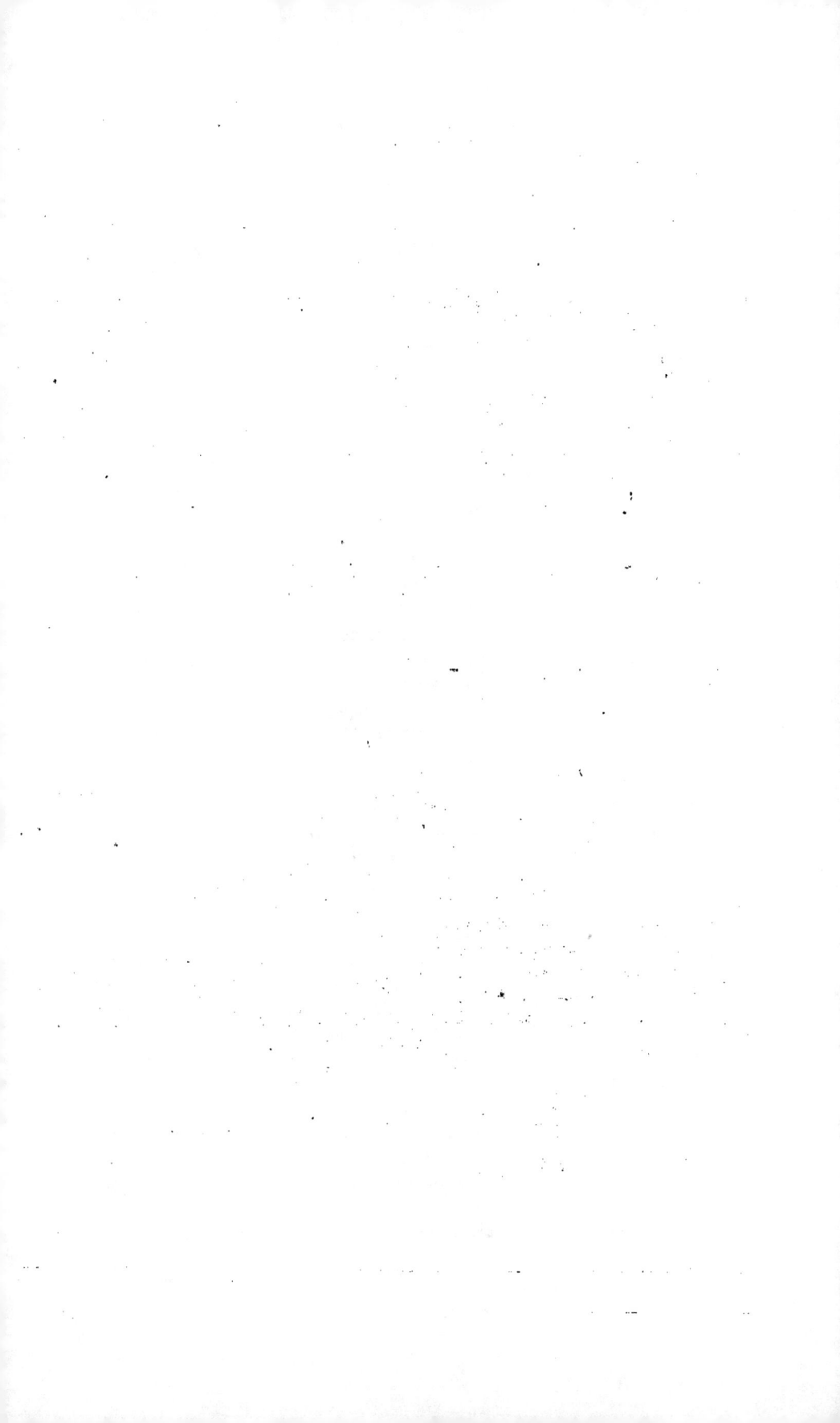

I.

JOURNAL DE JACQUES DE FONTAINEMARIE

(1640-1708)

Je suis nay (*sic*) à Marmande le 28 janvier 1640 [1] et baptisé le

---

[1] J'ai sous les yeux le contrat de mariage du père et de la mère du narrateur (Archives de M. Maurice Boisvert). Ce document porte la date du 23 septembre 1638. J'en extrais ce qui suit : « Dans la ville de Marmande en Agenois, aujourd'huy, 23 du mois de septembre 1638, maison du feu sieur Jean Dumourand, au quartier de Labat, pardevant moy notaire royal de ladicte ville soubsigné, ont esté constitués en leurs personnes, maistre Jean Fontainemarie, advocat en la Cour de Parlement de Bordeaux, et damoiselle Jacquette de Villepreux, habitans dudict Marmande. Ledict sieur procède de l'advis et consentement du sieur Jean Fontainemarie, son père, de Françoise de Treilhes, damoiselle veuve de feu sieur Jean Verguin, son ayeule maternelle, messire Pierre Daspe, archiprestre et recteur de la présante ville, son couzin, damoizelle Marthe de Pigousset, femme de noble Jean de Lagoutte de Lapujade, escuier, sieur du Bascon, sa couzine, Pierre Jean Sacriste, son oncle, Jeanne de Verguin, damoizelle, femme dudict sieur Sacriste, etc, et ladicte damoizelle de Villepreux, de l'advis et consentement de damoiselle Hélène de Lavergne, veuve dudict feu sieur Dumourand, sa tante...» Jacquette de Villepreux était fille de « feu maistre Guillaume de Villepreux, advocat en la Cour de Parlement de Bordeaux et de damoiselle Olive de Lavergne. » L'époux reçoit douze mille livres et l'épouse six mille. Les archives de M. Boisvert possèdent aussi le contrat de mariage du grand-père et de la grand'mère du narrateur. On lit dans cette pièce que, le 4 mai 1600, « ont esté personelement establis Me Jehan Fontainemarie, advocat en la Cour ordinaire dudit Marmande, et honneste filhe Françoise Verguin. » Cette Françoise était fille de feu Jehan Verguin, bourgeois, et de Françoise Treilhes ; elle est assistée de « Jehan Morisseau, bourgeois dudit Marmande, son oncle, de sieur Guillame Pigousset, son cousin germain, de M. Alexandre Daubert, escuier, aussi son cousin, tous habitans dudit Marmande ». L'acte est passé « en la maison des trois Verguin en présence de Me Nicolas Deymier, advocat en la Cour ordinaire de Sainte-Bazeille, et de Me Amanieu Boisvert, advocat en la Cour ordinaire de Marmande ».

Le grand-père du narrateur, Jean, bourgeois de Marmande, testa en

5 février suivant dans l'église paroissialle de ladite ville, et confirmé dans celle de Tivras [1].

J'eus une sy grande maladie le mois d'aoust 1652 qu'on me croioit mort. Les novices des Carmes de Bordeaux communièrent à mon intention avec leur père (Melaine de St-Jean-Baptiste) qui l'escrivit le 19 septembre de ladite année au père prieur des Carmes de Marmande. Enfin Dieu me donna la santé. Mon père et ma mère furent alors à l'extrémité de vie.

Quelque temps après, à cause de la peste et de la guerre [2], nous fûmes à Beaupui chez le sieur Sacriste [3] avec les sieurs Villepreux [4] et Groullie en famille. Les ennemis firent un parti composé de treize

---

cette ville, le 9 décembre 1643, en faveur de son fils Jean, avocat. L'ouverture du testament fut faite le 18 juillet 1654, devant Jean de Bastard, avocat en la Cour, juge lieutenant principal (Archives de M. Maurice Boisvert).

Rapprochons de ces actes un testament de Françoise de Treilhes, en date du 21 avril 1643, conservé aux Archives départementales de Lot-et-Garonne (Registre des insinuations de 1643-44, f° 163). Par ce testament, la veuve de Jean Verguin « donne et lègue à Jean Fontainemarie, le jeune, fils de Me Jean Fontainemarie et de feue Françoise Verguin, la somme de 1500 livres ».

[1] Ancienne paroisse située dans la commune de Marmande, à 2 kilomètres à l'ouest de cette ville.

[2] Il s'agit là de la Guerre de la Fronde. M. Georges Tholin prépare un recueil de documents inédits relatifs à l'histoire de la Fronde en Agenais, recueil qui promet d'être bien curieux.

[3] Nous venons de trouver le nom de ce Sacriste dans le contrat de mariage du 23 septembre 1638 (note 1). Voir sur la famille Sacriste, qui a une petite généalogie dans l'*Armorial général de la France*, de Louis-Pierre d'Hozier (t. I. p. 181), une note de la monographie déjà citée de la ville de Marmande (p. 118).

[4] Les Fontainemarie ont eu plusieurs alliances avec les Villepreux, comme on le verra dans divers passages du livre de Raison. Mentionnons les renseignements donnés sur la famille de Villepreux par le d'Hozier de notre région, M. le docteur Jules de Bourrousse de Laffore, dans son étude (en cours de publication) sur l'*Etat de la Noblesse et des vivant noblement de la Sénéchaussée d'Agenais en 1717*.

personnes pour y prendre des prisonniers. Les uns furent à Castecu [1] où estoit ma mère avec ledit sieur Villepreux, son frère ; ils firent colation chez ledit sieur Sacriste qu'ils prirent prisonnier et en eurent 2,000 livres de rançon, du sieur Groullie 240 livres et du sieur Plombart 100 livres qu'ils prirent aussy prisonniers. Ils ne dirent rien à mon père attendeu qu'ils creurent qu'il estoit le curé de la paroisse, comme ils ont dit depuis. Cette aventure arriva le 5 juillet 1653 auquel jour en action de graces, il est bon de faire dire une messe comme mon père. A cela près nous feumes à Foucaude, proche La Réolle [2], où nous demurasmes sept mois chez le sieur Laborie, beau-frère de mon père.

Le 22 décembre 1657, j'ay souteneu des thèses de mois en philosophie soubs M. Pierre, principal dudict collège (de Guyenne) [3]. Le xi may 1658 j'en ay souteneu dediée à la Vierge, *ex logica, ex phisico auditu, et ex libris de Cœlo et mundo* [4].

Le 25 aoust 1658 j'ay souteneu un acte particulier en philosophie

---

[1] Le domaine de Castecu, situé dans la commune de Beaupuy (canton de Marmande), appartient aujourd'hui à Madame Bastrate, née Bonnard et parente des Fontainemarie. Voir à l'*Appendice*, sous le nº 1, un *Mémoire concernant la maison noble de Castecu, ses appartenances et dépendances,* rédigé dans la seconde moitié du XVIIe siècle par Jacques de Fontainemarie et tiré des Archives de M. Boisvert.

[2] Foncaude formait autrefois une juridiction de la sénéchaussée de Bazas. Voir *Archives historiques du département de la Gironde* (tome XIII, p. 560, document de 1698). Ce n'est même plus aujourd'hui un simple chef-lieu de commune.

[3] Ce principal est nommé Jacques Piers dans le chapitre XXV de l'*Histoire du collège de Guyenne,* par M. Ernest Gaullieur (Paris 1874, p. 425-431). C'était un Irlandais qui d'abord professeur au collège de Guyenne, en devint directeur par intérim en 1629, directeur titulaire en 1646 et qui mourut en avril 1667.

[4] Traités d'Aristote ou du moins attribués à ce savant et qui font partie des *Météorologiques.*

au collège des Loys dédié à M. le présidant Latresne [1] à cause de l'incendie arrivée [2] au collège de Guyenne [3].

Le XIII mars 1659 j'eus de lettres de mestre ez arts.

Je feus receu advocat le 15 décembre 1659 ayant commancé d'estudier en droit à l'ouverture du collège.

Le 15 may 1660, les articles de mariage d'entre demoiselle Jeanne de St-Angel [4] et moy furent signés à Bordeaux. Mon père et ma mère n'ayant que moy me constituent 50,000 livres ; M. et Mlle de St-Angel 20,000 livres à leur fille ainée [5].

Le 5 octobre 1660 mon père m'achepta un office de conseiller en la cour des aydes et finances de Guyenne pour 28,000 livres [6].

Le 21 février 1661, jour de lundi à 4 heures du matin, nous avons épousé dans l'église paroissiale de St-Cristoly de Bordeaux. J'ay

---

[1] François Artus le Comte, conseiller au Parlement de Bordeaux en 1629, était devenu président à mortier en 1637, et fut célèbre pendant la Fronde sous le titre de président de la Tresne. Ce fut le père du premier président Jean-Baptiste Le Comte, Captal de La Tresne. Voir *Le Parlement de Bordeaux. Notes biographiques sur ses principaux officiers* par A. Communay, (Bordeaux, 1886, p. 117).

[2] On a souvent fait le mot incendie du féminin en dépit de l'étymologie (*incendium*) et à cause de la désinence. Tout le monde connaît le joli mot de Sophie Arnould à ce sujet.

[3] Je ne vois pas la moindre trace de cet incendie dans l'ouvrage de M. Gaullieur. En revanche, la *Chronique Bourdeloise* nous apprend (p. 84) qu'à la suite de l'embrasement de l'Hôtel-de-Ville (13 décembre 1657), « l'église St-Eloy, le collège de Guyenne, et plusieurs autres bastiments non soulement circonvoisins, mais encore bien éloignés, furent beaucoup endommagés ».

[4] Voir sur la famille de Saint Angel, dans le tome XIII des *Archives historiques du département de la Gironde* (p. 199-200), un document du 17 octobre 1599.

[5] J'ai vu les *Articles de mariage entre M. Jacques de Fontainemarie, advocat en la Cour de Parlement de Bourdeaux, fils naturel et légitime de M. Jean de Fontainemarie, aussy advocat en ladite cour de Parlement, seigneur de la maison noble de Castecu, et de damoizelle Jacquette de Villepreux, ses père et mère; et damoizelle Jeanne de Saint-Angel, fille légitime de noble Françoise de Saint-Angel, escuyer, seigneur de la Brède, et de demoizelle Jeanne de Mallet, ses père et mère, habitans de Bourdeaux, etc.* La future épouse est assistée de son oncle, « noble Estienne de Mallet, escuyer, gouverneur des villes et chateaux de Cadillac et Rions sur Garonne. »

[6] C'était l'office laissé vacant par le décès de Louis de Chezelles.

donné à ma femme treize louis d'or[1] pour erres[2] et quelques petites nippes avec un Rond d'Or, luy ayant reconneu 2,000 livres pour des bagues et joiaux par nostre contrat de mariage du 8 février 1661 receu par Rougier, notaire royal dudit Bordeaux. Sortant de l'église nous sommes allés chez ledit sieur de St-Angel où nous avons demuré huit jours. De là nous sommes allés dans un appartement d'une maison de la dame Dunoier que j'avois loué pour trois ans le 6 janvier 1661 à raison de 400 livres par an et 30 livres par dessus.

Le 13 mars 1661 mon père a acquité une lettre de change de 500 livres et de ses deniers pour ma dispanse d'aage; il a donné 100 livres à celuy qui en poursuivit l'obtention.

Le 21 mars 1661 les semestres assemblés pour me donner loy M. le président Maniban[3] a prié la Cour de luy accorder un delai pour rapporter les provisions qu'il poursuivoit pour son fils auprès de Sa Majesté d'un office de conseiller en la Cour dont il disoit avoir

---

[1] Voir dans l' *Intermédiaire des chercheurs et curieux*, du 25 juillet 1887, une note sur l'*usage du treizain dans le sud-ouest de la France* (p. 418).

[2] *Errhes* pour *Arrhes*. Littré, sous le mot arrhes du *Dictionnaire de la langue française*, a constaté que la forme *errhes* a duré jusque dans le XVIIe siècle. Ce n'est pas assez dire et, en province, on retrouve cette forme encore employée au siècle suivant.

[3] Gui de Maniban, fils de Jean de Maniban, seigneur de Lusson et de Larroque, successivement conseiller au grand Conseil, maître des requêtes et lieutenant général en la sénéchaussée de Bordeaux, et de Jeanne de Ram, fut d'abord conseiller-commissaire aux requêtes du Palais de Bordeaux; il acquit, en 1633, une charge de président en la Cour des Aides. L'année suivante, il épousa Marie de Lavie, fille de Marc Antoine de Lavie, conseiller au parlement. Il mourut en 1689. Son frère cadet, Thomas de Maniban, habita Toulouse, où il devint avocat général, puis président à mortier au parlement de cette ville. Il fut l'auteur d'une branche qui s'éteignit par une fille, dans la maison du marquis de Bourbon-Malauze et à laquelle appartient François-Honoré de Maniban de Cazaubon, évêque de Mirepoix en 1721 et archevêque de Bordeaux en 1729. Nous retrouverons plus loin le fils de Guy de Maniban, nommé Alphonse, qui succéda à son père dans la charge de président. Sur le père et le fils on consultera avec le plus grand fruit un ouvrage que prépare M. A. Communay, sur les officiers de la Cour des Aides de Guyenne, et qui sera le digne pendant de son recueil relatif aux officiers du Parlement de Bordeaux.

traité il y a eu trois mois et cependant [il a été sursis] à ma réception ; il feut receu le premier aoust 1661 et moy le 5.

Le 15 février 1662, mon père a donné quittance receue par ledit Rougier audit sieur et demoiselle de St-Angel de 2,000 livres qui a esté employée au paiement de partie de nostre ameublement, le surplus de icelluy ayant esté payé de l'argent de mon père, qui m'avoit envoyé par Jean Chalard, munier (*sic*) de Castecu, cinquante pistoles pour me mettre en estat d'epouser ; il m'a achepté une robe de palais de drap d'Hollande, une sotane et manteau long de moire.

Mon père est mort à Marmande le 20 janvier 1663 à 7 heures d'un samedi matin, jour de saint Fabien et saint Sébastien. Le lendemain, son corps a esté porté aux Carmes où ma mère a fait dire tous les jours une messe expresse pour raison de quoi elle leur a donné 100 livres. L'invantaire de ses meubles a esté fait le 4 février 1663 par Boutet dit Boutilhon, notaire de Viraseil [1].

Sur nos enfants :

Le 15 novembre 1661, à deux heures après minuit, ma femme a accouché d'un garson qui a esté donné à Baptesme à mon père et à Mlle de Saint-Angel : il est mort le 2 de novembre et a esté enseveli à St-Projet à Bordeaux.

Le 9 octobre 1662, à une heure après minuit, ma femme a accouché d'une fille baptisée à St-André, à Bordeaux le 9 novembre suivant, mon père parrain, Mlle St-Angel, marraine ; son nom est Jeanne.

Le 4 décembre 1663, à 4 heures après minuit, ma femme a accouché d'un garson baptisé le XI juillet 1667, ayant eu l'eau auparavant, ledit sieur de St-Angel parrain, et ma nièce, marraine ; il s'appelle François.

Le 25 juillet 1664, ma femme estant grosse de deux mois, s'est blessée.

Le 28 may 1665, ma femme a accouché d'un garson baptisé [2] par M. Mallet et Mlle St-Angel, sa tante, le 4 juin de ladite année ; son nom est Estienne.

---

[1] Virazeil, commune du canton de Marmande, à 5 kilomètres de cette ville.
[2] C'est-à-dire tenu sur les ons baptismaux par...

(En regard de cet article on trouve à la marge la note que voici ajoutée près d'un demi-siècle plus tard : « il est mort cappitaine d'infanterie dans le régimant de Foix du côté de Strasbourg en septembre 1702.) »

Le 4 septembre 1666, ma femme a accouché d'un garson à une heure après minuit ; il a esté baptisé le xı juillet 1667, par le sieur St-Angel l'aîné et la demoiselle de Faure à la place de la demoiselle de Villepreux, ma tante ; son nom est Jean.

Le 10 aoust 1667, ma femme a accouché d'un garson baptisé par deux pobres[1]. Son nom est Jacques ; il est mort à Marmande le 28 septembre 1671. Il a esté enterré dans la sépulture de mon père aux Carmes.

Le 6 août 1669, jour de mardi, ma femme s'est blessée estant grosse de cinq semaines.

Le 12 juin 1670, ma femme a accouché d'un garson baptisé par François Fontainemarie, son frère, et Mᵘᵉ St-Angel la jeune, sa tante ; il est mort le 31 juillet suivant et enterré à St-Seurin, faubourg de Bordeaux, où il estoit en nourrice. Son nom estoit Joseph.

Le 3 juillet 1671, ma femme a accouché d'un garson baptisé le lendemain par nostre dit fils François et ladite demoiselle de St-Angel. Son nom estoit aussi Joseph ; il est mort le 14 février 1695 ; il a esté enterré le lendemain à Bordeaux, dans la deuxiesme chapelle de l'aisle gauche en entrant à St-André.

Le 1ᵉʳ février 1673, ma femme a accouché, à Bordeaux, comme les autres fois et blessée de mesme d'une seconde fille, baptisée le 3 dudit mois, ledit sieur Villepreux, parrain et dame Marguerite de Larrocque, marraine, femme dudit sieur Mallet ; son nom est Marguerite. Elle est décédée le 13 mars 1674, et enterrée à Fargues[2].

---

[1] Il arrivait souvent que l'on prenait pour parrain un pauvre que le hasard amenait vers la maison du nouveau-né. Le grand Montesquieu fut ainsi le filleul d'un mendiant qui s'appelait Charles-Louis. Voir plusieurs exemples de pareils baptêmes dans une note de mon compte-rendu de l'*Histoire de Montesquieu* par Louis Vian (*Revue critique* du 27 avril 1878, p. 276).

[2] Commune du département de la Gironde, canton de Créon, à 11 kilomètres de Bordeaux.

Le 7 avril 1674, ma femme a accouché d'une fille baptisée le lendemain par Estienne Fontainemarie et Catherine Roustaut, demoiselle. Son nom est Catherine.

Le 16 mars 1676, ma femme a accouché à Marmande, d'un garson baptisé le lendemain, dans l'église paroissialle de ladite ville; mon oncle Fontainemarie a esté son parrain et Jeanne Fontainemarie sa sœur, sa marraine, il s'appelle Jean.

Le 15 avril 1677, ma femme s'est blessée à Marmande, estant enceinte de six semaines.

Le premier jour de mars 1678, ma femme s'est blessée, croit-on, de deux enfants, grosse de sept semaines y en ayant cinq qu'elle estoit malade d'une fièvre continue avec des redoublemans des douleurs par tout le corps avec un mal de teste et de gosier effroiable. Je la trouvé dans cet estat à Marmande, venant de Bordeaux. J'ay fait prier Dieu pour elle à Nostre-Dame de Verdelais [1] où j'ay envoyé le sieur Plombart [2] et à Marmande, n'ayant rien espargné pour cella. J'ay eu plusieurs médecins, dont l'un nommé Proust, très habille, estoit à la suite de la chambre de l'Edit où il avoit un procès important, ladite chambre estant alors à Marmande de mesm) que le Parlement [3]. Dieu luy a donné la santé.

Le 22 octobre 1678, estant à la Duronne [4], ma femme s'est blessée

---

[1] Dans la commune d'Aubiac, canton de St-Macaire, arrondissement de La Réole, à 18 kilomètres de cette ville, et à 38 kilomètres de Bordeaux.

[2] Quand j'ai eu le plaisir d'examiner, en compagnie de M. Maurice Boisvert, les vieux papiers de ses archives, nous avons trouvé, parmi ces papiers, deux très anciennes et très naïves gravures qui représentaient la statue de N-D de Verdelais et qui appartenaient peut-être à l'époque où nous place le passage que l'on vient de lire.

[3] Le parlement de Bordeaux avait été transféré à Condom, en novembre 1675 et de Condom à Marmande en janvier 1676. Les deux compagnies siégèrent dans cette dernière ville jusqu'en mai 1678. Voir *Notice sur la ville de Marmande*, p. 110.

[4] Le domaine de la Duronne est situé dans la commune de Birac, canton de Marmande, à onze kilomètres de cette ville. Après avoir longtemps appartenu à la famille Fontainemarie, ce domaine passa à la famille Bouic, qui l'a vendu depuis une vingtaine d'années. Nous trouverons plus loin des détails sur l'achat de la Duronne par Jacques de Fontainemarie en 1670.

estant grosse de six semaines. Ma femme n'a plus porté d'enfants depuis ce terme.

Le premier avril 1664 j'ay loué au sieur Saint Martin, chanoine, une partie de sa maison presbiteralle située à la place Saint-Andre à Bordeaux pour 350 livres par an, et le 19 décembre 1667 je lui ay loué toute l'autre maison à 550 livres par an, d'où j'en ay souloué une partie pour 150 livres par an au sieur Polland, secrétaire du roy en la chancellerie près la Cour des Aydes, les contrats ayant esté receus par ledit Rougier.

Quelques particuliers de Marmande ne pouvant dissimuler la peine qu'ils ont de me voir conseiller en cour souveraine ont obligé les sieurs Roquette et Silvine, premier et second consul [1], de me fascier dans une procession, prétextant qu'un laquè (*sic*) parisien que j'avois vouloit marcher devant eux tenant un baton haut la main, la conduite desquels Rocquette et Silvine a esté désapprouvée par les sieurs Mimaut et Bourgoignon, 3e et 4e consuls, et comme lesdits Rocquette et Silvine ont mandié un acte de jurade, les principaux taillables ont nommé scindic le sieur Groullie pour s'y opposer, dont ayant fait un procès verbal il a esté decretté d'adjournement personnel par le lieutenant criminel de Libourne devant lequel ils ont randeu leur audition, et comme il m'a esté permis d'informer du conteneu en mon procès verbal l'information a esté faitte. Cependant l'instance ayant esté portée au grand conseil, Monsieur le Marquis de Saint-Luc, chevalier des ordres du roi et lieutenant général pour sa Majesté en Guyenne, m'ayant fait demander ma parolle par M. de Mallet à la prière desdits Rocquette et Silvine, je la luy ay donnée par l'advis de Messieurs de nostre compagnie.

S'ensuit l'acommodement de M. le lieutenant du Roy.

A Bordeaux le 9 d'avril 1664, Mrs les conseuls, ayant examiné les différans survenus entre M. Fontainemarie, conseiller à la Cour des Aydes et les sieurs Rocquette et Silvine, pour lors conseuls de vostre ville, sur ce qui se passa à la procession de la pentecoste, dont il y a eu instance au grand Conseil, j'ay trouvé à propos de finir cet affaire pour empescher les suites de vos divisions et établir le repos

---

[1] Les noms de ces deux consuls, comme les noms de deux autres consuls de la même année mentionnés un peu plus bas, manquent à la notice sur la ville de Marmande. Le livre de raison nous fournira bien d'autres renseignements additionnels.

de vostre communauté. Pour cet effet, la présente recue, un de vous sera députe pour aller avec lesdits sieurs Rocquette et Silvine dans la mai on dudit sieur Fontainemarie l'assurer que la communauté ny les particuliers n'ont eu aucun dessain de luy contester aucun rang, qu'ils luy rendront ce qui est deub à un conseiller à la Cour des Aydes, qu'ils honorent et respectent sa personne et son caractère, qu'ils le supplient très humblement d'oublier tout le ressentiment qu'il pourroit avoir eu contre lesdits sieurs Rocquette et Silvine, qu'ils n'ont jamais eu pensée de luy déplaire, et que s'il a creu en avoir eu occasion, ils luy en demandent excuse, comme aussy ladite communauté et lesdits Rocquette et Silvine le remercieront tres humblement de ce qu'il luy a pleu quitter à ma considération les dépens qu'il prétandoit de ladite instance. Et affin que les choses se fassent de part et d'autre sans y rien oublier, et que ledit sieur Fontainemarie en ayt une entière connoissance, vous fairès enregistrer la presante et luy en fairès donner une copie expediee par nostre greffier, moienant quoy toutes choses demeureront assoupies de part et d'autre, à quoy m'assurant que chaquun se conformera, je demeureray, M** les conseuls, vostre plus affectionné à vous servir. SAINT-LUC.

A *Mess. Mess. les Conseuls de Marmande.*

Cette copie a esté extraite sur le livre de jurade de la ville de Marmande par sieur Jean Despeironne, consul à Marmande [1], le 15 d'avril 1564. J'ay ladite copie avec mes provisions.

Cet accommodement a esté executé. Ledit sieur Despeironné, consul, ayant esté député, il me mena chez moy dans ma maison à Marmande, accompaigné de Lambert, greffier de la communauté, desdits sieurs Rocquette et Silvine, qui me firent la satisfaction portée par ladite lettre de Monsieur le marquis de Saint-Luc, qui fut leue deux fois par ledit sieur Despeironne, député, en présance de plusieurs de mes amis, particulièrement des dits sieurs Mimaut et Bourguignon, alors consuls et collègues desdits sieurs Rocquette et Silvine que j'avois prié de se trouver chez moy, d'où sortant les dits sieurs Despeyrone, député, Lambert, greffier, avec les dits sieurs Rocquette et Silvine, je ne les accompaigné que jusqu'à la porte du salon.

_____

[1] Encore un personnage consulaire dont le nom n'a pas été inscrit dans la *notice sur la ville de Marmande.*

Les conseuls de Marmande ont esté condamnés en 300 livres à la requeste de M. le Procureur général par arrest de la Cour des Aydes pour une levée de dix sols sur chaque pièce d'eau de-vie qui entroit dans ladite ville ou qui se portoit sur le port d'icelle. Il faut voir mon livre de collections d'arrests.

Le 12 juin 1668 la Cour, moy y estant, en presance dudit sieur marquis de St-Luc et du sieur Pellot, intendant [1], a enregistré l'Edit portant suppression de la crue et du semestre créés par autre Edit du mois de juillet 1659. Il en a couté 30.000 livres à M. Suduiraut, premier président [2], 8.000 livres à chaquun des autres présidents, et 9.000 livres à chaquun des conseillers. J'ay payé cette somme. Toutes ces pièces sont ensemble avec mes provisions.

Le 28 juillet 1669 nostre compaignie a assisté aux Jésuites à Bordeaux à un acte particulier de philosophie qui luy a esté dédié par sieur Pierre de la Ville, fils du feu sieur la Ville, secrétaire du Roy en la chancellerie près la Cour des Aydes.

Le 2 aoust 1669 M. de St-Angel, père de ma femme, est mort ; il a esté le lendemain ensevely à St-Cristoli. Il a fait son testament le 3 novembre 1668 receu par ledit Rougier. Sa femme a la jouissance; son ainé est héritier ; il y a substitution jusqu'aux filles.

Par transaction du 3 octobre 1669 receue par d'Artigolle, notaire de Marmande, le sieur Brezetz, cappitaine [3], dont mon père avoit esté curateur, et moy demurons reespectivement quittes pour raison de cette curatelle circonstances et dépendances.

Le 19 novembre 1669 le sieur Roux ayant dedié un acte particulier de mathematique audit sieur Suduiraut, premier présidant, nous y avons assisté aux Jésuites.

---

[1] Claude Pellot, seigneur de Port-David et Sandars, était intendant de Guyenne depuis l'année 1664 ; il mourut premier président du parlement de Rouen, le 13 août 1683.

[2] Comme je l'ai fait pour le président de Maniban, je renverrai, pour le premier président de Suduiraut, au travail que M. Communay prépare sur les officiers de la cour des aides de Guyenne.

[3] La famille de Brezetz est une des vieilles familles de Marmande. J'ai rappelé (*notice* sur cette ville, p. 90) qu'à la fin du XVI° siècle, Isaac de Brezetz, reçui de la reine Marguerite de Valois, dame apanagiste du comté d'Agenais, les provisions de Juge royal à Marmande.

Le 30 novembre 1669 le Roy a interdit M[rs] d'Hostein et Métivier, présidans, et Lamezan, conseiller, et a exilé ledit sieur d'Hostein à Auxerre, ledit sieur Métivier à Alanson, et ledit sieur Lamezan à Saint-Malo. Ledit sieur Métivier a esté rappellé 6 sepmaines après, et lesdits sieurs d'Hostein et Lamezan le XX décembre 1670 [1].

La communauté de Marmande ayant un procès à la Cour des Aydes au rapport de M. Lavigerie, doyen, les sieurs Coudroy, bourgeois [2], et Fizelier [3], scindic, députés de la communauté, me sont veneus saluer de sa part, et le 30 mars les sieurs d'Auber [4], Labarchede, Laperrière et Faget, conseuls de 1670 [5], m'ont envoié une lettre signée de tous eux à la réserve dudit sieur Laperrière pour ne scavoir escrire ; cette lettre m'a esté randue par ledit sieur Fizelier, scindic, par laquelle ils me prient respectueusement de randre justice à leur communauté.

Le 25 mai 1670, moy estant à Marmande, lesdits sieurs Labarchède et Faget. conseuls, me sont veneus saluer dans ma maison de la part de leur communauté, et me remercier de la disposition que j'avois à leur randre justice dans le susdit procès.

---

[1] On ne trouve mention ni de l'exil, ni du rappel de ces magistrats dans la *Chronique Bourdeloise*. Le président d'Hostein est-il le même que celui qui était déjà si mal noté, en 1644, dans une lettre du président de Lauson au chancelier Séguier (*Archives historiques du département de la Gironde*, tome XIX, p. 127), et qui, en 1653, est désigné par le duc de Vendôme et le duc de Candalle comme devant être exclu de la cour des Aides (Ibid. t. XV, p. 451) ?

[2] Probablement un des aïeux de M. Coudroy de L'Isle, ancien lieutenant d'infanterie au régiment d'Orléans et consul de Marmande en 1752, mentionné dans la notice de 1872, p. 114.

[3] On retrouve deux fois ce nom dans la même notice : en 1750, il s'agit (p. 113) d'un consul et, en 1764 (p. 116) d'un procureur syndic de la ville.

[4] C'était François d'Auber, écuyer, seigneur de Peyrelongue ; il était fils de Guillaume d'Auber de Peyrelongue, écuyer, mentionné dans un document du 20 décembre 1624 que j'ai reproduit dans la *notice sur la Ville de Marmande* (p. 103). Voir sur la famille d'Auber de Peyrelongue une intéressante note dans la *notice sur le château, les anciens seigneurs et la paroisse de Mauvezin* par M. l'Abbé Alis (p. 556-557).

[5] Si le nom de *Labarchede* est absent de la *notice sur la ville de Marmande*, en revanche on y trouve plusieurs fois mention des noms *Laperrière* et *Faget*. Voir pages 110, 119.

Le dernier jour du mois de may 1671 M. le Mareschal d'Albret, chevalier des ordres du Roy, gouverneur et lieutenant général pour sa Majesté en Guyenne, a fait son entrée à Bordeaux par la porte du Caillau [1]. Le jour precedant il s'en alla incognito chez le sieur Lombard aux Chartrons d'où on l'alla chercher dans un bateau ou maison navalle, ayant esté receu au bruit du canon de la ville, du Chasteau Trompette et des vaisseaux qui estoient au port, et de descharges de trente-six compagnies de la bourgeoisie que le sieur Villepreux, major de Bordeaux [2], avoit mis sous les armes. M. le gouverneur ayant abordé à une tribune aux harangues, les maire et jurats furent les premiers qui l'aranguèrent (sic), luy ayant présanté dans un bassin d'argent une clef de la ville et les leur rendit après les avoir prinses ; à suite ayant monté au haut de ladite tribune il s'assit dans un fauteuil ayant soubs ses pieds un carreau de velours. Dans cet estat les juges et conseuls de la Bourse luy ont fait leur compliment ; après eux, les officiers de l'eslection, à suite l'université, après le sénéchal, le présidial, après les présidans et thrésoriers de France. Ces harangues finies, les députés de la Cour des Aydes ayant pareu, duquel nombre j'estois, M. le Mareschal desandits (sic) de la dite tribune et fit la moitié du chemin et nous l'autre moitié, suivant les ordres du roi couchés sur nostre registre, et dans cet endroit, c'est-à-dire au milieu du chemin, à prandre depuis la tribune aux harangues jusqu'à la porte du Caillau, M. le président Metivier portant la parolle se distingua à son ordinaire et luy fit sa harangue [ici cinq lignes raturées avec tant de soin, qu'il est' impossible

---

[1] Conférez la continuation de la *Chronique Bourdeloise* p. 102 et 107. Les deux narrateurs sont d'accord sur les points principaux, mais chacun d'eux donne quelques détails différents et les deux récits se complètent l'un par l'autre.

[2] On lit dans la *Chronique Bourdeloise* (continuation de 1671 à 1700, p. 112) : « du 4 décembre (1686), le Roy ayant pourvu le sieur de Villepreux fils, l'un de ses mousquetaires, de la charge de Sergent-Major de la Ville sur la démission volontaire que le sieur de Villepreux, son père, en avoit fait, les Lettres de provision de Sa Majesté furent enregistrées dans les registres de l'Hôtel-de-Ville. » C'était le 27 août 1653 (*Chronique Bourdeloise*. Continuation de 1620 à 1672, p. 67) que le sieur de Villepreux le père, « escuyer » avait été « receu en la charge de Major de la Ville, par la recommandation de son Altesse de Vendosme, aux gages de six cens livres annuellement en temps de paix, et de douze cens livres en temps de guerre. »

d'en déchiffrer un seul mot] *Nous nous sommes randeus au palais tenant les deux costés de la rue du chay de farines dont nous estions les maistres n'y ayant ni cavalerie ny infanterie mesme les deux rues qui y aboutissent venant de celle des Argentiers, lesquelles deux petites rues estoient fermées d'une barrière chaqune.*

Le premier du mois de may de ladite année, moy estant à Marmande, les sieurs Brezetz, cappitaine, Campaignol, le sieur Fizelier, et autre Fizelier, greffier, le sieur Perret, procureur du roy [1], portant la parole, estant accompaignés de maistre Jean Sacriste, scindic de la Communauté, des sieurs Villepreux, Basin, prestre, Marucheau puisné, Roquette, deux Fagets, frères, Despeirone, Mimaut La Sansonnette, Fauché, d'Artigolle, et Coudroy, secrétaire de la ville, m'ont porté un may à son nom ; je l'ay agréablement receu, tout s'est bien passé de part et d'autre et rien n'a esté oblié (*sic*).

Le 9 avril 1670, jour de mercredy de Pasques, sieur François de St-Angel feut, le soir, assassiné dans la rue St-Pol, et mourut à 7 heures du soir. Le nommé *Laborie* qui le tua a esté condamné par défaut à estre pandeu par le lieutenant criminel de Libourne. Cette mort a acquis à ma femme une portion de légitime sur laquelle Mlle de St-Angel, sa mère, m'a donné 451 livres.

Le 24 décembre 1670, demoiselle Hélaine de Lavergne est décédée à Marmande ; elle a esté enterrée aux Cordeliers dans la sépulture de feu sieur Dumoran, son mari [2].

J'ay acheplé le domaine de la Duronne uniquemant pour contanter ma mère scitué dans la paroisse de Birac, élection d'Agen, proche Marmande, pour dix mille livres des sieurs Lavergne et Villepreux, héritiers de ladite demoiselle de Lavergne, par contrat du 21 juillet

---

[1] Les Perret occupèrent souvent la charge de procureur du roi à Marmande, depuis la fin du XVIe siècle jusqu'à la fin du XVIIIe (*Notice sur la ville de Marmande*, pp. 91, 110, 118).

[2] Hélène de Lavergne et son mari Jean Demourand ont été déjà mentionnés dans la première note de la première page, note contenant des extraits du contrat de mariage de Jean de Fontainemarie et de Jacquette de Villepreux.

et 30 septembre 1670, retenen par Deymier, notaire royal de **Mau**-
vesin [1], demeurant à Castelnau sur Gupie [2].

Mgr l'Evêque d'Agen estant à Paris [3], ses vicaires généraux me
donnèrent un titre de plassemant de banc dans l'église paroissialle
de Marmande le dernier décembre 1675 en verten duquel titre ledit
banc a esté plassé le 28 janvier 1676, moy y estant en presance de
M. Laganzeire, curé, par le nommé Raboi, maistre menuisier, auquel pour sa façon ma mère a donné 30 livres, luy ayant conté 60 livres des deniers de sa mère, outre les 30 livres, suivant ce que
ledit sieur curé m'avoit dit, dont ledit Raboi m'a donné quittance le
23 décembre 1675, attendeu que lorsqu'on veut plasser un banc dans
une église on luy doibt faire un honneste presant : lors duquel plassemant de banc le sieur Perret ayant seu qu'un masson coupoit la crête
du pilier contre lequel mon banc est appuyé, suivant l'avis de maistre Lesperance, fort habille architecte qui a accommodé ladite église [4],
et du consantement dudit sieur curé qui m'avoit fait connoistre qu'il
seroit bon de faire le banc de la manière qu'il est, entra seul dans
ladite église et demanda audit masson par quel ordre il travailloit, et
luy ayant répondeu que c'estoit moy qui l'avoit employé, il repondit
que l'église en seroit incommodée et que du moins il en falloit parler aux conseuls. A cella près, il se retira. Comme je sortois de la sacristie avec le sieur Levisson, vicaire, le masson nous dit la chose,

---

[1] « Me Deymier, notaire royal de Castelnau-sur-Gupie » figure plusieurs
fois dans la monographie déjà citée de Mauvezin, notamment p. 376.

[2] La commune de Castelnau-sur-Gupie, comme celle de Mauvezin, sa voi
sine, appartient au canton de Seyches ; elle est à 9 k'lomètres de Marmande.

[3] Cet évêque était le célèbre Claude Joly, qui siégea de 1665 à 1678.

[4] De même que le livre de raison vient de nous révéler le nom d'un des
curés de la ville de Marmande, nom que je retrouve, accompagné du prénom Guillaume, dans un acte notarié du 23 avril 1689, au sujet des dîmes
de Granon, de Bouillatz, etc, il nous révèle ici le nom de l'architecte qui au
XVIIe siècle, *accommoda* — l'expression fera trembler les archéologues ! —
la belle église de Notre-Dame. Puisque nous en sommes aux choses d'archi-
tecture, notons que le narrateur mentionne un peu plus loin, au sujet des
réparations et additions à sa maison, Thomas Benquet, maître architecte
de Bazas, et le frère Hippolyte « fameux architecte capucin. » Thomas
Benquet fut aussi chargé de la construction de la chapelle que le narrateur fonda dans l'église de Beaupuy.

ce qui m'obligea d'en donner connoissance audit sieur curé qui escrivoit dans une chapelle, qui n'approuva pas la conduite dudit sieur Perret, non plus que maistre Lesperance et ledit Raboi. Les conseuls trouvèrent qu'il avoit tort, aussi bien que les sieurs Daligues, Villepreux, Groulie père et fils, Despeirone, premier marguillier, qui se vindrent tous offrir à moy, si bien que nous ne sortimes pas de l'église que tout ne feut fait de la belle manière.

J'ay achepté la maison que j'ay fait bastir joignant celle que mon père et ma mère m'ont laissé [1] pour 1,150 livres à cause de la translation du parlemant à Marmande, et que la Cour des Aydes estant à Libourne, ma femme et moy demeurasmes d'accord, à l'imitation de plusieurs autres, que la famille resteroit à Marmande, ne pouvant nous passer de bastir, nostre famille estant nombreuse et coustant beaucoup moins à Marmande qu'à Bordeaux et à Libourne où j'iray servir Dieu aydant menant avec moy un laqué seullement. Cette maison qui est en franc aleu [2] a esté achetée par deux contrats : le premier, du 29 janvier 1676, (au sieur Lamouroux), le second, du 30 dudit mois (à Anne Coudroy).

Le XIII juillet 1671, dans une assemblée de cent et trante qui se fit à Bordeaux dans l'hostel de ville pour raison du franc aleu [3], M. d'Essenaut et moy y avons assisté en qualité de députés de nostre Compaignie, où estant arrivé quelque contestation à nostre éguard, M. de Mallet, jurat [4], la fit cesser à ma considération, et nous estant

---

[1] Cette maison est celle qu'occupe aujourd'hui dans la grande rue nationale M. Jarleton, gendre de feu M. Charles Boisvert. C'était la maison de la branche aînée des Fontainemarie. La branche cadette possédait la maison de la rue Puy-Guiraud qu'habite actuellement M. Farbos.

[2] Voir dans *Ville libre et barons*, par M. G. Tholin (Agen, 1886, p. 219 225) une substantielle *note* ou pour mieux dire, notice sur *Le franc alleu en Agenais*. Conférez le récent travail de M. Pierre Lanéry d'Arc, docteur en droit, avocat à la Cour d'Appel d'Aix: *du franc alleu* (Paris, 1888, p. 367-384. *Guienne* et *Agenais*).

[3] Cette assemblée est mentionnée dans la *Chronique Bourdeloise* (p. 104). Voir encore *Continuation de la chronique Bourdeloise* (p. 1 et 2).

[4] M. de Mallet « escuyer et premier Jurat » est souvent nommé dans la *Chronique Bourdeloise* ; il figure notamment dans la *Continuation* de cette *Chronique*) p. 3. avril 1670).

le lendemain rencontrés, nous proposasmes de nous mesme un accommodement entre nostre Compaignie et les maire et jurats, ce qui a sy bien reussi que par deliberation de l'hostel de ville du x février 1672, remise au greffe de la Cour des Aydes le 14 mars suivant, homologuée au conseil le douziesme juillet 1672 par les soins de M. Minvielle qui se trouva alors à Paris, il a esté resoleu que lesdits maire et jurats randront à nostre Compaignie les honneurs et les devoirs qui luy sont deubs. Il est constant que ledit sieur de Mallet a bien vouleu obliger à ma considération nostre Compaignie, estant oncle de ma famme, car jamais lesdits maire et jurats n'avoient vouleu faire les démarches que la Cour avoit prétandeu avec justice, de manière que nous en avons l'obligation entière audit sieur de Mallet entre plusieurs autres, comme de ce qui se passa de favorable et d'advantageux pour nostre Compaignie lorsque M. le Mareschal d'Albret fit son entrée de Gouverneur de Guyenne dans la ville de Bordeaux. En exécution duquel règlement dans une autre assemblée des cent et trante ledit sieur de Minvielle et moy ayant esté députez, il n'y eut rien d'ohmis à nostre éguard. J'eus l'honneur de porter la parolle, d'ouvrir les advis. Les commissaires du Parlement n'opinent pas dans ces occasions ; ils écoutent seulement, et c'est le premier honneur. Par cette raison, les commissaires du parlemant qui sont prins ordinairemant de la grande chambre sont nommés *commissaires*, et les députés de la Cour des Aydes *députés*, pour marquer la differance des uns aux autres. Ayant le landemain randeu compte à la Cour de nostre députation, ma relation a esté couchée sur le Registre.

Le 27 mars 1675, à trois heures après midi, il y eut une sedition à Bordeaux, reitérée le jour de St-Roc suivant, où je me suis trouvé[1]. Quelques gens du cartier de St-Michel se souleverent, y sonnèrent le baffroi, tuèrent un nommé Rouleau, marchant, passérent avec un

---

[1] Voir *Continuation de la Chronique Bourdeloise*, p. 26-30. Du reste les récits des journées des 27, 28 et 29 mars abondent et on en trouve un peu partout, même jusque dans la *Revue des deux Mondes* (livraison du 15 avril 1865, p. 1006-1008, article de feu Pierre Clément (de l'Institut), intitulé : *Les émeutes sous Louis XIV*). Il me semble que le récit de Jacques de Fontainemarie contient quelques particularités qui manquent dans la *Continuation de la Chronique Bourdeloise* et aussi dans l'*Histoire de la Ville de Bordeaux* par Dom Devienne (p. 482-490).

tambour sur le fossé de l'hostel de ville, au Marché, à St-Projet, se rendirent dans la maison du sieur Vivey, thrésorier de France, où ils mirent le feu. M. le compte (sic) de Montegut, lieutenant du Roy en Guyenne et gouverneur du chasteau Trompette où ledit sieur Vivey s'estoit sauvé, en sortit avec quelques compaignies, print des prisonniers et mit en fuite le reste de ces mutins. Le landemain le mal fut plus grand ; tout le quartier de St-Michel se mit soubs les armes ; un nommé Jambe de bois à la teste; à Ste-Eulalie on fit de mesme, laissant entrer les paisans dans la ville, le baffroy sonnant à St-Michel et à Ste-Eulalie ; le parlemant, les chambres assemblées, envoia des commissaires par les rues et à l'hostel de ville pour calmer cet orage ; M. le mareschal d'Albret, gouverneur de la province, agit de son costé. Les commissaires du parlement furent fort maltraités surtout M. d'Andraut, conseiller en la grand'chambre [1], et M. Dalon, advocat général [2]. M. Tarneau, conseiller aux Enquestes [3], feut tué devant sa maison qui est sur le fossé de l'hostel de ville pour n'avoir vouleu crier vive le Roy sans gabelle. Sa Majesté a conservé son office à sa famille qui estoit vacante aux parties casuelles et a donné 3,000 livres de pension annuelle à la dame sa femme qui ayant coureu pour sauver son mary receut des corps de ces séditieux [4] qui demandèrent au parlement un arrest par force et violance, à quoy j'estime que ne s'applique pas mal le passage de Valère Maxime : *non patrem conscriptorum volontate, sed teterrima necessitate truculenta manu illi senatusconsulto stilum suum impressit* [5]. Sa Majesté envoia

---

[1] Sur le conseiller Andraut, voir l'*Histoire du Parlement de Bordeaux* par Boscheron des Portes) tome II, p. 201).

[2] Sur l'avocat-général Dalon, voir le *Parlement de Bordeaux*, par M. Communay (p. 124 et suiv.)

[3] Sur le conseiller Tarneau, voir l'ouvrage de Boscheron des Portes (tome II, p. 201).

[4] J'ai publié, dans le tome XVIII des *Archives historiques du département de la Gironde* (1878, p. 406), une lettre écrite le 2 janvier 1620 à Louis XIII par Madame de Tarneau, probablement la mère de la victime du 27 mars. Cette lettre d'une veuve désolée montre qu'une sorte de fatalité poursuivait sous Louis XIII comme sous Louis XIV, la famille de Tarneau.

[5] Si Jacques de Fontainemarie crut devoir citer Valère Maxime, le continuateur de la *Chronique Bourdeloise* cite, de son côté (p. 29) un vers de celui qu'il appelle « le prince des poëtes ».

huit jours après des lettres d'amnistie par l'entremise de M. le Mareschal d'Albret. Nous avions alors assemblée au palais d'où la Cour euvoia M. le procureur général d'Arche vers M. le Mareschal d'Albret l'assurer, que nostre compaignie estoit preste à faire tout ce qui dépandroit d'elle pour le service du Roy, de quoy il feut très satisfait et approuva fort nostre conduite.

La seconde sédition arriva à trois heures du soir. Le prétexte fut le papier timbré, et la marque de l'étain fut le prétexte de la première. Le désordre fut très grand; les gens de St-Michel et de Ste-Eulalie reprinrent les armes, les baffrois sonnans. M. le Mareschal d'Albret se rendit sur le fossé de l'hostel de ville avec la compaignie des gardes; M. l'archevesque de Bordeaux s'y trouva [1], le sieur Villepreux, major de la ville, s'y rencontra; les jurats, le sieur Dejehan, procureur syndic, et autres feurent assiegez dans l'hostel de ville par ces mutins. M. le comte de Montegut fît sortir quatre compaignies d'infanterie du régimant de Navaille tambour battant qu'avec une décharge qu'ils firent sur ledit fossé s'en rendirent maistres, et mirent en fuite cette populace qui se barricada dans la rue des Faures. Ceux qui voulurent alors sortir dudit hostel de ville le firent facilemant. Il y eut la nuit des corps de garde en plusieurs endroits surtout à l'hostel de ville, au marché, au Chapeau rouge, et ailheurs. Ces séditieux allèrent la nuit chez des particuliers pour les obliger à donner de l'argent ou à marcher avec eux. Le Parlemant fît pandre deux de ces misérables, l'un à la plasse St-Michel, l'autre sur le fossé de l'hostel de ville.

Le Roy voulant chastier la ville de Bordeaux y fît entrer le 19 novembre 1675 les troupes qui estoient en Roussillon, ce qu'elles firent tambour battant, mèche allumée, les timbales et les fîfres sonnant, le sabre à la main.

Les officiers du Parlement, de la Chambre de l'Edit, de la Cour des Aydes, les thrésoriers de France, secrétaires du Roy, gentilshommes, jurats, procureur scindic et tuteur de la ville ont esté exempts

---

[1] Toutes les relations signalent la présence du généreux Henri de Béthune au milieu des révoltés qu'il chercha vainement à faire rentrer dans leur devoir. On attend avec impatience le beau livre que M. l'abbé Louis Bertrand va consacrer à un des plus saints et des plus illustres de tous les archevêques de Bordeaux.

du logement effectif. Les bourgeois et habitans ont esté désarmés et leurs armes portées au chasteau Trompette, les privilèges ostés, les gens de guerre se sont saisis de toutes les portes y faisant garde ; la cavalerie devant l'hostel de ville et la maison de M. le président Pichon [1] sur le fossé du Chapeau rouge, se relevant le sabre à la main, comme dans une ville prinse d'assaut, les cloches de Saint-Michel et de Sainte-Eulalie et les canons qui estoient dans l'hostel de ville ont esté portés dans le chasteau Trompette.

Le Parlement et la Chambre de l'Edit ont esté transférés à Condom et la Cour des Aydes à Libourne par les déclarations de Sa Majesté, du 26 dudit mois de novembre.

La Cour des Aydes a fait son ouverture à Libourne le 28 novembre 1675, dans la maison de ville où le Présidial tenoit sa séance, avec cette circonstance que par délibération de la Cour nous demurames d'accord que tous les officiers porteroient robes et chaperons rouges fourrés d'hermine.

Auparavant m'en aller à Libourne je fis sortir de Bordeaux sur un passeport de M. le Mareschal d'Albret tous les meubles que j'y avois et les fis porter à Marmande, où estoit ma famme et ma famille. Après avoir demeuré à Libourne jusqu'à Noël, je m'en retourné à Marmande, où le Roy a transféré le Parlement et la Chambre de l'Edit par autre déclaration, du 13 janvier 1676 [2]. Le Parlement a fait

---

[1] Sur le président Bernard de Pichon, seigneur de Longueville — il avait épousé en secondes noces Anne d'Affis, baronne de Longueville, fille du président Jean d'Affis et d'Anne de Massiot — voir une excellente notice de M. Jules Delpit, dans le tome IV des *Archives historiques du département de la Gironde* (p. 554-566). Cette notice est accompagnée d'un beau portrait de ce grand magistrat » dont on trouvera dans le même recueil, de nombreuses et intéressantes lettres.

[2] Boscheron des Portes dit (t. II, p. 209) que, « le Parlement envoy d'abord à Condom ne put y rester à cause de l'incommodité extrême d'un pareil séjour. ». Le séjour de Marmande ne parut guères plus commode aux exilés, comme on peut le voir (même volume, p. 215), où leur mécontentement est ainsi dépeint, d'après les registres secrets : « Il leur avait été matériellement impossible de rester à Condom, première résidence assignée. Ils faisaient donc la rentrée de 1676 à Marmande, où il manquait plus de la moitié de la Compagnie, et le parquet tout entier. Dès ce jour là c'étaient des plaintes unanimes sur l'excessive cherté des vivres et des logements dans une petite ville dont les habitants spéculèrent sur ces objets de première nécessité. »

son ouverture aux Cordeliers, le 6 février 1676[1] où je me trouvai en habit court; ils estoient unze juges tant de la Grand'Chambre que des Enquestes y comprins M. Dauléde, premier président[2]. L'advocat Gautier, natif de Marmande, fit la fonction de substitut de Messieurs les gens du Roy en leur absence à l'exclusion du sieur Perret, procureur du Roy. Ledit sieur Gautier requit l'enregistrement de ladite déclaration du Roy, ce que la Cour ordonna. La Chambre de l'Edit fit le même jour, qui estoit un judy, son ouverture aux Carmes, M. le Président Duburg[3] estant à la teste.

Il s'y passa une chose remarquable à l'ouverture du Parlement, scavoir que Messieurs du Parlement n'estant que unze en nombre ne voulurent jamais que M. de Loupes, conseiller aux requestes dudit Parlemant, feut parmi eux ny dans la chambre, ni à l'audiance, tout son empressemant ayant esté inutile. Ledit sieur de Loupes estoit seul de la chambre des Requestes. La communauté de Marmande logea M. le premier président à ses dépans chez le sieur capitaine Brezetz ayant fait accommoder sa maison à ses dépans.

Le sieur Bley, second conseul[4], alla à Touars[5] au devant de M. le premier président, bien accompaigné avec des bateaux pour le prandre et à Messieurs du Parlemant qui s'y trouvérent. Les conseuls les receurent avec leurs robes et chaperons de livrée au dela la jurisdiction de Marmande; ils firent la mesme chose au bord de l'eau, à la porte de La Ma[6], et ils allèrent de la mesme manière à celle de M. le premier présidant. Ils rendirent aussi leurs devoirs à Messieurs les présidans, conseillers et gens du Roy.

J'ay offert à M. le Président Duburg estant à la teste de la Chambre de l'Edit mon banc qui est aux Carmes, dont il m'a remercié, Messieurs de la Chambre s'en estant servi de mon consantement.

---

[1] Cette date manque dans la *Notice sur la ville de Marmande* (p. 110).

[2] Sur Jean-Denis d'Aulède de Lestonnac, voir le *Parlement de Bordeaux*, par M. A. Communay (p 106-114).

[3] Gérard Du Burg, d'abord conseiller au Grand Conseil, puis (mars 1660) président à mortier.

[4] Divers personnages de ce nom figurent dans la *Notice sur la ville de Marmande* (pp. 91, 116, 117).

[5] Port sur la Garonne, près de l'embouchure de la Baïse, dans l'arrondissement de Nérac et le canton de Lavardac.

[6] Voir sur la porte de La Ma, *Notice sur Marmande*, pp. 60, 113.

Messieurs du Parlement n'ont point fait à Marmande de procession le jour de saint Joseph de la présente année, 1676, comme ils avoient accoutumé de faire à Bordeaux, où il n'y en a pas eu ledit jour.

Le 25 mars 1676, il y a eu procession à Marmande à cause de l'Annonciation de Nostre-Dame faiste par les conseuls. M. le président Duburg y assista en robe à leur teste, et il m'a esté assuré qu'il disoit au premier conseul et au second de se mettre à son costé, le juge ny le procureur du Roy n'y ayant point pareu

Il y a eu aussi sédition à la Réolle et à Bergerac qui a esté bientost calmée par les soins de M. le mareschal d'Albret et de M. de Seve, intendant [1], qui en a condamné quelqu'un à estre pandeu avec le Présidial pour la seconde sédition de Bordeaux, Sa Majesté n'ayant point révoqué son amnistie.

La sédition arrivée dans ce terme en Bretaigne est cause que Sa Majesté a transféré son Parlement de Rennes à Vannes. Dans l'intervalle de la première et seconde sédition de Bordeaux le régiment de Lachau de cavalerie et celluy de Cossé de dragons jaunes ont resté dans la province de Guyenne.

Nostre réception à Libourne a esté telle. Après que deux jurats eurent fait à Bordeaux leurs complimans à M. le premier Présidant et à M. le Procureur Général, de mesme que le sieur Cazes, procureur du Roy au présidial dudit Libourne [2], nous trouvasmes au port de Cavernes [4] des bateaux à nous envoyés de la part de la commu-

---

[1] Guillaume de Sève, seigneur de Châtillon, Le Roy, Izy et Grigneville, qui avait succédé à d'Aguesseau (mars 1673), devait rester en Guyenne jusqu'en décembre 1678. Voir sur son départ de Bordeaux et sur ses visites d'adieu la *Continuation de la Chronique Bourdeloise* (p. 58, à la date du 20 décembre).

[2] Ce magistrat était le grand-père du célèbre duc Elie Decazes. Je me souviens d'avoir trouvé, dans l'*Histoire ecclesiastique des églises réformées au royaume de France* par Théodore de Bèze, que je n'ai pas en ce moment sous la main, la mention d'un *Cazes* à Libourne, qu'il faut sans doute rattacher à la famille de l'homme d'Etat Girondin.

[4] Mon savant maître et ami, M. Jules Delpit, qui est voisin de Cavernes, m'apprend que « c'est une localité de la commune de Saint-Loubès, où jusqu'au commencement de ce siècle les voyageurs de Libourne se faisaient apporter par un service régulier de gabares qui leur permettaient de couper par terre l'isthme ou pointe du Bec d'Ambès, et d'arriver promptement à Lormont où de nouveaux bateaux les transportaient à Bordeaux.» Voir la *Monographie de Saint-Loubès*, par M. de Comet, 1869, in-8°, p. 30).

nauté, tant pour nous que pour nos gens Ce port est à quatre lieues de Libourne. Dans un de ces bateaux estoient M. et Mme la première présidente, M. le président Maniban et deux jurats, députés du corps de ville; dans un autre estoient M. et Mme la présidente Métivier, MM Lacrompe, Minvielle, Rolland, d'Arche, procureur général, et moy; les autres Messieurs se mirent dans d'autres bateaux et nos gens en eurent aussy; estant arrivés à une lieue de Libourne nous feumes salués de six coups de canon par une fregate angloise, et abordant à Libourne nous feumes receus au bruit du canon de tous les navires, barques et pataches du bureau, leurs estandars desploiés, les fanfares de trompettes ne manquant pas. Estant sortis des bateaux les maires et jurats, procureur, scindic et secretaire de la communauté avec leurs robes et chaperons de livrée, accompagnés d'un très grand nombre de gens, nous firent leurs complimans en la personne dudit sieur premier Président qu'ils accompaignèrent dans l'hostel à lui préparé et payé aux dépans de la ville. Le landemain, les jurats avec le procureur scindic et le secretaire saluèrent tous les présidans, le doyen et le procureur général avec leurs chaperons de livrée. Les advocats en firent de mesme en robe et bonnet. Les officiers du Sénéchal et Présidial, le curé et les religieux nous virent en leur particulier.

Les troupes qui sont entrées à Bordeaux après la première sédition en sont sorties le 30 et 31 mars 1676.

Le 16 novembre 1679, demoiselle Jeanne de Saint-Angel, ma belle-mère, est morte à Bordeaux, en 9 jours, d'un choléra morbus.

Demoiselle Catherine Villepreux, veuve en premières nopses du sieur Moreau, sieur de Beaufossé, et en secondes du sieur Maruc, est décédée à Beaufossé [1], le 30 octobre 1663 (sic).

[1] Domaine situé dans la commune de Toulenne, arrondissement de Bazas, canton de Langon, à 40 kilomètres de Bordeaux. La contenance de ce domaine à la fin du XVIIe siècle, d'après un contrat « receu par de Saige, notaire de Bazas », était de « 35 journaux 10 lattes 6 escats, mesure de Langon, à 20 lattes le journal, à 20 escats la latte de 12 pieds.» Le narrateur nous apparaît comme propriétaire de Beaufossé dans cette note que je trouve en dehors du Livre de Raison : « Le 7 janvier 1697 j'ay rendu hommage à Bordeaux dans le château de Puypaulin de la maison de Beaufossé et d'un journal de terre au seigneur Henri-François de Foix de Candalle, duc et pair de France, chevalier des ordres du roi, baron de Langon, Castelnau, Boisebelle, seigneur de Puypaulin et autres places, au devoir de vingt sols

Le 2 avril 1676, jour du judy saint, à mon retour de Libourne, estant allé à la paroisse[1], j'y ay entendu la messe estant dans mon banc, d'où j'aurois veu M. Geneste, doyen du Parlemant, MM. Duval, Mirat, Desnanotre, conseillers, M. Dalon, advocat général, assistant en robe dans le banc des conseuls, qui s'estoient plassés sur un banc portatif du costé droit entrant dans le cœur avec leurs robes et chaperons consulaires joignant le balustre, le sieur Lalyman estant en robe devant eux, le sieur Labat, secrétaire du Roy[2], estant à leur teste en habit et manteau noir. La messe finie, le Saint-Sacrement ayant esté porté en procession à la chapelle de la Charité, ces Messieurs du Parlement ont suivy, ledit sieur Labat après, et les juge et conseuls à la suite, le sieur Perret ayant resté en habit court dans la chapelle de Saint-Roc

---

tournois d'exporle et d'un fer de pique à muance de seigneur et vassal.. » Rapprochons de cette note un acte ainsi cotté : *hommage rendu par M. de Fontainemarie à M. le duc de Foix d'une maison sise dans la juridiction de Langon,* acte dont voici quelques extraits : « Sachent tous qu'aujourd'hny septiesme du mois de janvier 1697 après midy par devant moy notaire royal à Bordeaux et en Guyenne soussigné presans les tesmoins bas nommés a esté present M. M* Jacques Fontainemarie, seigneur de Castecu, sous-doyen de la Cour des Aides de Guyenne seant à Bordeaux y demeurant rue du Chay des Farines, paroisse St-Pierre, lequel a reconnu et confessé estre homme vassal et tenir à foy et hommage-lige de très haut et puissant seigneur Mgr Henri-François de Foix de Candalle... absent (remplacé par Estienne Journiac, avocat au Parlement de Bordeaux)... une maison anciennement appelée de Pardiac et à present de Beaufossé, paroisse de St-Saturnin de Thoulene.. » On rappelle dans l'acte que, par contrat du 27 août 1617, hommage de cette maison avait été rendu à « deffunt haut et puissant seigneur Mgr le duc d'Epernon comme baron de Langon...»

[1] C'est-à-dire à l'église paroissiale de Marmande.

[2] Divers membres des familles Laliman et Labat sont mentionnés dans la *Notice sur la ville de Marmande* (pp. 95, 97, 106, 113, etc). Les deux personnages nommés par le narrateur figurent dans un arrêt du Grand Conseil du 27 mars 1651, par lequel il est ordonné que François de Labat, secrétaire du Roy, précèdera Maître David Lalyman, juge royal de Marmande, en toutes assemblées publiques et particulières. La famille Labat était ancienne à Marmande et c'est elle sans doute qui a donné son nom à la rue et au chemin de ronde de Labat (plan de la Ville de Marmande, 1863, annexé au tome IV des *archives historiques du département de la Gironde,* (p. 244).

Je trouve mention d'un *Jéhan de Labat, prestre,* ainsi que d'un *Jehan de*

M. l'Evesque de Bazas[1] me chargeant par le titre de ma chapelle de Castecu d'emploier mes soins, crédit et authorité pour faire refondre la cloche de l'église de Saint-Vincent de Beaupuy, rompue depuis près de vingt ans, moienant quoi principalement il me déclara bienfaiteur insigne de ladite église. j'ay donné toute mon application à faire réussir la chose, qui est venue au point que je desirois ayant pour cét effet donné demy pistole, de manière que la cloche a esté refondue à Beaupuy, le 16 fevrier 1676, à deux heures après midy, par le sieur Faure, maistre fondeur de Bordeaux à moy envoié par le sieur Seguin, thrésorier de La Réolle. Ladite cloche a esté bénite le 29 dudit mois et an par le sieur Castaing, curé de Lagupie, commissaire député par M. l'Evesque. C'estoit un dimanche, environ trois heures après midy, où j'assistay avec les sieurs Sacriste, Berry et autres et le sieur Sigaray, curé de Castelnau sur Gupie. Je pourveus aux choses nécessaires pour le disner. Voicy l'inscription que j'ay fait mettre sur la cloche où mon nom a esté mis *nemine contradicente*: *Ab omni malo defende nos, domine* (Il y a la mesme chose sur une des cloches de Marmande). *J'ay esté faite pour l'église Saint-Vincent de Beaupuy, maistre Jean Brettes, curé, par les soins de M. Fontainemarie, sieur de Castecu, conseiller en la Cour des*

Brezetz et de *feu messire Guillem Pigosset,* dans un acte du 1er mai 1548 relatif aux fiefs de Valaduc et Villepreux dans Marmande : *contrat de vente de certaine rente y énoncée consentie par Marguerite Dubouch, femme de noble Jacques Valladuc, en faveur de sieur Peyroton Maignan, bourgeois de Marmande,* contrat dressé par *Jehan Espar, notaire royal habitant dudit Marmande* et expédié par Tauziette, autre notaire.

[1] L'Evêque de Bazas était alors Guillaume de Boissonade (1668-1682). Voici une note du narrateur qui complète ce passage :
Ordonnance dudit seigneur évesque de Bazas, du 24 mars 1679, donnée dans le cours de sa visite au consentement du sieur Fizelier, curé de l'église de St-Vincent de Beaupuy et du sieur promoteur du diocèze, portant entre autres choses que mon banc sera placé ainsy qu'il a esté conveneu entre ledit sieur curé et moy, et que la qualité de bienfaiteur insigne de ladite église me sera acquise et passera à mes héritiers et successeurs seigneurs dudit Castecu.
Autre ordonnance dudit seigneur evesque donnée à la Réolle le III aoust 1679 signée Guilhaume E. de Bazas avec le sceau et armes dudit seigneur et plus bas du mandement de Monseigneur : Seguin, dont la teneur s'en suit :
Veu la presente requeste et consentement dudit sieur curé avons main-

Aydes de Guyenne, et plus bas, *Faure fecit* avec une croix, pour la refonte de laquelle cloche j'ay passé un contrat avec ledit Faure, en 1676, retenu par Bernus.

Mon fils Jacques a esté ensevely dans l'église des Carmes à Marmande, le 29 septembre 1671.

La confirmation du banc [1] qui est dans ladite église m'a esté accordée par le Père Maure, provincial, la communauté assamblée dans les formes ordinaires le 18 mars 1676.

Le 15 may 1676, le Parlement a assisté en corps et en robes rouges au *Te Deum* dans l'église parroissialle, de la prinse de Condé [2]. *Idem* 13 jours après pour la prinse de Bouchain [3].

M. Merargue, conseiller au Parlement de Provence [4], m'a dit qu'il y avoit deux procureurs généraux, dont un servoit une année au civil, l'autre au criminel.

Le 22 mars 1677, à l'audience de la Grand'Chambre du Parlement, séant à Marmande, les lettres de gouverneur de Guyenne, accordées

---

tenu et maintenons le sieur suppliant en la qualité de bienfaiteur insigne de ladite Eglise, approuvant l'emplacement desdits autel, balustre, banc et chaire, deffendant d'appuyer sur ledit balustre aucun banc ny autre chose, lequel ne pourra servir qu'à ceux qui s'approcheront de la sainte Communion.

Donné à La Réole, le 30 aoust 1679.

[1] C'est-à-dire du droit de banc.

[2] La reddition de la ville de Condé est du 26 avril.

[3] Monsieur, frère du Roi, s'empara de Bouchain le 11 mai. On lit dans la *Continuation de la chronique Bourdeloise*, (p. 38) : « Du 28 (juin) la ville de Bouchain ayant été prise et réduite à l'obéissance du Roy, on chanta le *Te Deum* à St-André en actions de grâces, et l'on fit le feu de joye avec les cérémonies acccoutumées ».

[4] Je dois à M. le Marquis de Boisgelin, pour lequel l'histoire de la noblesse de Provence n'a pas de secrets et qui communique si obligeamment ses trésors aux chercheurs embarrassés, les indications suivantes : François-Paul de Valbelle, seigneur de Meyrargues, fut reçu conseiller au parlement de Provence le 28 juin 1659, en survivance de son père, Léon de Valbelle, aussi seigneur de Meyrargues, qui avait été reçu conseiller en 1626 et qui était mort le 15 novembre 1673. François-Paul mourut le 27 mars 1685 et fut, comme son père, enseveli à Meyrargues (commune de l'arrondissement d'Aix, à 26 kil. de cette ville). Il avait épousé, le 26 septembre 1665, Suzanne Fabri, fille de Claude, marquis de Rians, seigneur de Peiresc, Valavès, et neveu de l'illustre érudit.

par Sa Majesté à M. le duc de Roquelaure [1] ont esté enregistrées, le sieur Poilevin, advocat dudit sieur de Roquelaure, ayant plaidé, et M. l'advocat général Dalon en ayant requis l'enregistrement.

Le 31 mars 1677 la ville de Valantienues ayant esté prinse par Sa Majesté en personne [2], le *Te Deum* en a esté chanté. Le Parlement s'y est trouvé en corps et en robes rouges.

Le 30 avril suivant le *Te Deum* a esté chanté pour la défaite du Prince d'Orange, faite par M. le duc d'Orléans [3], qui voulent secourir Saint-Omer, assiégé par Son Altesse Royale, n'y ayant que six officiers du Parlemant.

Le 4 may 1677 le *Te Deum* a esté chanté à Marmande, où le Parlement a assisté pour la réduction de la ville et citadelle de Cambrai, faite par Sa Majesté en personne [4], et pour la prinse de la ville de Saint-Omer, faite par Son Altesse Royalle [5].

Le 15 may 1678, *Te Deum* a esté chanté à Marmande où le Parlemant a assisté pour la prinse d'Ypres [6], la mesme chose ayant esté faite quelque jour auparavant pour celle de Gand [7].

Le 20 mars 1678, le Parlement a enregistré à Marmande la commission du Roy du 15 avril précédant, portant sa translation à la Réolle, qui ne pouvant alors contenir la Chambre de l'Edit, elle a esté transférée à Saint-Macaire [8], et par déclaration du mois de

---

[1] Ce fut le 23 octobre que Gaston de Roquelaure, duc et pair de France, fut pourvu du gouvernement de la Guyenne.

[2] La ville de Valenciennes fut emportée d'assaut le 17 mars, selon l'*Art de vérifier les dates*, le 10 mars selon le *Dictionnaire historique de la France*. La bonne date est la première, car elle est donnée par un très exact spécialiste, le marquis de Quincy (*Histoire militaire de Louis le Grand*, t. I. in-quarto, 1726, p. 530).

[3] La victoire du duc d'Orléans sur le prince d'Orange à Cassel, est du 11 avril, jour du dimanche des Rameaux.

[4] Prise de Cambrai, le 5 avril, selon l'*Art de vérifier les dates* et le *Dictionnaire* de M. Ludovic Lalanne, le 6 avril, selon l'*Histoire militaire* (p. 532).

[5] Prise de St-Omer, le 20 avril, selon les Bénédictins, M. Lud. Lalanne, etc ; le 22, selon le marquis de Quincy (p. 538).

[6] La ville d'Ypres capitula le 25 mars.

[7] La ville de Gand se rendit à Louis XIV le 9 mars, et la citadelle, le 12 du même mois.

[8] Chef-lieu de canton de l'arrondissement de La Réole, à 16 kilomètres de cette ville.

juillet 1679, enregistrée au Parlemant le premier aoust de ladite
année, ladite Chambre a esté supprimée et les officiers de ladite
Chambre incorporés audit Parlemant.

Une chute d'une partie de l'église des Cordeliers où estoit le Palais
du Parlement estant arrivée le 14 mars 1678, servit de motif à la
translation dudit Parlemant et de la Chambre de l'Edit, pour ne dire
pas de prétexte [1].

Commission dans un navire. — Le xxi décembre 1672 j'ay receu
de Pollard une pistolle d'Espaigne, un demy louis d'or, et trois
equus blancs pour mes droits particuliers d'une commission par moy
faite dans un navire devant les Chartrons par des marchands de
Bordeaux.

Articles de mariage rédigés par moy le xi mars 1674 entre noble
Anthoine Augustin de Poyferré, escuyer, seigneur de Varene, Baron
d'Arricau [2], et d[lle] Susane de Saint-Angel, ma belle-sœur, qui s'est
constitué en dot tous ses droits revenant à 20,000 livres. Le sieur
de Saint Angel s'est depuis marié avec la cadette du sieur Nanor,
juge de l'Admirauté de Guyenne qui luy a porté une semblable somme de 20.000 livres.

Trois commissions à Bordeaux. — Environ ce tems que je fis
cette commission dans ce navire, j'en fis trois dans la ville de Bordeaux à la requeste des fermiers généraux du convoy et comptablie,
la première pour de l'huile de baleine qu'on disoit estre cachée en
fraude des droits du Roy. Je feus pour cet effet dans la maison du
sieur Caupos visiter et autres ; la seconde chès le sieur Dauzac,
marchand teinturier, demeurant au Peugue proche des Minimes où
l'on avoit mis par entrepot des marchandises étrangères de saisie qui
feurent trouvées; le sieur Brussy, directeur du bureau de Bordeaux,
beau-père de M. Laserre, conseiller en la Cour des Aydes, estoit
avec moy : la troisiesme feut chès un hoste à Bordeaux pour des
marchandises tenues en entrepot cachées en fraude des droits de Sa
Majesté dans une petite rue proche du palais du Parlement d'où l'on

---

[1] Boscheron des Portes a donc été mal informé quand il a dit (t. II
p. 209) qu' « une épidémie força » le Parlement de quitter Marmande.

[2] Voir *Armorial des Landes*, par le baron de Cauna (tome III, 1869, p. 15,
et aussi p. 110). En cette dernière page est rappelé le mariage du 11 mars
1674. En cette même page on apprend que la fille née de ce mariage, Catherine de Poyferré, épousa Christophe de Cabannes, seigneur baron de
Cauna.

va de la rue des Argentiers qui conduit dans la maison du sieur Masson qui aboutit à la rue des Baütiers, de toutes lesquelles commissions les pièces sont remises au greffe et de celles que je pourray faire à l'advenir il en sera uzé de mesme, car c'est l'ordre.

Commission importante faite à Bordeaux. — Le sieur Ranci, receveur du convoy de Bordeaux, m'estant venen prier de me transporter dans la maison de Boisses, dans la rue de Laroselle, qui avoit fait banqueroute estant son débiteur de 22,500 livres, je me rendis sur le lieu avec ma commission qu'il me porta de M. Suduiraut, premier présidant. J'y trouvé le sieur Malescot, lieutenant général, qui ne respondant pas à mon honnesteté, nous eusmes bruit ; il travailla d'un costé et moy de l'autre ; nous mimes tout sous le scellé le 28 juillet 1672 et nous fimes chaquun un inventaire. Les soldats de la patache que j'envoié chercher gardèrent les mubles. A cella près nous nous retirames. Le lendemain, la Cour des Aydes me nomma commissaire pour la levée des scellés avec ordre aux jurats de tenir la main à l'exécution de l'arrest. Le sieur Mallet me donna un billet par lequel il ordonnoit au cappitaine du guet de me prester main forte, estant ledit sieur de Mallet premier jurat. Je me rendis dans la maison dudit Boysses avec ledit sieur Ranci, le sieur Cardon, Descurain procureur du Bureau et autres. Le lieutenant général y vint avec de gens atroupés ; il me vint joindre dans une chambre où j'estois, me soutenant que ça n'estoit pas de nostre jurisdiction, et moy le contraire, à cause qu'il estoit deub au Roy. Sur ce discours il fit effort de me faire sortir de la chambre. Je le prins au corps et je le mis dehors. Un de ceux qu'il avoit mené avec luy saisit ledit sieur Cardon par la cravate ; il se deffandit bien, les uns estant contre les autres, j'empeschè que les soldats de la patache ne tirassent. Le sieur Cal, cappitaine du guet, que j'avois envoié chercher, sur le billet dudit sieur Mallet, me vint trouver avec le guet et m'offrit les forces de la ville dont je le remercié. Le lieutenant général s'estant retiré avec son monde s'en alla porter plainte contre moy au Parlement. Mrs de la Tournelle tenoient l'audiance où assistoit M. Dalon, advocat général ; ils en sortirent et délibérèrent dans la chambre ce qu'il y avoit à faire ; ils résolurent d'envoier comme ils firent deux commissaires à M. le Mareschal d'Albret, gouverneur de la province, estant alors dans son hostel à Bordeaux pour luy parler de ces affairse et se plaindre à luy de l'entreprinse de jurisdiction de la Cour des Aydes dont ils escrivent en Cour et y envoient un procès-verbal

dudit sieur lieutenant général, après le départ duquel de la maison
dudit Boisses, je mis sy bien ordre à tout, que je me captivé facilemant la bienvieillance de ceux qui estoient là, surtout des parans de
Boisses qui m'ayant préparé une collation, je les en remercié. A cella
près je me retiray dans mon logis suivy dudit sieur Cal et du guet,
du sieur Ranci ét des autres. Je demurois alors à la place de Saint-
André. Ayant quitté la robe, je feus chés ledit sieur Suduirant luy
dire ce qui s'estoit passé ; il feut fort contant de ma conduite, et la
Cour aussy. Le sieur Layac, directeur du Bureau, escrivit aux inté-
ressés ; mon procès-verbal fut envoié, et ledit sieur premier présidant escrivit aussy. Il me dit que M. le Mareschal d'Albret avoit envoié le sieur Combabesoule, son secrétaire, savoir s'il y estoit ;
il se randit dans son hostel, M. le Mareschal qui avoit envoié
deux de ses gardes dans la maison dudit Boisses et fait retirer les
soldats de la patache dit audit sieur de Suduirant de luy proposer un
expédiant pour terminer ce différant, ce qui feut fait par le moien du
paiement fait audit sieur Ranci de ce qui luy estoit deub. Cependant
M. Albert, controlleur général des finances à qui toutes les pièces
avoient esté envoiées, nous mit hors de cour et de procès, de quy je
feus contant.

Le 6 may 1681 j'ay fait une déclaration devant Bernus, notaire
royal de Marmande, du bien que j'ay en franc aleu dans la juridiction
de ladite ville suivant l'intention de Sa Majesté à laquelle on s'est
agréablement conformé.

Y ayant un affaire entre le sieur Despeirones, premier consul de
Marmande. et le sieur Laperrière, M. le duc de Roquelaure, gouverneur de la province, a trouvé à propos qu'il se terminât par ma
médiation et pour cet effet estant à Agen il m'a fait l'honneur de
m'escrire le premier janvier 1681, n'envoiant pour cet effet une ordonnance en verteu de laquelle ayant fait venir chés moy les parties,
ledit sieur Despeirone m'a donné sa parolle par escrit, et comme ledit
sieur Laperrière se plaignoit d'avoir receu des coups de cane du sieur
Despeirone, qu'il en faisoit actuellement informer, il donna sa parolle
par escrit d'en passer par mon advis après qu'il auroit achevé son
information. ce que je fis d'abord sçavoir à Thoulouze audit seigneur
de Roquelaure suivant qu'il me prioit par sa lettre en propres termes, qui n'aiant pas trouvé de son goût la conduite dudit sieur de
Laperrière, donna une ordonnance portant qu'il se randroit auprès
de sa personne à Thoulouze où ledit seigneur Despeirones se trouva.
L'accommodement feut fait à l'advantage dudit sieur Despeirone qui

disoit que ledit sieur Laperrière s'estant le soir trouvé dans une meslée parmy de gens qui avoit bruit, il se servit de sa cane pour le faire cesser et luy ayant dit qu'il avoit touché ledit sieur Laperrière par mégarde et sans le connoitre, il s'en seroit allé droit à luy, se seroit mis à genoux et luy auroit demandé pardon. Après la mort de M. le duc de Roquelaure, ledit sieur Laperrière s'estant pourvu au parlement de Guyenne sur des actes secrets de protection faite à Thoulouze avant et après le jugement, M. le Marquis de Chateauneuf secrétaire d'Estat et des commandemens, escrivit à M. le Procureur général que l'intention du Roy estoit que cet affaire n'allast pas plus avant.

Par transaction du 5 mars 1686 receue par Bernus le sieur Villepreux, mon oncle paternel [1], et moy sommes sortis de tous nos affaires de famille, se trouvant néantmoins mon débiteur d'argent presté que je luy ay quitté pour le bien de paix par une seconde transaction du 9 septembre 1684 receue par Ducarpe, notaire du marquisat de Sibrac, demurant dans la paroisse Saint-Pey de Castex du costé de la rivière de Dordoigne, proche la ville de Castillon [2], le sieur de Villepreux, major de Bordeaux, nostre parant commun [3], nous ayant accordés.

Le Révérend Père Honoré, religieux capucin, accompagné du Père Nicolas et autres religieux du mesme ordre, a fait une très belle mission à Marmande qui a commencé le mois de novembre 1691. Le Père Nicolas preschoit tous les matins à 4 heures, et le P. Honoré faisoit l'oraison mentale à 9 heures. L'après-dinée il y avoit des catéchismes aux pénitans pour les garsons, à Sainte-Ursule pour les

---

[1] Suivant une note qui m'a été communiquée par M. A. Communay, *noble* Etienne de Villepreux, écuyer, aurait eu deux sœurs, une qui était Madame de Fontainemarie l'autre mariée à Honoré de Rebleys, écuyer, seigneur de La Badie.

[2] Saint-Pey de Castets est une commune du département de la Gironde, près de la rive gauche de la Dordogne, arrondissement de Libourne, desservie par le bureau de poste de Castillon.

[3] Aux renseignements fournis dans une note précédente sur les majors de Villepreux, j'ajouterai ce renseignement tiré aussi de la *Continuation de la Chronique Bourdeloise* (p. 229) : « Du 25 (janvier 1700) il fut enregistré un arrêt du Conseil d'Etat rendu en faveur du sieur de Villepreux Major de la Ville, au sujet du rétablissement et payement de ses gages pendant sa vie en considération des services par luy rendus depuis plusieurs années par les troupes de Sa Majesté, où il est actuellement officier. »

filles. A 4 heures du soir le père Honoré faisoit un sermon ; en de
certaines occasions il se metoit la corde au col, faisant amende honorable pour les pescheurs qu'il faisoit crier tout haut pardon et
miséricorde. Presque tout le monde pluroit. J'estois au commance-
mant à Libourne au service d'où je vins à Marmande pour assister à
cette mission dont je feus charmé ! Il y avoit une foule de gens in-
croiable qui y accouroient de toutes parts ; il me fit faire une con-
fession généralle, et fit faire des communions généralles, je la fis
par son advis avec les penitans de la confrérie desquels je me mis
le 14 décembre de ladite année avant midy, et les sieurs d'Auber [1] et
Campaignol après midy. Les sieurs La Sourdrie et Ferran [2] s'en mirent le matin, d'autres ont fait la mesme chose ; ledit Père Honoré
a fait faire une multiplicité de reconciliations et d'accommode-
mans. A sa prière j'ay sorti d'affaires les sieurs Lamouroux père et
fils, leur ayant fait signer chez moi une transaction. Il a fait planter
une croix à la place du chasteau où il s'y fit une procession générale ;
il y brusla quantité de livres de galanterie ; il est cause qu'il y a une
orgue dans l'église parroissialle. Ce n'est pas seullemant à Marmande
que ces pieux missionnaires ont très bien réussy, mais partout ailheurs
où ils sont allés.

Commission pour Vayres, Saint Pardon et Izon. — Quelque tems
après la translation de la Cour des Aydes à Libourne, j'eus une commission pour aller à Vayres[3] , Saint-Pardon[4] et Izon[5]. Le sieur de

---

[1] C'était François d'Auber, écuyer, seigneur de Peyrelongue, premier
consul de Marmande en 1670, fils de Guillaume d'Auber, écuyer, seigneur
de Peyrelongue, enseigne d'une compagnie de gens à pied, 3e consul de
Marmande en 1630, premier consul en 1640, et petit-fils d'Alexandre d'Auber, écuyer, seigneur de Peyrelongue, consul de Marmande en 1605, premier consul en 1627.

[2] Un Jean Ferran est mentionné dans la *Notice sur Marmande* (p. 115).
Le Ferran ici nommé doit être celui qui figure dans une transaction du 30
avril 1690 reçue par le notaire Bernus et où il est qualifié « docteur en
médecine et consul de Marmande. »

[3] Vayres, commune du département de la Gironde, sur la rive gauche de
la Dordogne, canton de Libourne, à 6 kilomètres de cette ville.

[4] Saint-Pardon appartient à la commune de Vayres.

[5] Izon est une commune du canton de Libourne, à 10 kilomètres de cette
ville. Je ne nommerai pas Izon sans y saluer la riante et studieuse retraite
de M. Jules Delpit, ce *jeune* octogénaire auquel je souhaite de passer encore
sous ses beaux arbres de bien longues et de bien fécondes années.

Saint Yvoine, receveur du Bureau, dudit Libourne, estoit avec moy, le capitaine de la patache et autres, sur un advis qui feust donné audit sieur de Saint Yvoine qu'on avoit fait passer en fraude des droits du Roy une barque chargée de scel venant du costé de Blaye, qui feust arrestée. Le scel se deschargeoit, se mettoit en entrepôt, se vandoit à la campaigne et les droits n'en estoient point acquittés.

Commission de Tournon. — Par arrest contradictoirement randeu à Libourne du 29 mars 1683 j'ay esté nommé commissaire pour aller à Tournon [1]. J'en ay parlé dans mon recueil d'arrets [2]. Je l'ay faite d'une manière que j'ay bien sujet d'en estre contant. Estant arrivé à Marmande, les sieurs Mymaut, de Bruet, Pepin et Belioc, conseuls, le sieur Touchart, premier conseul, estant absant [3], accompaignés de plusieurs bourgeois et du sieur Gelibert, secretaire de la communauté, lesdits sieurs conseuls ayant leur chaperon de livrée, me vindrent randre leurs devoirs. Je les receus dans une chambre haute et respondis à leur honnesteté. Lesdits consuls s'estant retirés après leur complimant, je leur donné le pas que je prins aux autres. J'en uzé de mesme à Clairac [4] où les conseuls me vindrent saluer avec leur chaperon de livrée, ceux de Penne [5] et de Tournon avec leurs robes et chaperons consulaires. Nos Mrs m'ont advoué que c'estoit une très belle commission [6].

Commission de La Réole. — J'advoue pourtant et on en demeure d'accord que la plus éclatante commission qu'un officier de la Cour des Aydes ayt faitte venant de son corps est la mienne à La Réolle le mois de juin 1683. Il est vray qu'auparavant rien faire j'ay veu M. le

---

[1] Chef-lieu de canton du département de Lot-et-Garonne, arrondissement de Villeneuve-sur-Lot, à 27 kilomètres de cette ville.

[2] Ce recueil d'arrêts est-il perdu ? Je ne l'ai pas vu dans les archives de M. Maurice Boisvert.

[3] La plupart de ces noms se retrouvent dans la *Notice sur Marmande*, mais la liste des magistrats municipaux de l'année 1683 n'y avait pas été donnée. Les de Bruet étaient très anciens à Marmande et ils y apparaissent dès 1243 (*notice*, p. 25).

[4] Commune du canton de Tonneins, à 6 kilomètres de cette ville.

[5] Chef-lieu de canton de l'arrondissement de Villeneuve-sur-Lot, à 10 kilomètres de cette ville.

[6] Ne nous moquons pas trop de cet enthousiasme qu'expliquent les illusions de l'esprit de corps. Combien ne voyons-nous pas de gens qui pour moins de motifs encore, montent plus fièrement au Capitole !

premier Présidant seul de tout le Parlemant, dont j'ay sujet d'estre contant suivant l'advis de nos M^{rs} et qu'on m'a dit que ledit sieur premier président a fait coucher sur le registre de la Grand'Chambre. J'ay visité dans les greffes du Parlemant ce que j'ay vouleu, mesme les originaux, à quoy le sieur Dechiens, greffier en chef, ayant fait difficulté de se conformer, ledit sieur premier présidant l'y a condamné. J'ay fait la mesme chose dans des estudes de procureur, chés un libraire, en un mot je suis entré partout où j'ay vouleu et dans les endroits qui m'ont esté indiqués, ayant mandé le sieur Labissière premier jurat [1], qui m'a accompagné partout avec sa livrée, ayant avec luy des valets de ville. Ayant esté adverti que le nommé Gaches faisoit du papier et du parchemin de faux timbre et qu'il les distribuoit, je fens à 4 heures du matin avec ledit sieur Labissière et autres dans l'estude de l'Héritier, procureur au Parlemant où estoit ledit Gaches ; ledit sieur Labissière y estant entré dit à Gaches que je voulois parler à luy ; il s'advança à moy et je l'arrestay ; l'ayant remis audit sieur Labissière il le donna à deux valets de ville. On le mit en prison où je le fit écrouer, et à suite traduire à Libourne. J'ay aussy parlé de cette commission dans mon recueil d'arrests.

La disme de toute sorte de bleds, vins, legumages, lins, chanvre et aigneaux se paye à Beaupuy, suivant une transaction du 9 octobre 1620 receue par Lagaüzeire, à raison de 14 gerbes une sauf du millet qui se doibt paier au grenier à mesme raison ; et pour le vin à raison de 16 charges de vendange une, en l'allant prandre et recevoir par les chanoines de la Réolle et recteurs, leurs fermiers ou commis.

Commission pour Villeneuve d'Agenois. — Ayant esté nommé commissaire le 24 novembre 1684 pour aller informer contre deux orfèvres de ladite ville [2] contre lesquels le sieur Lafargue, fermier

---

[1] Le *premier jurat* Labissière n'est pas nommé dans l'*Histoire de La Réole*, par M. Octave Gauban (1873, in-8°), estimable travail dont j'ai été heureux de faire l'éloge dans un journal de Bordeaux aujourd'hui disparu, *la Guienne.*

[2] La ville que J. de Fontainemarie appelle *Villeneuve d'Agenois*, est souvent appelée par abréviation *Villeneuve d'Agen*, ce qui a toujours constitué aux yeux des Villeneuvois un abus révoltant. Un sous-préfet de Villeneuve m'a jadis raconté que, pour s'être servi de cette malencontreuse appellation, le jour même de son installation, en réponse aux compliments de bienvenue, il avait à jamais conquis une magnifique impopularité.

des droits de marque sur l'or et sur l'argent, se plaignoit n'ayant peu m'y transporter à cause que ma famme estoit incommodée, je donné mes lettres d'attache pour faire assigner chés moy les tesmoins à Marmande sur la réquisition de Bernus, procureur dudit Laffargue, depuis lequel tems s'estant accordé, il m'est veneu remercier chés moy à Marmande.

Le 19 avril 1683 jour de Pasques à 7 heures du matin ma nièce mourut à Marmande. Elle feut le lendemain enterrée dans l'église parroissialle aux sépultures de mon grand père proche l'autel de Saint-Anthoine, y ayant de très puissantes raisons pour cella. Rien n'a esté oblié pour sa guarison, et après son décès, les messes n'ont point manqué pour le repos de son âme.

Le sieur Villepreux, mon oncle maternel, est mort à Marmande le 22 janvier 1694 ; il a esté enterré aux Cordeliers dans la sépulture du sieur et Dlle Dumoran dessoubs la chaire du prédicateur où il y a une cave.

Le sieur Cazaux de Bouglon [1] m'ayant donné un de ses enfans à baptesme, avec la Dlle de Comarque [2], j'y ay envoié mon troisiesme fils. Le baptesme a été fait le 27 mars 1686. Le nom de Jacques luy a esté donné.

Autres commissions. — Une des principales raisons qui m'a em-pesché d'aller à Bouglon vient de ce qu'estant à la Réolle pour mes affaires, particulièrement le Parlement y tenant séance, M. d'Arche, procureur général en nostre compaignie, m'a envoié une commission par un exprès pour informer en subornement de témoins contre le nommé Jean Maisonnade, habitant de la paroisse de Hautevignes [3],

---

[1] Chef-lieu de canton de l'arrondissement de Marmande, à 18 kilomètres de cette ville.

[2] La maison de Comarque est une des anciennes et nobles maisons du Périgord. Voir sur cette maison en général, et en particulier sur la branche établie en Agenais, la plantureuse notice publiée par Courcelles, dans le tome V de l'*Histoire généalogique des pairs de France* (1825).

[3] Hautes-Vignes est une commune du canton de Marmande, à 18 kilomètres de cette ville. Moi qui ai jadis été l'humble historien de cette humble localité (Notice de 12 pages, Agen, 1869, dans les *Monographies histori-ques* publiées sous les auspices du Conseil général), je ne sais rien de Jean Maisonnade. Je dirai seulement que, depuis la publication de ma plaquette, j'ai trouvé un document qui montre un personnage du même nom et du

ayant prins pour son substitut le sieur Perret. Je me suis randeu à Marmande à l'effet susdit, ayant auparavant fait une information contre ledit Maisonnade, qui ayant esté condamné à la restitution de certains mubles s'ils estoient en nature synon la légitime valeur au dire d'experts en faveur d'un nommé Balan, peauvre tisseran Je suis aussy esté commissaire dans cette affaire.

J'ay prins ledit sieur Perret pour substitut dudit sieur Procureur général dans une commission que j'ay faitte à Marmande pour **M.** Tartas, prieur et conseigneur du Mas d'Agenais[1]. La qualité que j'ay donnée audit sieur Perret dans ces occasions est la suivante : Maistre Jean Perret, procureur du Roy de Marmande et substitut de M. le Procureur général en la cour des Aydes et finances de Guyenne.

J'ay signé les articles de mariage du sieur La Saubiolle et de D[lle] Marie Villepreux, ma cousine[2], rédigés en contrat le 4 novembre 1686 receu par Prioret, notaire de Castelnau sur Gupie. Le sieur Villepreux et sa femme luy ont constitué solidairemant 2.000 livres.

Commissions de Gontaut, de Fauillet, de Villote et d'Agen. — Le 17 juillet 1687 estant arrivé de Libourne à Marmande, je receus une dépesche de la part de M. Robillard, premier advocat général de la

---

même prénom investi des fonctions consulaires dans la meine localité une trentaine d'années auparavant. Voici les premières lignes de ce document relatif à un emprunt de 550 livres *pour payer la subsistance qui a esté imposée sur la presante jurisdiction par ordonnance de M. le duc de Candalle* (à la suite des troubles de la Fronde) : « Le dixiesme may mil six cens cinquante troys dans le bourg de Hautes-Vignes en Agenois se sont assemblés en jurade Jean Maisonnade et Huguet Lagaunye consulz, en compagnie de Maistres Gellibert Marlhan, James Mourges, Pierre Pons, juratz et praticiens, James Farges, Guillaume Rieublanc, Jean Beaujon, Leonnard Cumin, etc. »

[1] Le prieuré du Mas-d'Agenais était aussi ancien que célèbre. Je voudrais bien que l'on en écrivît l'histoire complète. Les documents ne manqueraient pas : ils sont surtout nombreux pour la période de la domination anglaise.

[2] Le domaine de la Saubiolle est dans la commune de Mauvezin. Le sieur de la Saubiolle était Jean de Lapeyre, écuyer. Voir sur la famille Lapeyre la *notice sur Mauvezin* de M. l'abbé Alis, *passim*. Je me sers sans scrupule de l'indication *passim*, à cause de la table si détaillée et si exacte dont l'historien de Mauvezin a enrichi son beau volume.

Cour des Aydes, avec une de ses lettres et une de M. le présidant Métivier qui estoit alors à la teste de la compaignie. Je trouvé dans ce paquet un arrest de la Cour portant un decret d'adjournemant personnel contre le sieur Jehan du Rames, vissenechal d'Agen. Cependant la Cour ordonne que j'informeray contre ledit prévost de l'évasion dudit Maisonnade accusé d'avoir fait faire un faux contrat d'obligation de 500 livres et décreté de prinse de corps à la requeste de M. le Procureur général : ce vissenechal ayant longtems gardé ce décret de prinse de corps, le mit enfin à exécution le jour de la Pentecoste et au lieu de conduire comme il devoit ledit Maisonnade à Libourne, il le mena dans la prison d'Agen, sy bien que ledit Maisonnade s'est sauvé des prisons d'Agen longtemps après avec d'autres prisonniers. Ayant receu ma commission, je suis parti de Marmande avec le sieur Bazin fils, advocat en la Cour [1], faisant la fonction de substitut dudit sieur Procureur général, de Larroque, greffier de l'ordinaire de Marmande, et de Carbonnes. huyssier au mesme siège. Je suis alé à Gontaut [2] où j'ay visitay (sic) les prisons dont le premier Consul [3] a donné un certificat audit sieur Bazin, ce qu'ont fait ceux de Fauillet[4] où je me suis transporté, et dans le village dé Villote, paroisse de Villotte[5] , juridiction dudit Fauillet, auquel lieu de Villote j'ay fait une information contre ledit sieur de Jehan. A cella près je suis arrivé à Agen à dix heures du soir et suis allé loger à Saint-Jacques ; le lendemain matin les conseuls me sont veneu faire leurs complimans[6] avec leurs livrées consulaires, m'ayant

---

[1] Au sujet de divers membres de la famille Bazin, voir *Notice sur la ville de Marmande*, pp. 111, 114, 119.

[2] *Gontaut*, selon l'orthographe adoptée par la très noble famille qui porte ce nom, *Gontaud*, selon l'orthographe officielle, commune du canton de Marmande, à 13 kilomètres de cette ville.

[3] Pourquoi le narrateur n'a-t-il pas donné le nom de ce premier consul? J'ai vainement cherché ce nom dans les documents hélas ! si incomplets qui sont encore aux archives municipales de Gontaud. Je voudrais bien établir la liste des consuls successifs de ma chère ville natale dans le recueil, que je prépare, de *Documents et notes relatifs à l'histoire de Gontaud.*

[4] Commune de l'arrondissement de Marmande, canton de Tonneins, à 5 kilomètres de cette ville.

[5] Cette paroisse fait partie de la commune de Varès, canton de Tonneins, à 9 kilomètres de cette dernière ville.

[6] Les consuls d'Agen, en l'an de grâce 1687, étaient Jean de Nargassies, de Cambes, Bissières, Guillaume Douzon, sieur de Lalande, Pierre Bussière, Charles Monbet

offert un hostel qu'ils appellent la Maison du Roy dont je les ay remerciés et de leur honnesteté. M. Duval, conseiller en la Grand' Chambre du Parlemant de Guyenne, partit d'Agen la veille de mon arrivée, il estoit logé au petit Paris, et ayant sceu qu'il avoit refusé ladite Maison du Roy, j'ay vouleu en cette rencontre faire comme luy. Les officiers de la Cour de l'élection d'Agen me sont veneu voir en corps et randre leurs devoirs en qualité de commissaire, le sieur Sabré, présidant, portant la parolle. Ledit sieur Jehan m'est veneu randre visite et m'a témoigné la joye qu'il avoit de ce que j'estois son commissaire ; il a esté fort assidu auprès de moy. Quantité de gens de condition me sont aussy veneu voir. Les conseuls d'Agen m'ont donné un repas magnifique, je les ay aussy très bien régalés. M. Lasserre, conseiller à la Cour des Aydes, m'a aussy traité et moy à luy. Le sieur Lasserre, chanoine, son frère, m'a donné un très beau repas ; je n'ay pas eu loisir de luy rendre la pareille. Le sieur Rangouse [1], beau-frère dudit sieur Lasserre, m'a fait grande chère à Beauregard, qui est une très agréable maison de campagne à un cart de lieue d'Agen et de l'austre costé de la ville. Ledit sieur Rangouse ayant un procès, je suis esté son arbitre à Bordeaux et M. Voisin, conseiller en nostre compaignie, de sa partie ; nous leur avons fait passer une transaction.

Commission de Tonneins. — Le sieur Ducasse, procureur du Roy de Lagruère [2], ayant escrit une lettre au sieur de Saint-Amans [3], inté-

---

[1] C'était Joseph de Rangouse, sieur de Beauregard, avocat, receveur des décimes de 1681 à 1690, mentionné par M. Jules Andrieux dans son inappréciable *Bibliographie générale de l'Agenais* (tome II, p. 226). M. Andrieu croit que Joseph était un neveu du très original épistolier Pierre Rangouze auquel Tallemant des Réaux a consacré une si piquante historiette (édit. P. Paris, tome V, p. 1-8), et dont M. Adolphe Magen a donné un si spirituel crayon dans son étude sur *un trafiquant littéraire au XVIIe siècle* (*Recueil des travaux de la Société des Lettres, sciences et arts d'Agen*, tome VI, 1353, p. 282-296).

[2] Commune de l'arrondissement de Marmande, canton du Mas-d'Agenais, à 3 kilomètres de cette dernière ville.

[3] Je me demande si ce *sieur de Saint-Amans*, appartenait à la famille de l'historien du département de Lot-et-Garonne, Jean-Florimond Boudon de Saint-Amans. Je ne le vois pas indiqué dans la notice inédite sur les Boudon de Saint-Amans rédigée par Madame la Comtesse Marie de Raymond et dont je dois une copie à sa gracieuse amitié.

ressé aux fermes royalles unies contre le sieur Bailly, commis au bureau du tabac de Tonneins, ledit sieur de Saint-Amans l'a remise audit sieur Bailly, et comme cette lettre estoit cruelle contre luy, qu'il y estoit traité d'homme noirci de concussions et de malversations, il a demandé à la Cour permission d'en informer, laquelle luy ayant esté accordée, son information est décrétée contre ledit sieur Ducasse. La cause plaidée à l'audiance, M. de Maniban président, arrest le 24 mai 1688, par lequel la Cour avant faire droit aux parties, ordonne que ladite lettre missive et l'audition dudit sieur Ducasse seront remises au greffe pour servir de dénonciation au procureur général du Roy et qu'il sera informé par devant moy à ces fins commis... Je suis parti de Libourne le 17 juillet 1688, le sieur Lauron, greffier de la Cour, ne pouvant quitter le service, m'a prié de prandre pour son commis le sieur Moulinier, procureur au présidial de Libourne. Je suis le landemain parti de Marmande ayant prins le sieur Bazin fils, advocat à la Cour, pour substitut. Estant arrivé à Tonneins, j'ay mis pied à terre chez la veuve Castéra où pend pour enseigne les trois pigeons [1] qui me dit que le premier conseul [2] ayant sceu que je devois arriver luy avoit donné la clef de la maison pour me l'offrir, ayant esté nécessairement obligé de s'en aller à la campaigne, attendeu que le commandant de quatre compaignies d'infanterie du régimant Royal La marine, estoit logé aux Trois pigeons, je remercié Madame Castera de l'honesteté dudit premier conseul et je prins la maison du sieur Desclaux, advocat en la Cour [3], pour luy faire plaisir qui est dans le voisinage, et où Messieurs

---

[1] L'hôtellerie qui avait ainsi des *armes parlantes* n'existe plus et son souvenir même s'est envolé de Tonneins.

[2] Le nom de ce consul ne se trouve ni dans les *Recherches historiques sur la ville et les anciennes baronnies de Tonneins* par L. F. Lagarde (Agen, 1883), ni dans la nouvelle édition très augmentée donnée de cet ouvrage par le fils de l'auteur, Alphonse Lagarde, sous ce titre : *Notice historique sur la ville de Tonneins* (Agen 1884).

[3] Probablement Daniel Desclaux, avocat au parlement mentionné, à côté de Claude Drême, aussi avocat en parlement, parmi les plus distingués magistrats municipaux de Tonneins dans la seconde moitié du XVII⁰ siècle (p. 84 de la *notice* citée en la note précédente). De Daniel Desclaux j'aime à rapprocher, d'une part, Pierre Desclaux, consul de Tonneins en 1618 avec Jean de La Barrière (*Ibid.* p. 61), d'autre part, M. le docteur Desclaux, ancien maire de Tonneins, qui vient de mourir au moment où j'écris ces lignes (août 1888), laissant la réputation d'un excellent administrateur et d'un parfait homme de bien.

les gouverneurs, lieutenans du Roy et intendans de la province ont
accoustumé de loger, d'autant mieux que les parties m'en ont aussi
prié. Les quatre conseuls de Tonneins avec leurs livrées accompaignés de quatorze bourgeois m'ont rendeu leurs devoirs; ils m'ont
dit que j'estois le premier commissaire de nostre Compaignie qu'ils
avoient veu à Tonneins. Tout Tonneins m'a veu et quantité de noblesse de ce canton. Le sieur Catufe, juge [1], n'a pas esté des derniers; il m'a traité magnifiquement chés luy. Ma commission a duré
seize jours à Tonneins. J'y ay souvent donné à manger audit sieur
Desclaux et à d'autres gens, car il faut faire honneur aux Commissions [2]. Le sieur Remond, directeur général du Convoy et comptablie de Bordeaux, a prié ledit sieur président Maniban de me nom-
mer pour commissaire dans cette commission, à quoy il n'a pas eu
beaucoup de peine, car c'estoit son sentimant.

Le deffinitoire [3] assemblé en Congrégation a accepté et ratifié le
droit de banc et sépulture accordé à mon père et la fondation par
luy faitte dans l'église des Carmes de Marmande de trois messes par
semaine ainsy qu'il est énoncé par les contrats du 22 may 1650 et
xx février 1655 receus par Galant et Fourès, notaires royaux dudit
Marmande [4], veut et entend que lesdits contrats sortent leur plain et
entier effet, et que les prieur et religieux dudit couvent tant presans

---

[1] C'était Daniel de Catuffe, avocat au parlement en 1656, juge de Tonneins, Grateloup et Villeton en 1658, juge de Monheurt en 1685, etc.
M. A. Jardinet, qui avait épousé une demoiselle de Catuffe dont la sœur était
mariée avec M. Imbert de Mazères, préfet de la Vienne, a bien voulu me communiquer un brevet d'exemption des gens de guerre accordé par Louis XIV,
en 1682, au magistrat qui fut un hôte si aimable pour Jacques de Fontainemarie.

[2] Oui, il faut faire honneur aux commissions et, dans un sens plus
large, aux situations élevées. Malheur à qui, dans notre généreux pays,
méconnaît la grande loi du sacrifice !

[3] Le mot *définitoire* ayant disparu de nos dictionnaires, je crois devoir
rappeler que c'était le terme usité, dans plusieurs ordres religieux, pour
désigner l'assemblée des principaux membres d'un chapitre, nommés
définiteurs.

[4] Si l'on dresse jamais, comme on l'a fait pour les notaires de la ville
d'Agen, le tableau par ordre chronologique des notaires de la ville de Marmande, le livre de raison des Fontainemarie fournira sa bonne part d'indications.

qu'à venir s'acquítent plainement de toutes les obligations portées par lesdits contrats, et qu'ils me randent et à mes héritiers et successeurs à l'advenir les honneurs deubs à leurs bienfaiteurs selon qu'il m'a esté accordé cy devant par acte du 18 mars 1676.

Le 24 janvier 1689 maistre Jean Fontainemarie est mort à Marmande; le lendemain, il a esté enterré dans la parroisse et dans la sepulture de mon grand-père, il estoit mon oncle paternel.

Le 3 février 1689 M. Bazin de Bezons intendant [1] m'a donné une lettre pour mon second fils adressante à M. le marquis de Louvoi [2], pour le mettre aux cadets. Il est parti de Marmande le 22 mars 1689. Mon cousin Fontainemarie luy a fait presant d'un cheval et de ses pistolets. On luy a donné tout ce qui luy estoit nécessaire. Il a esté envoié dans la Compaignie de Cadets à Charlemont [3]. En estant sorti il a esté fait sous-lieutenant et après lieutenant dans le régimant de Foix qui est de campaigne [4].

Le Roy ayant cassé ces compaignies de cadets, mon quatriesme fils est party d'icy pour aller au service. Il a esté fait d'abord sous-lieu-

---

[1] Ce successeur de Faucon de Ris, ce prédécesseur de la Bourdonnaie, fut intendant en Guyenne pendant près de quatorze années (1686-1700). Louis Bazin, seigneur de Bezons, arriva dans la ville de Bordeaux le 2 mai 1686 (*Continuation de la Chronique*, p. 109.)

[2] L'illustre ministre de la guerre allait mourir deux ans plus tard (16 juillet 1691). Quelques années auparavant, le 11 juin 1680, il avait reçu à Lormont les compliments des jurats de Bordeaux (*Continuation de la Chronique*, p. 69).

[3] Charlemont est le nom de la citadelle de Givet, département des Ardennes, à la frontière de la Belgique, citadelle établie sur une roche à pic dominant la Meuse de plus de 200 mètres.

[4] Ce régiment était alors commandé par le marquis de Ravignan. Le jeune officier vint en 1702, dans son pays natal chercher des hommes destinés à compléter sa compagnie. Il quitta Marmande le 1er mars 1702, et il mourut du côté de Strasbourg, en septembre de la même année. « Mon cousin Fontainemarie, » écrit le malheureux père, nous en porta la nouvelle le 6 octobre suivant. Nous n'avons pas manqué de faire prier Dieu, pour le repos de son âme. La compagnie de mondit fils estoit une des plus belles du régiment. »

tenant dans le mesme régimant de Foix, tout ce qui luy a esté nécessaire luy ayant esté donné [1].

Le 2 mars 1690 m'estant trouvé à Libourne à la teste de la compaignie j'ay tenen l'audiance qui a esté très belle en robe et chaperon
rouge formé d'hermine, ce qui ne m'estoit pas encore arrivé. Néanmoins j'en suis sorti avec honneur. Messieurs m'en ont félicité à
l'issue de l'audiance. Le Bureau en a été très satisfait, et ceux qui
s'y sont trouvés en ont pareu très contans.

Le 9 dudit mois et an, M. de Maniban, conseiller honoraire en la
Cour, a esté reçeu présidant à mon raport à la place de M. le présidant Maniban, son père [2]. Il a veu Messieurs en robe et chaperon
accompaigné de Mirmont, son procureur, en robe; il a esté fait en-
queste de sa vie, mœurs, religion catholique, apostolique, romaine
et aage par devant le Rapporteur et son conbiné [3], ayant auparavant
consigné au greffe 300 livres pour le festin et 50 livres pour la
confrérie de Saint-Yves [4].

Le xxii septembre 1690, les déclarations du Roy portant translation du Parlement et de la Cour des Aydes à Bordeaux ont esté enregistrées à La Réolle et à Libourne. Le Parlement a prins une

---

[1] Le narrateur ajoute dans une note : « Les sous-lieutenans ayant esté
cassez à cause de la paix généralle, mondit quatriesme fils ayant esté du
nombre, s'est retiré à Marmande après avoir fait la campaigne ; il est
arrivé au logis le 17 décembre 1697.»

[2] Alphonse de Maniban, chevalier, seigneur et baron de Saint-Félix, qui,
comme nous l'avons vu plus haut, avait été reçu conseiller en même temps
que le narrateur (1661), épousa Henriette de La Rochefoucauld et en eût
un fils nommé Guy, comme le président son grand-père. Guy fut conseiller, puis président en la Cour des Aides et mourut en 1731.

[3] C'est-à-dire, si je l'entends bien, le commissaire associé au rapporteur,
formant avec lui, en quelque sorte, une combinaison (cum, avec, bini, deux).
Le mot combiné, ainsi employé, n'est indiqué dans aucun de nos dictionnaires.

[4] Ai-je besoin de rappeler que saint Yves est le patron des avocats (advo-
catus et non latro, res miranda, etc.)? je dois ajouter que, selon la remarque
d'un vieux biographe (Moréri de 1759) « il y a lieu de douter que S. Yves
ait effectivement exercé la profession d'avocat. »

crue d'un présidant à mortier et de six conseillers [1], et la Cour des Aydes d'un présidant et de trois conseillers et de deux secrétaires en la Chancellerie.

L'ouverture de la séance de la Cour des Aydes a esté faiste à Bordeaux le 14 novembre 1690 en grande magnificence. M. de Bezons, intendant, s'y est trouvé. La Cour m'a députté avec M. Dulong pour l'aller recevoir au haut du degré proche la sale des procureurs. Il est entré en robe et chaperon rouge et nous l'avons receu en robe rouge; il s'est placé dans la chambre du Conseil au-dessus de M. le doyen. Peu de tems après, MM. les présidants en sont sortis en robes de velours noir sans estre suivis d'aucun de nous, et ont prins leurs places ordinaires à l'audiance. Peu de tems après, nous sommes sortis de la chambre du Conseil, M. l'intendant estant à la teste des conseillers. Ledit sieur intendant a traversé le parterre et nous aussy ; il s'est mis à la gauche devant M. Guerin, doyen [2]. La déclaration du Roy ayant esté leue, après la réquisition de M. l'advocat général Baritaut [3], M. le premier Présidant, après avoir pris l'advis de Messieurs, a prononcé l'arrest d'enregistrement. A cella près, ledit sieur

---

[1] L'historien du Parlement de Bordeaux dit au sujet de cette *crue* (t. II, p 217) : « La Cour de Guyenne offrit le prix d'un titre nouveau de président et de six de conseillers, sacrifice considérable pour elle dans l'état de dépréciation où étaient tombées ces places, et qui n'allait pas à moins de 400 000 fr. Mais que n'était-elle pas résignée à faire pour revenir à Bordeaux ? » Le continuateur de la *Chronique Bourdeloise* raconte ainsi le retour de la Cour des Aydes (p. 137) : «Le 14 (novembre 1690), la Cour des Aydes ayant été rétablie et ayant fait ce matin l'ouverture de la séance, M. le Premier Président de Sudiraut a été visité par deux députez avec leurs robes noires et chaperons de livrée. »

[2] Etienne de Guérin, signeur de Vizac, d'abord avocat au parlement de Bordeaux, fut pourvu le 4 février 1658, d'un office de conseiller en la Cour des Aides. Quand il mourut, le 15 février 1708, il y avait cinquante ans révolus qu'il tenait sa charge.

[3] C'était Geoffroy de Baritaud qui avait succédé, dans les fonctions d'avocat général, à son père, lequel les remplissait depuis 1647. G. de Baritaud fut remplacé en octobre 1691, par Aymard de Billy, dont le narrateur va nous annoncer la mort dans le dernier paragraphe de son journal, et il devint président juge des droits de sorties et entrées établis en la ville de Bordeaux.

intendant estant sorti du Palais, nous l'avons accompaigné jusqu'au haut du degré où nous l'avons prins en entrant, sans avoir dessendu aucune marche. Il nous a prié d'aller disner chés luy, ce que nous avons fait. Tout s'est passé fort honnestement, dont nostre registre a esté chargé.

On m'a assuré que le premier juin 1692, le juge lieutenant criminel et procureur du Roy, en robe, et les quatre conseuls de Marmande avec leurs chaperons de livrée estant aux Cordeliers et s'estant placés aux hauts sièges qui sont à main droite entrant dans l'église le sieur de Meaux, colonel d'un régimant de dernières milices, s'est mis à leur teste. Ce régimant a depuis esté cassé.

On m'a dit aussy que M. Touchard, conseiller au Parlemant, et commissaire aux Requestes du Palais, le jour de la Feste Dieu, 5 juin 1692, a assisté à la procession en robe et bonnet avec les juge, lieutenant criminel et procureur du Roy. Aussy de mesme ledit juge marchant à son costé, les quatre conseuls marchant devant et portant le poesle.

Mondit fils [le troisième des enfants du narrateur] a dit sa première messe à Marmande, le 8 juin 1692, jour de dimanche, dans le. couvent des Religieuses de Sainte-Ursule. Beaucoup de gens y ont assisté, et plusieurs ont communié, moy le premier et la famille.

Mondit fils le prestre a fait une reconnoissance le 24 juin 1695, receue par Bernus au sieur Dubosc, prieur de Guarrigue, d'un journal dix escats de terre labourable à Escouteloup, faisant partie d'une des pièces à luy données par ma femme et par moy.

Le 8 janvier 1693, ma famme a vandeu 100 livres un tonneau de vin à la fille de Roquelaure, venant de Gragnon [1], et trois jours aupa-

---

[1] Le domaine de Grayon jadis célèbre par ses riches vignoblos et son excellent vin, appartient actuellement à M. le docteur François Boisvert, frère de M. Maurice Boisvert. J'ai eu sous les yeux un contrat du 22 octobre 1692 (Quittance pour Nicolas Fourcades, maître chirurgien, donnée par *messire Jacques Fontainemarie,* conseiller du Roy en la Cour des Aydes et Finances de Guyenne), dont voici les premières lignes : « Cejourd'huy vingt-deux du mois d'octobre après midy mil six cens soixante-deux, dans le lieu de Grayon situé dans la paroisse de Beaupuy, juridiction de Marmande en Agenais, par devant moy, notaire royal soussigné présens les témoins bas nommez a esté present messire Jean Fontainemarie, seigneur de Castecu, Dauriolle, conseiller du Roy en la Cour des Aydes et finances de Guyenne seante à Bourdeaux y habitant au Chay des farines, estant presentement au present lieu de Grayon à luy appartenant. »

ravant cent boisseaux de fromant à 9 livres 3 sols le boisseau à prandre dans le grenier comme il est.

Le 25 fevrier 1693, le sieur Gautier, troisiesme conseul de Marmande[1], m'estant venu prier chès moy de la part du Corps de ville
d'agréer qu'elle [c'est-à-dire la ville] choisit des gens pour prandre
mon santimant où je voudrois sur l'affaire du franc aleu, je luy ay
répondu que j'estois prest à donner mon advis dans ma maison quand
on voudroit. Le landemain, le sieur Despeirone, second conseul,
ledit sieur Fizelier, prestre, le sieur Boc. advocat, les sieurs Fizelier
et Bernus, notaires, et le sieur Faget, scindic, s'estant rendeus chès
moi, m'ont fait connoitre de quoy il estoit question. Ayant leu leurs
pièces, je leur ay dit mon santimant, de quoy ils m'ont remercié, à
cella près ils se sont retirés.

Les maisons qui sont dans l'enceinte des murs de Marmande n'y en
ayant aucune noble de fonds ont esté taxées suivant la déclaration du
Roy et ordonnance de M. Bazin de Bezons du 29 juillet 1694 à
4984 livres. Ma maison a esté taxée 40 livres avec ce qui en dépand,
de manière que sachant ladite déclaration du Roy et ayant veu l'ordonnance de M. l'intendant, j'ay payé cette taxe au sieur Larroque,
conseul, le 3 septembre 1694.

Le 13 février 1695, le sieur La Saubiolle est mort à Marmande [2].

Le 8 mars 1695, les articles de mariage de messire François de
Mallet, escuyer, seigneur de Duran, conseiller du Roy en la Cour des
Aydes et finances de Guyenne, et de demoiselle Catherine Marie de
Lacheze, ont esté faits et arrestés à Bordeaux. Nous les avons signés
à Marmande où ledit sieur Mallet, cousin germain de ma femme,
nous les a portés. Depuis lequel tems ledit sieur Mallet a pris un office de couseiller au Parlemant de Bordeaux où il a esté receu sans
examen, de mesme que M. Cœsar, gendre de M. Minvielle, conseiller
à la Cour des Aydes, qui a esté receu conseiller au Parlemant sans
examen, avant ledit sieur Mallet.

M. Denis, fils de M. Denis, conseiller audit Parlement, a esté receu
présidant à la Cour des Aydes; il a l'office de M. le présidant Métivier, son oncle.

---

[1] Parmi les très rares documents que nous possédons touchant l'histoire de Marmande au XVIIe siècle, aucun n'a pu m'apprendre quels étaient
les consuls de cette ville en 1692.

[2] Jean de Lepeyre écuyer, déjà nommé plus haut à l'occasion de son
mariage (année 1686).

Le 22 mars 1695, j'ay payé 150 livres pour ma part de la capitation généralle conformément au tarif contenant la distribution de classes et le Règlemant des taxes suivant la déclaration du Roy du 13 janvier 1695.

Payé pour 1696, 1697 et un cart pour 1698, à cause de la paix générallé.

Quittance du sieur Fleuri de 23 livres 10 sols du xi février 1697 pour l'enregistrement des armoiries ordonné estre fait par édit du mois de novembre '696 [1].

---

[1] Je reproduis une note du narrateur, séparée de son livre de raison et relative à ses armoiries :

« Ordonnance du 29 du mois de novembre 1697, rendue par MM. les Commissaires généraux du Conseil députés sur le fait des armoiries portant que les miennes après avoir esté vérifiées ont esté enregistrées à l'Armorial général dans le registre cotté Guienne en conséquence du paiement des droits réglés par les tarif et arrest du Conseil du XX novembre 1696 en foy de quoy le brevet a esté délivré le 29 janvier 1698 par M. d'Hozier, conseiller du Roy et garde de l'Armorial général de France.

Lesdits droits se sont montés . . . . . . 23 livres 10 s.
Plus j'ay payé pour un duplicata qui est
attaché audit brevet . . . . 62 s.
Ces deux pièces sont dans une petite liete rouge dans un cabinet.
Escu de mes armoiries :

M. Fontainemarie soubs doyen de la Cour des Aydes et finances de Bordeaux porte d'azur à la Fontaine jaillissante d'argent maçonnée de sable, soutenue par deux lions d'or armés et lampassés de gueulles, deux étoiles d'or en chef, et un croissant d'argent en pointe.

M. Fontainemarie, advocat en la Cour, mon cousin germain, a de semblables armoiries ; il m'en a fait voir le brevet qui luy en a esté expédié. »

Puisqu'il est question du prieuré de Garrigue sur lequel nous savons si peu de choses, je résumerai un acte des archives de M. Maurice Boisvert qui donne quelques indications sur les prédécesseurs ou successeurs de Bernard Imbert Dubosc : *Du 9 octobre 1766. Reconnaissance en faveur de M. le prieur de Garrigue par messire J-B de Fontainemarie, conseiller du Roy en la Cour des Aydes et finances de Guienne :* pardevant le notaire royal de Marmande en Guienne soussigné fut présent messire Jean Baptiste de Fontainemarie, conseiller du Roy, etc, demeurant à Bordeaux, rue du Chapeau-Rouge, paroisse Saint-Remy, de présent en cette ville, lequel a volontairement reconnu et confessé avoir et tenir en fief cens rente directe foncière annuelle et perpétuelle, selon les fors et coutumes d'Agenais et dudit

Le premier aoust 1697, j'ay déclaré devant Faget, greffier de Marmande, que j'ay fait mettre cette année en chanvre trois carts de terre ou environ, suivant les ordres de Sa Majesté.

Commission de Cocumont. — Par jugemant arbitral randeu par les sieurs Poitevin et Fontanel, advocats en la Cour, entre la dame et la Communauté de Cocumont[1], le 14 décembre 1691[2], homologué en la Cour du consantemant de M. l'advocat général Robillard, le 19 aoust 1692, il est dit que pour terminer le procès pendant en la Cour des Aydes, il a esté convenu qu'au lieu de trois cens journeaux de fonds dont ladite dame soutient devoir jouir comme nobles, elle ne pourra en demander que cent cinquante journeaux.

Commission de Marmande. — M. d'Arche, procureur général, ayant fait informer de l'authorité de la Cour contre sieur Jacques Faget, maire de Marmande, accusé de concussion, d'abus et de malversation dans l'exercice de sa fonction sur la dénonciation qui luy en a esté faite par devant un conseiller en l'élection d'Agen qui à ces fins s'est transporté à Marmande, la Cour a ordonné qu'il seroit assigné pour estre ouï et pour plus ample secret permit de continuer l'information et de faire procéder par fulminations et censures ecclésiastiques en forme de droit, en exécution duquel arrest ledit sieur procureur général a obtenu un monitoire de Mgr l'Evesque d'Agen[3] qui a esté publié par le sieur curé de Marmande qui a fait

---

Marmande de M. Joseph Lherm, grand archidiacre, chanoine de l'église de Mirepoix, y demeurant au nom et comme seigneur prieur commendataire du prieuré N. D. de Garrigue et ses annexes d'ici absent, mais le sieur Jean Bouic, bourgeois, Jurat de cette ville, y habitant, son procureur constitué.. present pour ledit seigneur acceptant, un journal douze escats de terre situé dans la paroisse de Granon, juridiction de Marmande.. » Dans l'acte sont mentionnés deux autres prieurs de Garrigue, Bertrand Ruffi (1484), Jean Espaignet (1695).

[1] Commune de l'arrondissement de Marmande, canton de Meilhan, à 11 kilomètres de cette ville.

[2] Ce paragraphe, qui se rapporte aux années 1691 et 1692, n'est pas à sa place au milieu de faits relatifs à l'année 1697. Je n'ai pas cru devoir sacrifier à l'ordre chronologique, l'ordre suivi par le narrateur, et, pour répéter un mot célèbre, *faire de l'ordre avec du désordre.*

[3] L'évêque d'Agen était alors Jules Mascaron (1679-1703).

remetre au greffe de la Cour un cahier de révélations, dont ayant demandé l'ouverture par devant un commissaire de la Cour et qu'il feut procédé à la résomption et audition des Révélans et autres témoins par devant le premier conseiller de la Cour trouvé sur les lieux, la Cour par son ordonnance du 23 may 1696 mise au bas de la requeste dudit sieur Procureur général, a ordonné que l'ouverture desdites révélations seroit faitte par devant M. de Voisin, conseiller du Roy, ce qui a esté exécuté ; au surplus, que la résomption et audition des Révélans sera faite par devant moy à ce commis et député, à quoy j'ay satisfait avec toute l'exactitude possible, bien que M. Faget n'ayt rien oblié pour avoir en moy un commissaire relaché, mais inutilemant ; j'ay fait ma commission dans l'ordre ; j'en ay randeu compte à la Cour qui l'a approuvée, m'ayant donné acte de la remise des piesses le 28 aoust 1696. Le sieur Faget, après avoir reconneu la juridiction de la Cour, a trouvé à propos de la décliner, s'estant pour cet effet pourveu devant M. Bazin, seigneur de Bezons, conseiller d'Estat et intendant de la généralité de Bordeaux dont il a obtenu une ordonnance le 17 aoust de ladite année 1696, qui a fait naitre un conflit de jurisdiction entre la Cour et ledit sieur intendant. M. le premier présidant en a escrit à M. le Chancellier, à M. le Controlleur général, et à M. le marquis de Chasteauneuf, secrétaire d'Estat. Ledit sieur intendant n'a pas aussy manqué d'en escrire en Cour de son costé, où il est très bien, de manière que les pièces ayant esté remises à M. de Caumartin, il a traité de peu de chose cette poursuite dudit sieur Procureur général, ayant ajouté qu'il y avoit encore de nouvelles charges à vandre.

Cette charge de maire a depuis esté supprimée et ledit sieur Faget ayant acheptée celle de Gouverneur, il en jouit.

Commission de Gontaut. — M. le Procureur général estant averty qu'il s'y est glissé un si grand abus dans la ville de Gontaut, située dans l'élection d'Agen, où les tailles sont réelles, qu'encore qu'il n'y ayt dans l'enceinte des murs de ladite ville aucune maison, grange ny aucune sorte de batimant noble de fonds, néantmoins on n'en paye point de taille ny aucune sorte d'imposition, ce qui l'a obligé de donner sa requeste pour les faire encadastrer et demander que par devant le commissaire de la Cour, il sera fait procès-verbal des roolles, des cadastres de ladite jurisdiction et des comptes qui ont esté randus. Laquelle requeste par ordonnance de la Cour mise au bas d'icelle, le 7 du mois de septembre 1696, a esté renvoiée en jugemant et néantmoins la Cour a ordonné qu'en qualité de son commissaire

je me transporterois sur le lieu, ce que j'ay exécuté le mieux qui m'a
esté possible, toutes les piesses ayant esté remises au greffe comme
dans les autres. Je suis pour cet effet parti de Marmande le 25 septembre 1696 avec le sieur Deymier, procureur du Roy de Sainte-Bazeille [1], greffier par moy prins d'office comme dans la commission
que j'ay faite contre Faget, ne luy donnant point cette qualité. Après
mon arrivée, le sieur Lajus, maire de Gontaut [2], et les conseuls ayant
tous leur livrée consulaire, accompagnés de plusieurs bourgeois,
m'ont rendeu leurs devoirs; ils ont esté fort assidus auprès de moy
pendant le tems que ma commission a duré. A cella près estant parti
de Gontaut, je suis allé à la Duronne [3].

Commission de Blanquefort. — Cette commission de Blanquefort [4]
m'a esté donnée par M. le premier Président sur une requeste de
M. le Procureur général qui a demandé que les cotizateurs de cette
paroisse fissent leur rolle en ma presance. M'estant transporté à
Blanquefort, éloigné de Bordeaux de trois lieues, où les tailles sont
personnelles, le 16 novembre 1697, j'ay fait les choses dans l'ordre,
dont j'ay dressé mon procès-verbal, ayant prins Durieu, huissier en
la Cour, pour greffier d'office.

M. d'Anglure de Bourlemont, archevesque de Bordeaux et primat
d'Aquitaine, estant décédé à Bordeaux [5], M. l'abbé de Bourlemont,

---

[1] Nous avons déjà rencontré ce nom porté par un notaire de Castelnau-
sur-Gupie (année 1670). Rappelons qu'un *Deynier*, habitant de Ste Bazeille
à la fin du XVIe siècle, eut l'honneur d'être un des correspondants du futur
Henri IV (Voir *Une lettre inédite du roi Henri IV et une Mazarinade inconnue*)
Marmande, 1884, in 8o). Je crois que l'on doit identifier *Deynier* avec *Deymier* et je regrette d'avoir trop tard songé à une identification aussi naturelle.

[2] La famille de Lajus, éteinte depuis le siècle dernier, a fourni plusieurs
maires et plusieurs juges à la communauté de Gontaud. Le nom de Lajus
est encore porté, de nos jours, par un petit groupe de maisons voisin de
cette ville et par un bois qui en est éloigné de 3 kilomètres environ.

[3] La commune de Birac, où se trouve la Duronne, est limitrophe de la
commune de Gontaud.

[4] Chef-lieu de canton de l'arrondissement de Bordeaux, à 8 kilomètres
de cette ville.

[5] On lit dans la *Continuation de la Chronique Bourdeloise* (p. 200) : « Du
9 novembre Messieurs les jurats ayant eu avis que Monseigneur de Bourlemont, archevêque venoit de mourir, ils firent sonner le trépas, ensuite les
trois classes, et le lendemain une autre classe par la grande cloche do
'Hôtel de Ville. »

son nepveu, en a uzé à l'esguart de la Cour des Aydes comme envers
le Parlement [1] et dans cette veue estant allé voir M. de Suduiraut,
premier président, il a prié MM. Dulong et Loustau, conseillers à la
Cour, de la supplier de sa part de se trouver en corps à la cérémonie d'un service qui se devoit faire à Bordeaux, à Saint-André, pour
le repos de l'âme du deffunt, de quoy lesdits sieurs Dulong et Loustau se sont acquittés et en conséquance nous nous sommes randeus
dans l'Archevesché en robe noire et bonnets, les huyssiers y estant.
On nous a mis dans une sale à la gauche, le Parlement estant à la
droite dans une autre. Nous sommes sortis de cette manière de l'archevesché en corps, le 20 novembre 1697. On a fait une procession
par la rue des Trois Conils, on a coupé à la place Saint-Projet, on
a continué par la rue du Loup, on est entré par la petite porte de
Saint-André du costé du Peugue. La cérémonie a esté faite très ma-
gnifiquemant. Il y a eu chapelle ardante, l'église illuminée d'une très
belle manière [2]. Le père Verneuil, jésuite, a fait l'oraison funèbre [3].
Tout estant fini chaquun s'est retiré chez soy On m'a assuré que nostre compaignie ne s'est jamais trouvée dans une pareille cérémonie·

Te Deum pour la paix. — Le landemain la Cour est sortie en corps
et en robes rouges du Palais de mesme que le Parlemant, à 4 heures
de relevée, pour assister au *Te Deum* qui a esté chanté à Saint-André

---

[1] A rapprocher du récit qui, dans le recueil susdit, commence ainsi
(p. 201) : « Du 27 Messieurs les Jurats ayant été invitez par M. l'Abbé de
Bourlemont pour assister à l'enterrement et à l'Oraison funèbre de feu
Monseigneur l'Archevêque de Bourlemont son oncle, ils partirent de l'Hôtel de Ville sur les 10 heures du matin en robes et chaperons de livrée, la
grande cloche sonnant precedez du Chevalier et Archers du guet et autres
officiers de la Ville accompagnez des Juge et consuls de la Bourse, se rendirent à l'Archevêché où étant arrivez, ils furent introduits dans la grande
sale haute. Messieurs du Parlement étoient dans la sale suivante, Messieurs
de la Cour des Aydes et autres corps dans une autre sale de l'autre
côté.. »
[2] Ces derniers détails ne sont pas donnés par le continuateur de la
Chronique Bourdeloise.
[3] L'oraison funèbre n'a pas été imprimée, car elle n'est pas indiquée
dans la dernière édition de la *Bibliothèque des écrivains de la compagnie de
Jésus* par les PP. de Backer et Sommervogel (Louvain et Lyon, 3 vol. in-f°,
1869-1876).

pour la paix générale, ce qui a esté fort magnifique [1]. Je me suis trouvé à l'une et à l'autre de ces deux occasions.

Le 7 février 1699, mon fils aîné est parti de Marmande avec le sieur Bazin, advocat en la Cour, pour aller à Thoulouse suivre le barreau du Parlement de cette ville, qui est le second Parlemant de France. Ma famme m'a dit qu'elle avoit donné à nostre fils 300 livres.

M. l'abbé de Gourgues, évesque de Bazas [2], dans le cours de sa visite à Beaupuy, le 26 may 1699, confirma le titre de ma chapelle dans l'église dudit Beaupuy [3].

---

[1] Le continuateur de la *Chronique Bourdeloise* a passé sous silence cette cérémonie qui paraissait si belle à notre narrateur.

[2] Jacques-Joseph de Gourgues, occupa le siège de Bazas pendant quarante annnées (1684-1724).

[3] On trouve dans les papiers de Jean de Fontainemarie divers documents relatifs à sa chapelle. Le plus important est une ordonnance du 24 janvier 1676, par laquelle G. de Boissonnade « par la miséricorde de Dieu et grâce du St-Siège apostolique evesque et seigneur de Bazas, veu la requeste à nous presentée par M. Maistre Jacques de Fontainemarie, conseiller du Roy, en la Cour des Aydes et Finances de Guyenne, seigneur de Castecu, tendante aux fins qu'il nous plaise luy accorder la permission de faire bastir une chapelle dans l'église paroissiale St-Vincent de Beaupuy, en nostre diocèse, nous, desirant favoriser la piété dudit sieur requérant pour l'augmentation du culte de Dieu et décoration de ladite église, luy avons permis et permettons d'y bastir une chapelle, laquelle sera dédiée et et consacrée à Dieu, sous le nom de Saint Jean le Majeur Apostre, du costé du Nord entre les 2 arcc-boutans qui sont vers le clocher dans laquelle chapelle ledit obit de Castecu Dauriolle sera célébré du 1er mai). « Voici un autre document de date antérieure, concernant spécialement cet obit :

« RÈGLEMENT SUR L'OBIT D'ORIOLLE :

Nous, vicaires-généraux de Monseigneur l'illustrissime et Révérendissime eves ue de Bazas, avons ordonné et ordonnons que ledit sieur Brettes, prestre et curé de Beaupui, dira la messe haute du Saint-Esprit portée par la Fondation à diacre et sous-diacre et ses successeurs à l'advenir dans l'église parroissialle dudit Beaupui tous les mardis après le dimanche de l'Octave de Pasques qui ne sera pas empesché d'aucune feste double, et le lundi précédant dira les vespres des morts, advertira ses paroissiens au prosne d'y assister si bon leur semble dès le dimanche precedant, de laquelle proclamation ainsy faitte et du son des cloches ledit sieur de Fon-

Le 9 juin 1707, M. l'Evesque de Bazas, ledit seigneur de Gourgues, a fait la visite dans l'église de Beaupuy; il a trouvé dans l'ordre tout ce qui me regarde. Il est vray qu'il a dit qu'à la fenestre de ma chapelle il faudroit que cella feut vitré, ce qui n'est pas un affaire

Le xxi janvier 1700, demoiselle Anne Boisvert, veuve à noble Estienne de Villepreux, escuyer, mon oncle, est décédée à une heure après minuit. Comme elle a très bien vescu, elle est morte de mesme. Je luy ay ouï dire que mon père l'avoit mariée à l'aage de quatorze ans.

Commission pour informer contre le sieur Gelibert, docteur en médecine et premier conseul de Marmande, et le sieur François Mausacré, cy-devant scindic de ladite ville. — Ledit sieur Gelibert est mort en 1705 à Marmande. — J'ay receu une commission de la Cour à moy donnée par M. le premier présidant Suduiraut, le 15 février 1701, sur la requeste de M. d'Arche, procureur général du Roy, avec la commission prinse en la chancellerie près la Cour, pour informer contre maistre Armant Gelibert, docteur en médecine et premier conseul de Marmande, ladite année, et sieur François Mausacré, cy-devant sindic de ladite ville. Le 18 dudit mois, et an, ledit sieur Gelibert et les sieurs Gautier, Bernus et Mausacré, me sont venus faire en robe et chapeau consulaire (les valets de ville

---

tainemarie en qualité de seigneur de Castecu ou ceux qui le représenteront se tiendront pour suffisamment advertis d'assister audit anniversaire, le tout en conséquence de l'Obit vulgairement appelé d'Oriolle.

Fait à Bazas, le X juillet mil six cens soixante huit signé Baulon, vicaire-general, Delort, vicaire general, Durand, vicaire general, de Gasc, vicaire general, Bertrand, vicaire general, et, plus bas

du mandement de Messieurs les vicaires généraux.

Bordes, secrétaire,

avec le sceau et armes du seigneur evesque de Bazas.

La signiffication est au bas faitte audit sieur Brettes le 20 septembre 1668 par Laferrière, sergent royal.

Il y a une ordonnance du seigneur evesque de Bazas confirmative dudit Règlement du 4 juillet 1673. »

Pour épuiser le sujet, indiquons encore une note du chroniqueur nous apprenant que sa chapelle « a esté bénite par le sieur Fizelier, curé, le 29 juillet 1679 » et où il rappelle avec une légitime fierté que dans le titre à lui délivré par l'évêque de Bazas, il est proclamé « bienfaiteur insigne de ladite église, ayant exécuté mes offres y mentionnées. »

estant sur la porte) leurs complimans de leur communauté, me marquer le respect qu'ils ont pour la Cour et pour moy, et qu'ils exécu-
teroient avec plaisir les ordres que je voudrois leur donner, ledit
sieur Gelibert portant la parolle m'aiant traité de Monseigneur [1]. Je
les ay receus en la seconde chambre eu haut, où j'estois avec le sieur
Lamarche l'aîné; je les ay remerciés de leur honesteté, et je leur ay
dit que si je pouvois leur rendre quelque service en général et en
particulier je le ferois avec beaucour de plaisir. Ledit sieur Bernus,
troisiesme conseul, est venu auparavant me demander, en habit court,
quand je serois en estat de recevoir les conseuls qui estoient prests
avec luy de me venir randre leurs devoirs : je luy ay répondu quand
ils voudroient; en effet ils sont venus, et je les ay accompagnés tous
quatre jusqu'à la porte de la rue. Le sieur Bernus le clerc, frère du
conseul, estoit avec eux. Mon fils le prestre s'y est aussy trouvé.

Le xxı août 1702, j'ay donné au sieur Couldroy, bourgeois de
Marmande, quatre demi equus (*sic*) à 38 sols pièce, suivant le cours,
pour le retable que ledit sieur fait faire en qualité de prieur des penitans [2].

En juillet 1703, j'ay donné audit sieur Coudroy, prieur, et au sieur
Gautier, 3me conseul, quatre demi equus suivant le cours pour accommoder toute l'esglise, ayant mis bas toute la muraille; ils baillent
60 equus de façon au maistre masson nommé Lafontaine. Lesdits
sieurs sont veneus chés moy à Marmande me prier d'y contribuer.

Le 5 mars 1703, ma famme et moy avons retiré nos testamens des
mains de maistre Anthoine Larroque, notaire royal de Marmande, à

---

[1] Quand j'avais l'honneur d'être à la tête de l'administration municipale
de Gontaud, il y a de cela plus d'une vingtaine d'années, j'ai entendu dans
une réunion de maires tenue sous la présidence de M. Ernest de Berh, sous-
préfet de Marmande, un de mes collègues, un rural, s'écrier en répondant
à une question du Sous-Préfet : Oui, *Monseigneur*. L'enthousiasme du sieur
G......, amusa fort l'assemblée, et le *Monseigneurisé* ne fut pas le dernier
à rire du titre si inattendu dont on le bombardait.

[2] En cette année 1702, Jacques de Fontainemarie raconta le pieux voyage
fait par les Marmandais à Agen à l'occasion du Grand Jubilé universel. On
trouvera le récit du pélerinage du 30 avril dans la *Notice sur Mauvezin*
(p. 597-599). M. l'Abbé Alis attribue l'édifiante relation (p. 434, note) à
François de Fontainemarie. Mais l'auteur parle de son fils *Le prêtre* et par
là signe, en quelque sorte, le document.

cause de la mort de nostre second fils, décédé capitaine dans le régimant d'infanterie de Foix, et en ayant chacun fait un autre nous
l'avons remis au pouvoir dudit sieur Larroque deux jours après par
forme de dépôt.

Le 3 février 1704, jour de Dimanche, M. Touchard, natif de Marmande, conseiller au Parlement de Bordeaux, et commissaire aux
requestes du Palais me vint voir l'après dinée ; il demura une heure
ou environ avec moy. Après arriva M. le prestre Brezetz. A suite
ledit sieur Touchart se retira chès luy, où il mourut le landemain
matin sur les onze heures ; il a esté enterré le landemain dans sa
sépulture à la paroisse. Dieu nous fasse la grace de bien vivre pour
bien mourir et nous préserve d'un pareil accident ! L'église estoit
tendue de noir ; ses armes y estoient avec une couronne perlée. Il a
laissé un fils qui est conseiller aux requestes, ayant l'office de son
père ; il avoit deux filles dont l'une est religieuse, l'autre estant
morte dans le cloistre au Mas d'Agenois ; celle qui est religieuse est
dans le cloistre dudit Mas d'Agenois [1].

---

[1] C'est le personnage dont il a été déjà question et sur lequel le narrateur, en une note séparée, revient en ces termes :
« Le 21 juillet 1697 M. Touchart, conseiller aux Requestes, s'estant trouvé
à une procession qui se fit autour du cloistre de la paroisse, le sieur Faget,
maire de Marmande, dont ils sont natifs, luy ayant voulou prendre le pas
sur ce qu'il estoit en habit court, ledit sieur Touchart le saisit au corps et
le fit reculer, dont ayant fait un procès verbal, il a esté décrété d'adjournement personnel en grand chambre. M. Drouilhet, conseiller au parlemant, aussy natif de Marmande et moy, restames chaquun dans son banc.
Ladite charge de maire a esté supprimée ; le sieur Faget a achepté celle de
gouverneur que le Roy a depuis créée.
S'ensuist l'arrest du Parlement :
La Cour, après avoir mandé dans la chambre Faget, maire de Marmande,
décrété sur le verbal du sieur Touchard, conseiller du Roy en icelle, commissaire aux Requêtes du Palais, pour l'irrévérance par luy commise le 21
juillet dernier, après qu'il a rendeu son audition devant les commissaires à
ce députés, l'a renvoyé et renvoie pour faire l'exercice de sa fonction, luy
enjoint de porter plus de respect aux conseillers de la Cour, luy fait inhi-
bitions et déffanses d'user à l'avenir de telles ou semblables façons de faire
à telles peines que de raison.
Prononcé à Bordeaux en Parlement le 9 aoust 1697, M. Lecomte premier
presidant. »

M. de Guérin, doyen de la Cour des Aydes, est mort le 15 février 1708. Suivant une lettre de M^r le Président Barbot, du 6 mars 1708 [1], Mr Billy, premier advocat général de la Cour des Aydes, est mort en deux fois vingt-quatre heures.

II

JOURNAL DE FRANÇOIS DE FONTAINEMARIE

(1663-1730)

Je François Fontainemarie, aujourd'huy conseiller à la Cour des aydes de Guyenne, fils de feu Monsieur Jacques Fontainemarie qui mourut doyen de la mesme cour, et de Madame Jeanne de Saint-Angel, naquis à Bordeaux le quatre du mois de décembre mille six cens soixante-trois, à trois heures du matin, dans la paroisse de la Sauvetat.

Je fus baptisé à Saint-André le onziesme du mois de Juillet mille six cens soixante sept et j'eus pour parrein Monsieur François de Saint-Angel, mon ayeul maternel, et pour marreine demoiselle Jacquette de Villepreux, mon ayeule paternelle.

Dès que je fus en estat de profiter des premières instructions qu'on donne aux enfans, ma mère prit elle-mesme le soin de m'apprendre à prier Dieu ; ensuite elle m'enseigna le catécisme (sic), après quoy elle me montra à lire, et enfin ce fut elle qui m'apprit le commencement du rudiment. Jamais mère n'a eu plus d'attention qu'elle à l'éducation de sa famille et il y en a peu qui en ayent eu autant ; elle n'a rien négligé ni rien espargné pour nous rendre tous

---

[1] Le président Barbot correspondait souvent avec Jacques de Fontainemarie. On retrouve parmi les papiers de ce dernier cet *Extrait d'une lettre à moy escrite par M. le Président Barbot,* du 24 mars 1705 :

« Vous aurez sceu les mouvemans que nous nous sommes donnés pour éviter le Monseigneur que M. le M [aréchal] — Il s'agit là du maréchal de Montrevel, gouverneur de la Guyenne — prétendoit que nos députés devoient lui donner ; quoiqu'on eut receu une lettre précise de M. de la Vrillière, on a fait de très humbles remonstrances, et depuis 4 mois qu'on les a envoiées, nous ne voions pas que le Conseil ayt rien déterminé, ni que le voiage de Paris ait rien produit contre nous ; cependant tous les officiers ont eu l'honneur de le saluer en particulier ; il rendit le lendemain la visite à M. le Premier Président, et tout nous paroit tranquille. »

honestes gens et elle a travaillé dans tous les temps avec une application singulière et une tendresse qui ne s'est jamais démentie à nous inspirer des sentiments de religion, d'honneur et de probité.

Lorsque je fus capable de quelque chose de plus, mon père, ne pouvant pas me donner tout le temps qu'il auroit voulu parceque les occupations du palais luy en enlevoit (*sic*) pour lors beaucoup, il fut forcé de me donner un précepteur qu'il renvoia bientost après mal satisfait du peu d'attention qu'il avoit à m'instruire; il ne fut pas plus content de celuy qui prit sa place, car comme il veilloit autant que ses affaires pouvoient le luy permettre, sur tout ce qui me regardoit, qu'il me faisoit par temps reciter mes leçons et qu'il jettoit quelquefois les yeux sur mes themes, il s'apperceut que ce second precepteur me negligoit (*sic*) et il le congedia. Le troisiesme ne fit guieres mieux ; il ne fut pourtant pas renvoié parce qu'étant tombé malade à Marmande pandant les vaccations et les cours estant sorties de Bordeaux (où la famille ne retourna plus depuis) à la Saint-Martin il demanda à se retirer et je n'eus plus au logis de précepteur. J'avoue qu'un bon précepteur est d'un grand secours à un jeune homme ; lorsqu'il a l'esprit juste, les mœurs bonnes, de la capacité et de l'érudition, il donne à son disciple des principes de vertu, de piété, de politesse et de littérature qui ne s'effacent jamais tout à fait, mais il est si rare d'en trouver de tels, que je croy qu'il est plus avantageux et pour l'escolier et pour la famille de s'en passer que de courre le risque d'en prendre quelqu'un qui soit d'un mauvais caractère.

En novembre 1675 le roy sortit les cours supérieures de Bordeaux et la Cour des Aydes fut transférée à Libourne. Nous estions pour lors à Marmande où nous venions régulièrement passer le temps des vacations et d'où la famille n'est pas depuis sortie. Le précepteur que j'avois dans ce temps se retira peu après, et mon père m'envoia en classe premièrement chés Mr Dupreau et ensuite chés Mr Lamolère, regent de lad [ite] ville de Marmande ; j'estudiai sous ce dernier jusques à ce que mon père me mena luy mesme à Condom pour y faire la retorique chés les pères de l'Oratoire où il me mit en pension en 1679[1].

---

[1] C'était alors un des plus florissants de tous les établissements d'instruction publique du Sud-Ouest. Voir dans la *Revue de Gascogne* de 1887 la remarquable étude consacrée par M. Joseph Gardère au *Collège de Condom sous les Oratoriens*.

Sur la fin de 1679 j'allai à Agen étudier en philosophie chès les pères Jacobins [1] ; je ne fis qu'un cours d'un an sous le père Coronat, sous lequel j'escrivis. Je soutins un (*sic*) thèze de logique dans le caresme, et le [vide dans le manuscrit] du mois d'aoust 1680 je soutins un acte particulier dédié à M[r] l'évesque qui estoit pour lors Monsieur Mascaron et led [it] père Coronat me donna ses lettres testimoniales.

Comme j'estois trop jeune pour aller estudier en droit, ne pouvant estre receu avocat qu'à 21 ans suivant la déclaration du roy [vide dans le manuscrit], mon père, par l'avis de Monsieur de Mascaron, me fit estudier pendant deux ans en theologie chez les mesmes pères Jacobins d'Agen. J'eus pour professeurs le père Laborde et le père Coronat. Ce dernier me donna encore des lettres testimoniales d'estude.

Dans le mois de novembre 1682 j'allai à Cahors commencer mon droit. J'estudié les deux premières années sous Mr Dupuy et M[r] le Franc de Caix [2], et sur la fin de lad [ite] seconde année, c'est-à-dire en 1684, je pris le bacalaureat après avoir subi un examen particulier et soutenu publiquement une thèze le 18 du mois de may de la sus [dite] année 1684. Je continué cette étude en 1685 sous les mesmes professeurs et je pris les leçons du droit français sous Mr Dolive qui en estoit le professeur et, après avoir subi un nouvel examen particulier et soutenu une nouvelle thèse, je fus fait licensié en droit civil et en droit canon le 9 juin 1685, muni des certificats d'estude que les trois professeurs susd [its] me donnèrent. Il me fallut encore avoir celuy de Messieurs du parquet de Tolose parceque Cahors est du ressort de ce parlement : ils me le donnèrent le 19 juin 1685 et quand j'eus cette pièce, je m'en retournay à Marmande portant avec moy mes lettres de bachelier et de licensié et toutes les autres pièces, titres et certificats.

Le second juillet 1685 je fus receu avocat au parlement de Guyenne lors seant à la Réole et l'arrest porte que je serai immatriculé sui-

[1] Voir *Notice sur le Collège d'Agen depuis sa fondation jusqu'à nos jours* (1581-1888), par M. Philippe Lauzun (Agen, 1888). M. Lauzun s'est montré, dans ce travail, le digne émule de son ami M. Gardère.

[2] Sur les professeurs Antoine Dupuy et Jean le Franc de Caix, voir l'*Histoire de l'Université de Cahors*, par MM. J. Baudel et J. Malinowski (Cahors, 1876, grand in-8°, p. 153-156).

vant l'ordre de mes degrés et par preferance neanmoins à ceux qui furent receus dans la mesme audience attendu que j'estois fils d'un officier en cour souveraine.

Je resté à Marmande l'année 1686, et en 1687; je commencé à suivre le barreau à la Réole où je passé une partie assés considérable de cette année et de toutes celles pendant lesquelles le parlement y demeura. Quand il fut retabli à Bordeaux, j'y suivis encore le barreau pandant quelque temps et enfin je me retiray tout à fait à Marmande où je fis avec quelque agrément la fonction d'avocat.

En février 1699 il me prit envie d'aller suivre le barreau du parlement de Tolose. Je m'embarquay pour cet effet avec M. Bazin l'adv-[oca]t le 7 dud [it] mois ; nous demurames là jusques à la Saint-Jean et nous en revinmes ensemble. Ce voyage m'a esté assés inutile et j'eusse mieux fait de ne le faire pas.

Depuis mon retour de Tolose j'ay toujours resté à Marmande où je continué à faire les fonctions d'avocat jusques à la mort de mon père excepté que je ne voulus jamais sortir de lad [ite] ville pour aller en arbitrage dans les villes circonvoisines ou à la compagne ni servir d'assesseur ou d'adjoint en qualité de gradué dans les affaires criminelles.

Mon père mourut à Marmande le 18 septembre 1708 agé de 68 ans 8 mois moins 10 jours et fut enseveli aux Carmes dans le tombeau de la famille [1]. Il avoit fait son testament 5 ans et demi auparavant par lequel il faisoit des legs particuliers à chacun de mes frères et sœurs. Il me laissait son office de conseiller à la Cour des Aydes dont il devint doyen 8 ou 9 mois avant sa mort. Il donnoit à ma mère la jouissance de tous ses biens, la priant de fournir aux frais de mes provisions et de ma réception, et l'instituoit son héritière générale et universelle, la priant néanmoins de me remettre son heredité quand elle voudroit. Voyés ci-après l'article de ma famille.

Après la mort de mon père et le 30 septembre 1708, ma mère donna sa procuration pour me présenter au roy et à Mgr le Chan-

---

[1] Déjà, en décembre 1643, Jean Fontainemarie, le grand père de Jacques, voulut que son corps fût « enseveli aux thumbes de mes predecesseurs qui sont au couvent des Peres Cordeliers de la presente ville ».

celier pour avoir, tenir et exercer l'office de Con [seill] er en la Cour des Aydes de Bord [eau] x dont mon père estoit mort vestu. J'envoyé cette procuration avec mes lettres de baccalauréat et de licence, mon arrest de réception à prester le serment d'avocat, mes certificats d'estude et de fréquentation du barreau, mon extrait baptistaire et généralement toutes les pièces nécessaires à M. Lamolere, secretaire du roy à Paris par la médiation de M. le président Barbot. Mes provisions furent expédiées le 15 de no [vem] bre 1708 et enregistrées le 17 du mesme mois. Je les receus le 22 et la veille de la Noël je les présenté à la Cour des Aydes avec une req [ue] te tendante à ce qu'il luy plust de me recevoir en lad [ite] charge ; je ne fus pourtant receu que le 19 fevrier 1709 à cause d'une contestation qu'il y eut entre Mr Leblanc et moy pour la presseance. Mr Leblanc, aussi fils de maistre, prétendoit que son père estant en vie il devoit me preceder, je soutenois au contraire qu'ayant esté présenté au roy presque d'abord après la mort de mon père et mes provisions estant antérieures à celles de M. Leblanc, je devois l'emporter. Nous écrivismes l'un et l'autre à Mgr le Chancelier et M. le président Barbot aussi au nom de la Compagnie; par une première lettre il décida en ma faveur, mais par une seconde sur des raisons assés mauvaises que Mr Suduiraut, premier président, qui voulut faire plaisir à Mr Leblanc, escrivit à son retour de la campagne à M. le Chancelier, il donna la presseance à M. Leblanc qui fut receu le 18 fevrier et moy le lendemain. Les frais de l'obtention de mes provisions ou de ma réception allèrent à près de mille écus.

Je fis une faute que j'exhorte fort tous mes descendants de ne jamais faire, c'est que je ne piqué (sic) pas le Code et que je pris ma loy au hazard. Il me fallut assommer d'estudier ; j'en usé de mesme à l'esgard des trois parties du Digeste. Il y eut dans ce procédé trop de présomption de ma part. Je reconnois que je fis mal. Cependant je fus assés heureux pour que Dieu me fit la grâce de sortir assez bien d'affaires.

Je fis enregistrer mes provisions à la Chambre des Comptes à Paris, le six mars 1709 et au bureau des finances à Bord[eau]x, le 17 juin aud[it] an. MM. les trésoriers le firent gratis. Voyés ci-après dans un article séparé ce qui regarde mon office.

J'obtins aussi des lettres d'intermediat pour jouir des gages attachés à mon office depuis le 18 septembre 1708, jour du décès de mon père, jusques à celuy de ma réception qui fut le 19 février 1709 ;

elles me coustèrent de l'argent et sont datées du 15 mars 1709 ; elles furent enregistrées en la Chambre à Paris, le 16 avril, aud[it] an. Cella me cousta encore de l'argent, et au bureau des trésoriers gratis, le 27 juin 1709.

Je me marié avec Mlle Boutin [1], le 26 aoust 1722, c'est-à dire que la bénédiction nuptiale nous fut impartie ce jour-là dans l'église paroissielle de Saint-Vivien [2], où ma femme faisoit sa résidence, par mon frère l'abbé Dorriolle, du consentement de M. le curé de cette paroisse.

Nous avions auparavant fait proclamer les bans de nostre mariage, ma femme à Saint-Vivien pendant trois dimanches et moy aussy trois fois à Marmande où je réside quelque partie considérable de l'année en famille et dans ma maison. Je les fis aussi proclamer à Bordeaux une fois et pris dispense des deux autres. On me conseilla de faire faire ces proclamations à Saint-Projet, qui est ma paroisse et parceque j'ay à Bordeaux mon domicile de dignité en qualité de conseiller à la Cour des Aydes et parceque je suis sensé (sic) y habiter et parceque j'y demure véritablement une partie de l'année, mais seul et sans famille.

M. Bignon, qui estoit curé de Saint-Vivien, ne voulut rien pour ses droits. Il ne voulut pas mesme prendre un des treize louis d'or que je donné pour arres à ma femme parcequ'on en donne à Saint-Vivien quoyque M. Doriolle et moy le luy eussions offert tous les deux et l'eussions pressé de l'agréer.

Nos articles de mariage furent signés le 9 juillet et le contrat de mariage fut passé le 25 aoust suivant de l'année 1722, veille de nos noces. Ce contrat a été retenu par Me Robert, notaire royal de Monségur. Voyés ci-après dans un article séparé ce qui regarde mon mariage par rapport à la constitution faite à ma femme.

J'ammenay ma femme à Marmande le [vide dans le manuscrit] 1712. Son cousin Du Luc [3] et quelques autres ses parents et parentes l'y

---

[1] Voir un peu plus loin les renseignements donnés par le narrateur sur sa femme.

[2] Commune du département de la Gironde, arrondissement de la Réole, canton de Monségur, à 4 kilomètres de cette ville.

[3] S'agit-il là du conseiller à la Cour des Aides de Guyenne qui va être mentionné dans une des pages suivantes ?

accompagnèrent et quelques-uns des miens nous vindrent au-devant, les uns à Beaupuy, les autres au bas du vignoble. M. de Villepreux s'en vint de Saint-Vivien avec nous Ma sœur avoit resté à Marmande à cause de ses indispositions. M Doriolle et Mlle Beaufossé y estoint retournés 3 ou 4 jours après nos noces pour tout préparer à la maison, et M. Grayon, mon frère, qui estoit allé avec M. l'abbé Doriolle, Mlle Beaufossé et moy à Saint-Vivien lors de la signature de mes articles de mariage, ne put pas y aller pour les noces ni se trouver aux ammenances [1] parce qu'il estoit malade chés luy à Grayon. M. l'abbé nous vint pourtant joindre avec M. Salles.

MA FAMILLE.

Ma famille comprend mon père, ma mère, mes frères et sœurs, ma femme et mes enfants. Je ne parlerai dans cet article que de mon père, de ma mère, de mes frères et de mes sœurs. Je parlerai de ma femme et mes enfants dans deux autres articles séparés.

Monsieur Jacques Fontainemarie, mon père, seigneur de Castecu, conseiller du Roy en la Cour des Aydes et Finances de Guyenne, mourut à Marmande, âgé de 68 ans, 8 mois moins dix jours et doyen de lad[ite] Cour, le 18 septembre 1708, environ les [vide dans le manuscrit] heures après midi ; il fut enseveli aux Carmes, dans le tombeau de famille qui est sous nostre banc.

Il avoit fait, escrit et signé son testament sans l'avoir pourtant clos, le 7 mars 1703 ; il le remit le mesme jour entre les mains de M[e] [vide dans le manuscrit] Laroque, not[ai]re royal de Marmande, qui luy en donna acte qui fut signé par mon père, par sept témoins et par le[dit] notaire.

---

[1] Ce mot n'a été recueilli ni dans le *Dictionnaire de Trévoux*, ni dans le *Glossaire* de la Curne de Sainte-Palaye. Isaac de Pérès l'ayant employé au sujet du mariage (mai 1597) de la fille de Georges Du Bourg, gouverneur de l'Isle-Jourdain, avec un Du Pouy de Bonnegarde (*Chronique*, Agen, 1882, p. 61), j'ai rappelé (*Ibid*, note 2) que le mot se maintient dans le langage populaire, et que Gabriel Azaïs le mentionne, avec la signification de fêtes de noce (*Dictionnaire des idiomes romans du midi de la France*). J'aurais pu ajouter que Frédéric Mistral le donne aussi dans son *Dictionnaire provençal-français*, où il cite ce vers d'Augier Gaillard, *lou roudié de Rabastens* :

Ah ! ieu vouldrio be qu'el fous à las amenanços.

Par ce testament qui contient la dernière volonté de mon père, outre plusieurs legs pies qu'il laissa et que ma mère a tous acquittés, il donne à M. l'abbé Fontainemarie, sieur Doriolle, à M. Jean Fontainemarie, sieur de Grayon, à Mlle Jeanne Fontainemarie et à Mlle Catherine Fontainemarie, mes frères et sœurs, les seuls enfants qui lui restoint et à chaqun d'eux la somme de 4,600 livres payables en la manière portée par son testament et outre ce il donne à mon frère l'abbé, auquel le susd[it] legs doit tenir lieu de remplacement de la moitié de son titre clérical, l'habitation pendant sa vie de la chambre du milieu du vieux bâtiment qui regarde sur la Cour avec l'antichambre qui est sur le degré et les meubles qui s'y trouveront après le décès de ma mère, hors le cabinet aux livres qui pourra rester, si je le veux ainsi, dans lad[ite] chambre; il veut encore que M. l'abbé jouisse pendant sa vie d'une de ses granges qui touche celle de la veuve du sieur Marres.

Mon père donne aussi la jouissance de ses biens à ma mère et la prie de me faire recevoir dans sa charge de conseiller, d'en faire tous les frais soit pour les provisions, soit pour la réception. Il me laisse les anciens gages attribués à l'office de conseiller et me donne ses livres. Il fait ma mère son héritière et la prie de remettre son hérédité quand elle voudra.

Madame Jeanne de Saint-Angel, ma mère, mourut à Marmande, âgée de [vide dans le manuscrit] le 13 aoust 1616 environ les 4 heures après midi. Elle fut ensevelie dans l'église des pères Carmes de la mesme ville et dans la sépulture [1] de la famille qui est sous nostre banc.

Elle avoit fait son testament le [vide dans le manuscrit].

Monsieur Etienne Fontainemarie, mon frère, appellé dans la famille M. Castecu, mourut à Phalsebourg (sic) [2], âgé de 37 ans, 4 mois moins dix jours, le 28 septembre 1702. Il estoit capitaine au premier bataillon du régiment de Foix. Il ne fit point de testament parceque mon père et ma mère estoint en vie et qu'il n'avoit rien gagné au service.

---

[1] Sépulture est employé là par abus pour tombeau.
[2] Phalsbourg, en Lorraine.

MON MARIAGE.

Je passé et signé des articles de mariage avec Mademoiselle Marie-Marguerite Boutin, fille de Monsieur Blaise Boutin, de Saint-Vivien, et de demoiselle Louise Calabre[1], ses père et mère, âgée d'environ 27 ans, le 9 juillet 1722.

Le contrat portant la remise et l'approbation de ces articles et de tout le contenu en iceux fut passé le 25 aoust 1722, veille de nos noces, devant Me Robert, notaire royal de Monségur, et le 26 aoust aud[it] an nous épousasmes dans l'église paroissielle de Saint-Vivien. Mon frère, Monsieur l'abbé Doriolle, nous impartit la bénédiction nuptiale du consentement de M. le curé de cette paroisse. J'ay expliqué au troisiesme feuillet du commencement de ce livre comment cella s'estoit passé, ce qui avoit précédé cette cérémonie, et les manières honnestes dont M. le curé en avoit usé à nostre égard.

Par ce contract de mariage M. et Mlle Boutin constituent conjointement et solidairement à ma femme la somme de 30,000 livres en payement de laquelle jusques à concurrence de la somme de 20,000 livres (les 10,000 livres restantes ne devant estre payées qu'après le décès du dernier mourant des constituants), ils luy donnent la métayrie de Saint-Seve, jurisdiction de la Réole, pour 6,000 livres et celle de Castelnaut avec tout ce qu'ils possèdent dans le bourg et jurisdiction pour 4,000 livres, avec faculté à moy de vendre lesd[its] biens fonds en la manière expliquée dans le susd[it] contract ou articles de mariage. Luy donnant encore la veille des noces ou quoyque ce soit à moy la somme de 5,000 livres en espèces d'or ou d'argent, ce qu'ils firent effectivement et led[it] contract de mariage en porte quittance, et les 5.000 livres restantes pour faire les vingt payables dans dix ans aussi en espèces sonnantes et sans aucune sorte de billets.

MES ENFANTS.

Jean-Baptiste Fontainemarie, nostre premier enfant, né le 24 juin 1723, jour de jeudi, à Marmande. — Le 24 juin 1723, à une heure et demie après midi ou environ, ma femme accoucha d'un

---

[1] Louise Calabre était fille d'un juge de Castelnau-sur-Gupie.

garçon qui fut baptisé le 26 du mesme mois par Monsieur l'abbé Fontainemarie, mon frère, dans l'église paroissielle de la ville de Marmande. On luy donna le nom de Jean-Baptiste; il a pour parrain mondit sieur l'abbé Fontainemarie (et parce qu'il fit le baptesme M. Villepreux de Marmande tint sa place) et pour marraine Mademoiselle Boutin, son ayeule maternelle Cet acte baptistaire (à l'occasion duquel il y a eu quelque contestation dont on trouvera l'origine, la suite et la fin au commencement de ce livre feuillet [vide dans le manuscrit]) fut signé par celuy qui representoit le parrain, par la marraine, par M. Gautier, curé de Beissac [1], par M. Brezets, un saint prestre, et par M. Lachaussée, vicaire de semaine, ces trois derniers comme témoins de l'action, par mon frère qui fit le baptesme et par moy père de l'enfant qui est le premier dont ma femme a accouché.

Cet enfant, nommé Jean-Baptiste Fontainemarie a esté d'abord mis en nourrice à Grayon où il est nourri par la femme de Berdoulet qui luy donne son laict.

Ma femme et moy l'avons voué au blanc à l'honneur de la Sainte Vierge jusqu'à l'âge de sept ans Le [vide dans le manuscrit] 1724, je luy ay fait donner le scapulaire chés les Carmes de cette ville de Marmande. Le Père Simon Brousse l'en revestit en présence du prieur et de presque toute la communauté qui assista à la cérémonie. Le 26 juin 1725, ma femme retira cet enfant bien sevré de la nourrice et le fit porter au logis.

Jeanne Fontainemarie, nostre second enfant, née le vendredi neuf juin mille sept cents vint-qnatre à Marmande, mariée avec M. de Villepreux, écuyer, nostre couzin, à Marmande, le 10 avril 1742.— Le 9 juin 1724, à six heures et demie du matin ou environ, ma femme accoucha d'une fille qui fut baptisée dans l'église paroissielle de Marmande le 11 du mesme mois, par M. Boc, vicaire de semaine. On luy donna le nom de Jeanne, elle a pour parrain M. Boutin, son ayeul maternel, et pour marraine ma sœur, Mlle Jeanne Fontainemarie. C'est le second enfant dont ma femme a accouché. Cette fille, nommée Jeanne Fontainemarie, a été d'abord mise en nourrice à Fourques, juridiction de Caumon [2], où elle est nourrie par la femme de Pierre

---

[1] Bayssac est une section de la commune de Marmande, avec paroisse.
[2] Fourques et Caumont sont deux communes de l'arrondissement de Marmande, canton du Mas-d'Agenais.

Mimaut, brassier, appelée Marie Lagraulet qui luy donne son laict. Elle fut sortie de la nourrice le mois de mars 1726 et menée à Marmande chez nous toute sevrée par sa nourrice. Vers la fin du mois de juin 1726, Mlle Boutin [1], qui nous vint voir le dimanche dans l'Octave de la Feste-Dieu et qui s'en retourna 3 ou 4 jours après, s'emmena [2] cette petite par ordre de M. Boutin qui nous la demanda pour toujours dès qu'elle fut née et encore diverses fois pendant qu'elle estoit en nourrisse. Il dit qu'il luy veut laisser tout son bien. C'est luy qui la nourrit et luy fournit tout ce dont elle a besoin. Ragot, nostre munier de Drilhot [3], et Bernard Seguin, son valet, emportèrent cette enfant chés mon beau-père où elle reste toujours depuis.

Catherine Fontainemarie, nostre troisiesme enfant, née le 26 janvier 1726, jour de samedi à Marmande, mariée, le 11 juin de l'année 1743 avec M. Boutet de Labadie, procureur du Roy au siège royal de la ville de Marmande. — Le vint-six janvier mille sept cents vint-six, entre onze et douze heures du soir ou environ, ma femme accoucha d'une seconde fille qui fut baptisée dans l'église parroissiele de Marmande le 28 du même mois, jour de lundi, par M. Doriolle, mon frère, du consentement de M. Delbès qui prit ce

---

[1] C'est-à-dire Louise Calabre, femme du sieur Boutin et mère de madame de Fontainemarie.

[2] Pour : emmener avec elle. Ce gasconisme fleurit encore de nos jours sur les bords de la Garonne.

[3] Le moulin à eau de Drilhot, souvent mentionné dans les papiers de Fontainemarie, faisait partie du domaine de Castecu. Il n'était pas encore annexé à ce domaine en 1577, comme nous l'apprend un acte des archives de M. Maurice Boisvert que j'analyserai en deux lignes : le 27 décembre 1577, Benoit Seguin, habitant de Mauvezin, donne par échange à André Seguin, habitant de Sainte-Bazeille, le moulin de Drilhot avec ce qui en dépend. Jacques de Fontainemarie a ainsi résumé deux pièces de la fin du XVIIe siècle relatives à l'ancien moulin de Seguin : « Par contrat du 10 juin 1686, receu par Prioret, notaire royal de Castelnaud-sur-Gupie, j'ay affermé mon moulin de Drilhot pour six années au nommé Jean Goymart moienant seize boisseaux mesture, et deux boisseaux de froment bon et marchand annuellement, deux paires d'oisons et quatre paires de poulets. Le 2 novembre 1692, j'ay affermé mondit moulin à Jacques Peluchon et à Guiraut Vinsonneau dit Sauton, pour six ans, soubs les mesmes clauses et conditions. »

jour la possession de la cure de Marmande. On luy a donné le nom
de Catherine. M. Boutin, son ayeul maternel, est son parrain, et ma
sœur, Mlle Catherine Fontainemarie, appelée Mlle Beaufossé, sa marraine. Cette petite fut mise en nourrice à Birac le 29 du mesme
mois de janvier où elle est nourrie par la femme de [vide dans le
manuscrit] Bazats, cordonier, demurant au bourg dud[it] lieu qui
luy donne son lait. C'est le troisiesme enfant dont ma femme a accouché à Marmande le 10 juillet 1726, ma femme osta sa fille de cette
nourrisse et luy en donna une autre qui est la femme de [vide dans
le manuscrit] demurant à Gaujac au delà de la Garonne [1].

*Blaise Fontainemarie, notre quatriesme enfant, né à Marmande
le 12 janvier 1727, jour de dimanche.* — Le 12 janvier mille sept
cent vint sept, entre quatre et cinq heures du soir, ma femme accoucha à Marmande d'un garçon qui fut baptisé dans l'église paroi-
siele de Marmande le 14 du mesme mois par M. Doriolle, mon frère,
du consentement de M. Delbès, curé dud[it] Marmande, qui sachant
lorsqu'il partit pour Agen que ma femme approchoit de son terme,
donna ordre à Antoine Soliey, son sacristain, de venir au logis, dès
qu'elle seroit accouchée, prier de sa part mon frère de faire ce bap-
tème, ce que led[it] sacristain fit. On luy a donné le nom de Blaise.
M. Boutin, son grand-père maternel, est son parrain, et Mlle Catherine Fontainemarie, ma sœur, appelée Mlle Beaufossé, sa marraine.
C'est le quatriesme enfant dont ma femme a accouché ; il a esté mis
en nourrisse à Caubon et c'est la femme de [vide dans le manuscrit]
Saubiac, demurant au village des Billaus, qui luy donna le lait ; elle
remporta cet enfant le 16 dud[it] mois de janvier.

(Renseignements successivement ajoutés à la même page, par Jean-
Baptiste de Fontainemarie, continuateur, après sa mère, du mémorial de son père) :

Après avoir fait sa philosophie au collége des Jésuites à Bordeaux,
il voulut prendre le party du service. Ma mère le luy permit après
bien des instances ; il partit le 27 mars 1745 pour se rendre à Gand,
où étoit le régiment de Normandie dans lequel il entra en qualité de
volontaire ; il se trouva, le 13 may suivant, à la fameuse bataille de

---

[1] Commune de l'arrondissement de Marmande, canton de Meilhan, à
5 kilomètres de Marmande.

Fontenoy [1], où il y fut blessé [2]. Ma mère lui acheta une compaignie, et, pour cet effet, elle luy envoya huit mille livres, dont il en accusa la réception le 25 décembre de l'année 1747. Peu de temps après, c'est-à-dire à la paix, il fut réformé ; il servit cependant en qualité de capitaine en second jusques en 1754 que je luy envoyé quatre mille cinq cens livres pour l'achat d'une seconde compagnie qu'il conserve encore actuellement ; il est en garnison à Dunkerque ce 6 aoust 1759.

Ce 6 janvier 1761, mon frère est arrivé icy bien incommodé d'une blessure qu'il reçut le 15 d'octobre dans une affaire qui se passa contre le prince de Brunsvik [3]. Il resta à Meurs, petite ville [4], jusqu'à ce qu'il fut en estat de voyager. Sa blessure consiste au menton par une bale qui le luy persa et qui luy tomba dans la poitrine. Il est chevalier de l'Ordre de Saint-Louis. Cette croix luy a été donnée de grace, n'ayant que 17 ans de service. M. d'Auber de Peyrelongue le reçut chevalier par ordre du Roy [5] ; il reçut ici sa croix dans le mois de mars suivant. Il s'est retiré du service et demande une pen-

---

[1] Il est impossible de ne pas citer à propos de la bataille de Fontenoy, l'émouvant et éloquent récit de M. le duc de Broglie, récit qui doit être mis à jamais au nombre des plus belles pages de notre littérature.

[2] Suivant une tradition de famille recueillie de la bouche de M. G. de Colombet, le blessé était étendu sur le champ de bataille parmi les morts quand le maréchal de Saxe, venant à passer auprès de lui, crut voir qu'il s'agitait et dit : enlevez cet homme qui respire encore et ayez en grand soin. Le blessé de Fontenoy était le beau-frère du grand-père de M. de Colombet.

[3] Cette affaire est le combat de Clostercamp, auquel se rattache l'immortel souvenir du dévouement du chevalier d'Assas. Auprès du capitaine Blaise de Fontainemarie fut blessé à Clostercamp un de ses compatriotes, mon bisayeul maternel, Jacques-Philippe de Vivie, capitaine au régiment de Normandie. Les deux *voisins*, les deux *blessés* furent nommés chevaliers de Saint-Louis.

[4] Aujourd'hui Moïs, ville de la Prusse occidentale, à 30 kilomètres de Düsseldorff.

[5] C'était François d'Auber, écuyer, seigneur de Peyrelongue, ancien major de cavalerie au régiment de Vogué, chevalier de Saint-Louis. M. le comte Albert d'Auber de Peyrelongue conserve, dans ses archives, la lettre par laquelle Louis XV chargea François d'Auber, le 7 mars 1761, de « recevoir et admettre à la dignité de chevalier de l'ordre militaire de Saint-Louis, le sieur Blaise de Fontainemarie, capitaine dans mon régiment de Normandie. »

sion. Il a retiré 30,000 livres de sa compagnie, que le premier lieutenant luy a donné.

« Le 24 aoust suivant, il a sorty du logis où il a resté depuis le 6 de janvier luy et son domestique ; il a esté nourri, logé et blanchy, ainsi que son valet, sans qu'il luy en ait rien cousté. Il est allé loger dans sa maison au canton et manger chés Mme de Villepreux, ma sœur, à qui il donne 500 livres de pension. Ma mère luy a cédé la jouissance de cette maison à l'exception des greniers.

« Il s'est marié, ce 17 décembre 1764, dans la paroisse de Cadillac sur Garonne, près Bordeaux avec dem[oise]lle Angélique Duluc, fille de feu M. Duluc, Conseiller en la Cour des Aydes de Guyenne. On luy a constitué vint mille livres sur laquelle somme il toucha au passement (*sic*) du contract six mille livres ou d'abord après. La dem[oise]lle a de plus cent pistoles, que son oncle Duluc, chanoine à Cadillac, luy a laissé de present [1].

Marie-Anne Fontainemarie, nostre cinquiesme enfant, née à Marmande, le 24 octobre 1728, jour de dimanche. Elle mourut le 13 octobre 1728. — Le vint-quatre octobre mille sept cents vingt huit, entre quatre et cinq heures du matin, ma femme accoucha à Marmande d'une fille qui fut baptisée dans l'église parroisiele de lad[ite] ville, le vint-six du mesme mois par M. le curé Jean-Baptiste Fontainemarie, l'aîné de nos enfants, et son parrain et Marie Espagnet, femme de chambre de ma femme, sa marraine. C'est le cinquiesme enfant dont ma femme a accouché. Elle luy a fait donner le nom de Marie-Anne et l'a mise en nourice à Birac et l'a donnée à [vide dans le manuscrit].

----

[1] Je complète ce paragraphe à l'aide d'une note rédigée par l'époux luimême et qui m'a été communiquée par M. le docteur d'Antin : « La nuit du 17 au 18 décembre 1769, j'ay épousé demoiselle Catherine Du Luc, native de Bordeaux, paroisse Saint-Michel, née le 15 juin 1731 et baptisée à Saint-André, fille de messire Du Luc, conseiller du roi en la Cour des Aydes de Guienne et de dame Louise de Bazin. M. le chanoine Faget, cousin germain de ladite demoizelle, nous a imparti la bénédiction nuptiale à la paroisse de Loupiac, près Cadillac sur Garonne. » Sur Blaise de Fontainemarie, sieur de Seguin et de la Sauviolle, mort dans sa maison de Seguin, le 10 vendémiaire, an VII, et inhumé dans le cimetière de Mauvezin, et sur sa descendance, voir les détails aussi exacts qu'abondants réunis par M. l'abbé Alis dans sa *Notice* sur son ancienne paroisse (p. 436-440).

Le samèdi *13 novembre mille sept cents vint huit* vers les 3 heures après mìdi Marie-Anne Fontainemarie, nostre cinquiesme fille, mourut âgée de trois semaines moins quelques heures chés sa nourrice. Elle a été ensevelie à Birac et M. l'abbé Doriolle, mon frère, assista à sa sépulture.

Marguerite et Marie Fontainemarie, nos sixiesme et septiesme enfants, nées toutes deux à Marmande le 10 octobre 1730. — Le dix octobre mille sept cents trente, ma femme accoucha à Marmande de deux filles ; l'une naquit entre trois et quatre heures du matin et l'autre vers les cinq heures ; elles furent toutes les deux baptisées le mesme jour et vers les deux heures après midi par M. le curé de Marmande. La première née eut pour parrain M. Berguin le père et pour marraine Mlle Jeanne Berguin, sa fille ainée et fut nommée Marguerite (nous l'appelons Angélique) et la seconde qui vint au monde eut pour parrain le mesme M. Berguin et pour marraine Mlle Marie Oddoux et fut nommée Marie-Anne (elle n'est appelée que Marie sur le registre [1].) La première fut mise le mesme jour en nourrisse à Sainte-Abondance [2] et donnée à [vide dans le manuscrit] et la seconde a pour nourrice [vide dans le manuscrit] femme de [vide dans le manuscrit] demurant dans la parroisse de Birac.

---

[1] (Note ajoutée par le frère des deux jumelles, Jean-Baptiste de Fontaine-marie) :

Toutes les deux sont religieuses. Marguerite de Fontainemarie est à Agen, au couvent des Carmélites ; depuis elle fit sa profession en juillet de l'an 1757. Elle donna quatre mille livres pour son aumône dotale, ainsi qu'il est porté par la quittance, en datte du 25 juillet 1757 et que j'ay, plus six cens douze livres, pour son ameublement, pension de noviciat et autres frais.

Marie de Fontainemarie est au Mas-d'Agenais, au couvent des dames Jacobines, où elle fit sa profession religieuse le 9 avril 1756. Elle donna trois mille livres pour son aumône dotale, ainsi qu'il est porté par la quittance, en date du 8 avril 1756, que j'ay. Plus je luy donné 1,200 livres pour son ameublement et autres frais. Je luy donne sa vie durant cent francs par an, que je luy paye et payeray régulièrement. »

[2] Sainte-Abondance est une paroisse du canton de Marmande, à 4 kilomètres de cette ville.

III.

JOURNAL DE MADAME DE FONTAINEMARIE, NÉE BOUTIN

(1741-1750)

Mademoiselle Louise Calabre, ma mère, est morte le 12 février 1741 et M. Blaise Boutin, mon père, est mort le 22 mars de la mesme année, tous les deux âgés environ soixante-quatorze ou quinze ans, tous les deux ensevelis dans la chapelle dédiée à Saint-Roc dans l'église paroissiale de Saint-Vivien.

Monsieur François Fontainemarie, mon mary, seigneur de Castecu, Conseiller du Roy en la Cour des Aydes et finances de Guyenne et doyen de ladite Cour mourut le 19 novembre 1741 à 10 heures du soir à Marmande, âgé de soixante-dix-huit ou dix-neuf ans. Il fut enseveli aux Carmes dans le tombeau de la fammille (sic) qui est sous nostre banc.

Jeanne Fontainemarie, ma fille aînée, a épousé Joseph de Villepreux le 10 avril 1742 [1] dans l'église parroissialle de Marmande avec

---

[1] Madame veuve de Fontainemarie, à l'occasion du mariage de sa fille aînée avec Joseph de Villepreux, cousin de Jeanne, fit les cadeaux indiqués dans la note que voici :

« Le 10 avril 1742.

« Mémoire des nipes que j'ay donné à ma fille aynée en la mariant et à son mary en reconnoissance des bons services qu'il m'a rendu ou présent que je leur ay faict :

« A ma fille, un habit de pou de soye, presque neuf, que j'avois pour le deuil et une quoffure (sic) et manches de gase d'Italie, toute neuve, pour le deuil.

« Plus un autre habit de beau satin que j'avois et que je n'avois jamais porté.

« Plus une quoiffure avec une belle dentelle que je n'avois aussi jamais porté avec les manches.

« Plus une autre belle quoiffure et manches d'une maline demi-neuve et bien d'autres petites choses qui achevoit de la bien asortir.

« Je donné aussi un habit à M. de Villepreux de présent pour porter le

mon approbation et de tous ses parents les plus proches. Il n'y eut point de feste à cause de la grande affliction où je suis de la perte de mon cher époux. Il y avoit sellement (sic) à la messe sa tante, sœur à son cher père, une autre tante épouse de Jean Fontainemarie, appelée Grayon, mon beau-frère, Catherine Fontainemarie, ma segonde fille, sa sœur. Mes deux dernières filles sont au couvent et mes deux fils à Poitiers. Il y avoit aussi à la nosse M. de Villepreux, le frère à l'époux. Je ne l'aurois pas mariée sy tot sans la situation de mes affaires. M. Ballias, notaire de cette ville, a passé le contract [1].

Le 21 janvier 1752, j'ay eu le malheur de perdre M. de Villepreux, mon jendre (sic), époux de ma fille aynée, par une maladie bien courte et inconnue aux messieurs les médecins qui l'ont veu [2]; il a

---

deuil de M. Fontainemarie, mon mary. Cet habit et autre chose pour ma fille me coutèrent 240 livres.

« Plus j'ay donné des arbres qu'on coupa à la metairie de Saint-Saibe pour racommoder la maison de La Réolle qui appartient à ma fille. Blaise Constant, charpentier, a estimé ces arbres 8 ou 9 écus et je n'ay rien voulu desdits arbres.

« Plus :

« Le 25 décembre 1742.

« J'ay donné de présent comme ce qui contient ci-dessus à ma même fille une robe de damas blanc, une quoiffure et une paire de manches le tout pour le demi-deuil qui m'a coûté 172 livres 14 sols, présent que j'ay bien voulu faire par l'amitié que j'ay pour elle et pour son mary et par reconnoissance de tous les services qu'il m'a rendu et qu'il me rend tous les jours à moy et à toute ma famille. »

[1] Sur plusieurs membres de la famille Ballias, voir la monographie de Marmande, pp. 115, 116, 118. Un Guillaume Ballias, sieur de Laubarède, commissaire des guerres, fut au nombre des électeurs de la noblesse aux Etats généraux de 1789 à cause de son fief de Montagut.

[2] Le testament de noble Joseph de Villepreux, écuyer, fut rédigé, le 20 janvier 1752, par « sieur Hellies Ballias, bourgeois, jurat, notaire royal. » Dans ce tèstament J. de Villepreux, après avoir recommandé à sa femme de garder viduité, institue pour son héritier général et universel son fils atné Jean-Baptiste. Il y mentionne ses trois autres enfants et aussi son frère, Honoré de Villepreux, écuyer, que nous retrouverons à l'Appendice dans l'Essai de bibliographie des livres de raison.

lessé 2 garsons [1] et 2 filles [2] et son épouse ensinte de 8 mois ; il est enseveli dans l'église des R[é]v[érents] P[ères] Cordeliers dessous la chére dens une quave. Le 19 février, ma fille, femme de M. de Villepreux, est accouchée d'une fille environ une heure aprés midy. La serveute et le fils de M. Maubourguet l'ont tenue ; elle a esté baptisée dans l'église parroissialle de Marmande, par M. Bernus, viquere de cette ville. On luy a donné le nom de Jeanne qu'on nomme présentement Angélique [3].

Le 11 juin 1743, Catherine Fontainemarie, ma segonde fille, a

---

[1] Les deux garçons s'appelèrent l'un et l'autre Jean-Baptiste. L'aîné épousa sa cousine, Catherine de Fontainemarie et ne laissa de ce mariage qu'une fille qui décéda sans postérité. Le cadet, connu d'abord sous le nom de chevalier de Villepreux, entra dans les ordres sacrés en 1776 ; il reçoit, dans les actes qui ont passé sous mes yeux, les titres de *prêtre* et *docteur en théologie*.

[2] Une des filles, Marie-Marguerite, fit ses vœux au couvent des dames Carmélites à Bordeaux, en 1764. L'autre, Anne-Marie, épousa en 1776, Jacques Coutausse de Saint-Martin. J'extrais du *Projet du contrat de mariage de mademoiselle Anne-Marie de Villepreux avec le sieur noble Coutausse de Saint-Martin, avocat, passé devant Bellile, notaire royal à Marmande, le 6 août 1776*, les indications suivantes : « Furent presents noble Jacques Coutausse de Saint-Martin, avocat au Parlement, fils naturel et légitime de noble Pierre Coutausse de Saint-Martin et de feue dame Catherine Barbe de Coulomna, natif de la ville de la Sauvetat de Caumont audit Agenois et habitant avec ledit sieur son père dans la paroisse de Cours (juridiction de Piles, évêché de Sarlat, en Perigord), d'une part, et demoiselle Anne de Villepreux, fille naturelle et légitime de feu messire Joseph de Villepreux, écuyer, et de dame Jeanne de Fontainemarie, native et habitante de ladite ville de Marmande, ledit sieur Jacques Coutausse de Saint-Martin procédant de l'avis et assistance de noble Antoine de Vivie, sieur du Vivier, son parent, agissant pour et au nom de dame Catherine Barbe de Coulouma, veuve de messire Gaston-Hilaire de Courson, écuyer, demeurant dans son château de Fremauret, paroisse de Romagne, juridiction dudit La Sauvetat de Caumont, et aussi pour et au nom de demoiselle Marie-Anne Barbe de Coulouma, demeurant dans ladite ville de La Sauvetat. » Le mari de Mlle de Villepreux devint procureur général et membre du corps législatif. Leur fils unique, Jacques Félix, capitaine dans la garde impériale, fut tué pendant la campagne de France, en 1814. Voir la généalogie *De Vivie de Régie* dans le tome II du *Nobiliaire de Guienne et de Gascogne*, par O'Gilvy, p. 309.

[3] Cette fille était morte avant le 5 août 1758.

épousé Jean-Baptiste Boutet de Labadie, de la parroisse de Virazeil, procureur du roy de cette ville, avec mon approbation et de tous nos parents et de ceux de son époux. M. Boutet, prêtre, frère de l'époux, les a épousé dans l'église parroissialle de Marmande par la permission de M. Delbès, curé de cette ville. Mes deux fils, ses frères, sa sœur l'ainée, son mary M. de Villepreux, sa tente ma belle-sœur, sœur à mon mary, sa tente femme à M. son oncle, nommé Grayon [1], M. le Chevalier Villepreux estoient à la messe. Mes deux autres filles jumelles estoint au Couvent ; c'est pourquoy elles n'ont pas esté à la messe. — M. Ballias, notaire, a passé le contrat.

Le 29 septembre 1750, Jean-Batiste Fontainemarie, mon fils ayné, a épousé Mademoiselle Rose Dublan dens l'église de Saint-Projet à Bordeaux par mon consentement et de tous ses parens. M. Balias, notaire, et conterroleur de Marmande a fait se mariage. Il a esté à la nosse et M. de Villepreux, mon gendre. Il n'y a pas esté d'autre personne à cause des embarras de la sayson, mais quand ils furent arrivés à Marmande nous invitames beaucoup de monde avec nos parens. Le tout s'est passé avec grande joye de toute part. Il n'y vint que M. Dublan, père de ma belle-fille, pour l'accompagner. — Le contrat fut passé à Bordeaux et retenu par Sarraute, notaire, le 28 septembre 1750 [2].

---

[1] Cet oncle était Jean de Fontainemarie, le quatrième fils de Jacques. Dans les *Articles de mariage accordez entre noble Jean Grayon de Fontainemarie, fils naturel et légitime de feu messire Jacques de Fontainemarie, seigneur de Castecu, doien de la Cour des Aydes de Bordeaux, etc., et damoiselle Anne de Lapeyre de de la Sauviolle*, fille naturelle et légitime de feu noble Jean de Lapeyre, escuier, sieur de Sauviolle et de dame Marie de Villepreux, on attribue au futur époux le *lieu de Grayon, situé dans la jurisdiction dudit Marmande, paroisse de Beaupuy et environ la moitié du domaine de la Duronne (métairie de bas)*, et à la future épouse la *métairie de Lespinasse, située dans la jurisdiction de Mauvezin*. La mère du fiancé se réserve la jouissance *du lieu de Seguin situé audit Mauvezin*. Parmi les assistants figure *noble de Lapeyre, escuyer, seigneur de Lalanne*, cousin de la fiancée. Le contrat est passé à Marmande (octobre 1709) « dans la maison qu'occupe ladite dame de Villepreux quartier de Lestang. »

[2] Voir un peu plus loin ce que dit de son mariage Jean-Baptiste de Fontainemarie.

IV.

JOURNAL DE JEAN-BAPTISTE DE FONTAINEMARIE.

(1720-1774).

Je Jean-Baptiste de Fontainemarie, aujourd'hui Conseiller en la Cour des Aydes et finances de Guyenne, fils de feu Monsieur François de Fontainemarie, Conseiller du Roy et doyen en la Cour des Aydes de Guienne, et de Madame Marie-Marguerite Boutin, suis né à Marmande le 24 juin de l'année mille sept cens vint et trois à deux heures après midy. Ma naissance fit beaucoup de joye à toute la ville, surtout à mon très cher père qui se trouvoit pour lors âgé d'environ soixante ans. Il étoit généralement aimé et respecté de tout le monde, rendant service au pauvre comme au riche, ne prenant jamais d'orgueil pour personne. Il étoit extrèmement religieux, donnant toujours de fort bons conseils ; il étoit prudent, grand jurisconsulte, accomodoit beaucoup d'affaires, n'en travailloit jamais aucune pour peu qu'il reconnut qu'elle étoit mauvaise ; en un mot, c'étoit à tous égards un grand juge et très estimé en sa Cour.

A peine fus-je en état de recevoir de l'éducation qu'il songeoit à ne rien négliger et se donnoit tous les mouvements pour me la donner aussi bonne qu'il l'avoit lui-même reçue et principalement pour la religion. Il crut ne pouvoir mieux faire que de me mettre à Poitiers chés les Jésuites, au collège que l'on nomme Pygarreaux, après avoir passé deux ans chés les Barnabites au collège de Bazas[1]. Je fus donc à Poitiers où je resté tout de suite quatre ans avec mon frère. J'entré, en y arrivant, en seconde, y fis l'année suivante ma rhétorique et, deux ans de philosophie. Ce fut pendant ce tems-là et en l'année 1741 le 19 novembre que j'eus le malheur de perdre mon très cher père ; j'en ay senty toute la perte depuis, et elle auroit été bien plus grande si nous n'eussions pas eu une mère aussi tendre pour ses chers enfants, et aussi respectable qu'elle l'est. Mon très cher père, qui cognoissoit son mérite, luy laissa par son testa-

---

[1] Pourquoi n'avons-nous pas une complète histoire de ce collège de Bazas qui, soit avant la Révolution, soit en notre siècle, a eu de si savants professeurs et de si brillants élèves ?

ment [1] la jouissance de tous ses biens ; il m'y fit son héritier et légua à chacun de ses cinq autres enfants 6000 livres pour leurs droits légitimaires ; elle a parfaitement bien répondu à sa confiance.

En 1743, je fus à Bordeaux pour y étudier en droit. Au commencement de 1745, je fus reçu avocat et le 6 du mois de septembre de la même année je fus reçu Conseiller en la Cour des Aydes de Guienne. Ma mère avoit vendu la charge dont étoit revêtu mon très cher père à M. Faget, procureur du Roy au siège royal de cette ville, pour le prix et somme de vint et une mille livres et acheta celle que j'occupe dix-huit mille livres qu'elle pa; i comptant à M. de Minvielle. C'est une de la première crüe. Je fus reçu à la Cour avec plaisir et distinction. Je picqué ma loy et profité en cela de l'avis que mon très cher père m'a laissé par écrit au commencement de ce livre. J'ay servy fort exactement les 4 ou 5 premiéres années. Je fus ensuite au commencement de l'année 1748 à Paris avec M. l'abbé de Malromé, Conseiller clerc au parlement de Bordeaux [2], mon intime amy, du consentement de ma mère ; j'y resté 6 à 7 mois et ce voyage me couta environ 3,000 livres y compris les habits que j'y acheté et et autres petits présents qui me coutèrent bien 1,500 livres. C'estoit la pure curiosité qui m'engagea à faire ce voyage et l'occasion d'y aller avec un amy avec qui je vivois à Bordeaux depuis deux ans et avec lequel j'ay continué de vivre et d'habiter jusqu'en la présente année 1759, toutes les fois que j'ay été à Bordeaux, mon beau-père n'ayant point dans sa maison assez de logement pour m'y donner un appartement.

En 1750, le 29 décembre, j'épousé Mlle Marie Rose Dublan dans la paroisse de Saint-Projet à Bordeaux. M. Durand, chanoine de Saint-André, et ancien amy de M. Dublan, nous impartit la bénédiction nuptiale. Elle est née à Bordeaux, paroisse de Saint-Projet l'an 1728 le 30 septembre ; elle fut baptisée à Saint-André. A l'âge de 7 ans,

---

[1] Ce testament, du 10 avril 1738, fut déposé dans l'étude de Mᵉ Boiras, notaire à Marmande. Le testateur veut que l'on dise 400 messes pour le repos de son âme. Il y cite son mémorial domestique à propos de « *vaisseaux vinaires desquels il est fait mention dans mes livres de raison.*

[2] Marc Alexandre-Geneste de Malromé figure parmi les commissaires nommés par le parlement de Bordeaux, en mars 1762, pour examiner certains ouvrages publiés par les jésuites. Voir *Histoire du Parlement de Bordeaux*, par Boscheron des Portes, tome II, p. 281.

elle fut au couvent du Mas-d'Agenais, où elle a resté jusques au mois de may de l'an 1750, d'où elle sortit pour aller à celuy de Notre-Dame à Bordeaux où elle y avoit une tante religieuse. Elle est fille de M[essi]re Pierre Du Blan, actuellement écuyer secrétaire du Roy prés la Cour des Aydes de Guienne, directeur et receveur général des domaines du Roy [1], et de dame Marie Tubiez. Leur contrat de mariage se passa à Paris [2], estant de Paris même et M. Dublan, de Créon entre deux-mers [3].

Ils constituèrent conjointement à leur fille la somme de cinquante mille livres dout je reçus à compte au passement du contrat celle de vint mille livres dont dix mille livres furent employés à payer à M. Drouilhet de Sigalas, Conseiller au parlement [4], une pareille somme qu'il avoit prêté à ma mére sur son simple billet pour l'aider à payer comptant la charge de Conseiller qu'elle avoit acheté à M. de Minvielle, et partie du restant des autres dix mille livres ; j'ay employé environ mille écus à acheter de l'argenterie, et me deffis de la vieille de la maison.

Le contrat fut passé à Bordeaux et retenu par Sarrauste, notaire, le 28 septembre 1750. Ils estoient pour lors 4 enfants, aujourd'huy ils ne sont que 3, deux garçons et ma femme. L'aîné est actuellement à Paris [5], pour se faire recevoir en la charge de procureur du Roy du domaine et des finances de Guienne, laquelle luy revient à cent trente mille livres y compris la reception et autres fraix. M. son père me l'a ainsi dit. M. Auguste, second fils, est lieutenant dans le régiment Dauphin infanterie actuellement dans le duché d'Enho-

---

[1] « Secrétaire du Roy maison et couronne de France, charge qui lui revient aux environs de 60,000 livres. » (Note marginale du narrateur).
[2] « Par devant le sieur Billheu, notaire à Paris, mort vers l'an 1754. » (Ibid).
[3] Chef-lieu de canton de l'arrondissement de Bordeaux, à 19 kilomètres de cette ville.
[4] C'était Charles-Ignace-Drouilhet de Sigalas, né le 2 janvier 1709, un des treize enfants de François Drouilhet de Sigalas et de Catherine de Morin ; il fut pourvu, après la mort de son père (juin 1737), de l'office de conseiller au Parlement de Bordeaux, qu'il exerça jusqu'au 26 août 1780, date de son décès. Voir Nobiliaire de Guyenne et de Gascogne, tome I, p. 272.
[5] « 4 août 1759. » (Note marginale du narrateur).

vre ¹ faisant partie de la réserve que comande M. le duc de Bro-
clie ² sous les ordres de M. de Contade lieutenant général ³, et sa
demoiselle est morte religieuse à Nostre-Dame, il y a environ 3 ans.
L'on pense que c'est de la poitrine.

Mon beau-père me paye exactement chaque année 1500 livres d'interest pour le principal des 30,000 livres restantes faisant partie de
la constitution dotale. Il est généralement aimé et estimé de tout le
monde à Bordeaux ; il est fort sage, fort prudent, il ne fait point de
folles dépenses ; il a augmenté par ce moyen depuis neuf ans de
beaucoup sa fortune, et si le Seigneur le conserve encore quelques
années, elle sera des plus brillantes, et sûrement il en faira part à ma
femme, ou bien à mes enfants. Monsieur le duc de Lavauguion, aujourd'huy gouverneur des enfants de France ⁴, le protège beaucoup,
aussi bien que M. le Maréchal duc de Richelieu, actuellement gouverneur de la haute et basse Guienne residant à Bordeaux depuis un
an ⁵. M. Laleman de Bets, beau-père de M. le Comte de Pons ⁶, l'a

---

¹ On a reconnu sous ce déguisement le duché de Hanovre.

² Victor-François, duc de Broglie, né en 1718, mort en 1804, venait de
battre les prussiens à Sondershaus (1758) et de les rebattre à Berghen
(1759), ce qui lui valut le bâton de maréchal et le titre de prince de l'em
pire.

³ Louis-Georges Erasme, marquis de Contades, né en octobre 1704,
mort en janvier 1793, selon le *Dictionnaire historique de la France*, en janvier 1795, selon le *Nobiliaire* de Saint-Allais (tome I, p. 104), avait été
nommé maréchal de France le 24 août 1758, ce que semble ignorer le narrateur. La veille, pour ainsi dire, du jour où son nom était inscrit dans le
livre de raison, Contades perdait (1er août) la bataille de Minden contre le
prince de Brunswick.

⁴ Antoine-Paul-Jacques de Quélen de Stuar de Caussade, duc de la Vau-
guyon, prince de Carency, né à Tonneins, le 17 janvier 1706, mourut à
Versailles, le 4 février 1772.

⁵ Le petit-neveu du grand cardinal de Richelieu est trop connu pour
qu'il soit utile de donner sur lui le moindre renseignement. J'aime mieux
annoncer à mes chers lecteurs — d'autant plus chers qu'ils sont plus rares,
comme s'amuse à le dire un de mes spirituels amis — la bonne nouvelle
que voici : un habile et heureux chercheur, auquel nous devons deux volumes charmants : *Les dessous de l'histoire*, M. J. Hovyn de Tranchère, prépare
la publication d'un important recueil de documents inédits relatifs au
fameux gouverneur de la Guyenne.

⁶ Charles-Philippe de Pons, seigneur de Saint-Maurice, Saussignac, etc.,

6

toujours extremement aimé et l'a favorisé dans toutes ses entrepri-
ses. La maison de Caumon de la Force luy est extremement attachée, et plusieurs autres seigneurs à qui il a toujours rendu en province tous les services qu'il a dependu de luy. Il n'y a eu que M. de
Chabannes, marquis de Curton [1], qui luy temoigna sa reconnaissance d'une façon bien odieuse, en luy intentant un procès en 1754
des plus iniques. Aussi le parlement de Bordeaux au rapport de M. de
Guionnet [2] rendit un arrêt contre M. de Chabannes, le 13 aoust de
l'année 1755 par lequel mon beau-père est relaxé des demandes in-
justes que lui faisoit M. de Curton; ordonne de plus ledit arrêt que

---

né le 25 mars 1709, nommé lieutenant général des armées du roi, le 10 mai
1748, avait épousé, le 6 février 1736, Marie-Charlotte Lallemand de Betz,
fille de messire Michel-Joseph-Hyacinthe Lallemant de Betz, seigneur de
Nantrau, et de dame Marie-Marguerite Maillet de Batilly. Voir le *Dictionnaire de Moréri*, 1759, t. VIII, p. 462.

[1] Je ne trouve pas ce personnage dans la généalogie de la maison de
Chabannes, branche des seigneurs et marquis de Curton (*Moréri*, t. III,
p. 418-419). Le dernier des marquis de Curton mentionné en cette généalogie est Jacques de Chabannes, comte de Rochefort, lieutenant général
en 1738, mort le 2 octobre 1742.

[2] Jean-Joseph de Guyonnet, seigneur de Cugnolz et de Montbalen, né à
Bordeaux, le 18 décembre 1711, devint conseiller au Parlement de Bordeaux,
en 1737 et céda sa charge en 1765, à J.-F. du Mas de Fontbrauge. Il fut,
avec MM. de Bacalan, de Baritault, de La Montagne, de Marbotin, de Ségur,
membre de la commission de 1762, signalée un peu plus haut (Note sur
A. Geneste de Malromé). Voir sur ce magistrat et sur sa famille le *Nobiliaire de Guienne et de Gascogne*, tome I, p. 405-409. Je trouve dans les
papiers des Fontainemarie mention de la vente d'une maison à Marmande
(quartier de Labat) faite, le 6 mars 1756, par « messire Jean-Joseph de
Guyonnet, chevalier, seigneur de Cugnolz, conseiller grand-chambrier au
Parlement de Bordeaux, y demeurant, rue et paroisse Sainte-Eulalie, étant
actuellement en la présente ville [Marmande]... à messire Jean-Baptiste
de Fontainemarie, chevalier, seigneur de Castecu, conseiller du Roy, etc.,
demeurant à Bordeaux, rue de la Devèse, paroisse Saint-Siméon... » Je
trouve encore dans les mêmes papiers un mémoire, du 28 janvier 1767,
relatif à diverses affaires à traiter entre MM. de Guyonnet et de Fontainemarie, rédigé par ce dernier et qui débute ainsi: « M. de Guyonnet qui a
beaucoup de rentes dans la ville et juridiction de Marmande, en a aussi
dans la paroisse de Beaupuy... »

les termes injurieux à M. Dublan, insérés dans les Mémoires du sieur
Curton, seront biffés et bâtonnés par le greffier de la Cour, permet
audit Dublan de faire imprimer et afficher le susdit arrêt où bon luy
semblera, à l'effet de quoy il luy en sera passé deux cens exemplaires en taxe, condamne ledit Chabannes de Curton envers ledit
Dublan en la somme de huit mille livres de dommages et intérêts et
en tous les depends faits tant au Senechal qu'en la Cour. et en douze
cens livres d'amande envers le Roy, à raison de sa ditte appellation.

A la suite de cet arrêt, M. de Chabannes se pourvut au conseil
pour en obtenir la cassation, mais le conseil le confirma en tout son
contenu par un arrêt qu'il donna, le Roy y étant. y est-il dit. Il est
du commencement de l'année 1758, au moyen de quoy cette affaire.
bien loin de luy prejudicier, a fait voir au public sa probité et sa
droiture, et il n'en a resté que la honte aux agents de M. de Curton,
c'est-à-dire à M. le comte de Buron, son beau-père, qui avoit été le
moteur de cette affaire sous le nom de son gendre. Aussi M. Dublan
proceda-t-il contre luy par la voye d'information, devant le lieutenant criminel en Guienne, sur laquelle toute la grand'chambre assemblée prononça arrêt le 23 juin 1758 qui ordonne que le sieur
Buron remettra au greffe de la Cour sous quinzaine un acte de luy
signé, par lequel il déclarera que mal à propos, il a proféré les in-
jures mentionnées dans la plainte, qu'il reconnoit le sieur Dublan
pour homme de bien et d'honneur, et non de la qualité portée par la
plainte et information, condamne ledit sieur Buron en 300 livres de
dommages, et interêts envers le sieur Dublan et aux depends, permet aux surplus au sieur Dublan de faire imprimer, publier, et afficher ledit arrêt et d'employer dans la taxe des depends le nombre
de deux cens exemplaires etc. Fait à Marmande le 6 aoust 1759 pour
servir de mémoire à ma famille.

Le 19 juin 1760, jour de jeudy, mon beau-frère l'aîné, âgé de 28
ans (la demoiselle en a. 18) a épousé dans l'église de Talance en
Grave[1] Mlle Le Grix, fille de M. Le Grix, trésorier de France, et de
dame Agar Le Grix[2] à qui l'on a compté au passement du contrat

---

[1] Commune du canton de Bordeaux, à 3 kilomètres de cette ville.

[2] On trouve aux Archives départementales de la Gironde, en un registre
des insinuations, les articles de mariage, du 1er juin 1760, entre messire
Pierre Ozée Dublan, chevalier, conseiller du roi et son procureur au bureau

cent mille livres, lequel contrat fut passé le 1er juin retenu par le sieur La France, notaire, et greffier au Bureau du domaine. M. Dublan, conjointement avec Madame son épouse [1] ont constitué à leur fils le bien de Quinsac avec ses appartenances et dépendances. Mon beau-frère s'est constitué sa charge, le pouvant faire comme émancipé, ce qui revient aux environs de cent mille écus les deux dites constitutions. Il aura beaucoup davantage de sa femme n'ayant que deux frères, et son père, m'a assuré M. Dublan, a au moins en argent, charge ou bien fons douze cent mille livres. Je me rendis à Bordeaux pour assister au contrat que j'ai signé. Le notaire passant par Marmande le surlendemain le porta à ma femme qui l'a également signé, aussi bien que ma mère, M. de Villepreux, M. Boutet et sa femme. Les bijoux que mon beau-frère a donné à sa femme vont aux environs de dix mille livres, sans y comprendre une bourse qu'il luy donna quelques jours avant d'épouser dans laquelle il y avoit cent louis. Je n'ay point assisté à la noce, m'étant retiré icy pour des affaires pressantes. La demoiselle est fort belle, ayant

---

des domaines et finances de Guyenne, fils de messire Pierre Dublan, écuyer, conseiller secrétaire du roi, maison et couronne de France, directeur et receveur général des domaines et droits-unis, et de dame Marie-Anne Tubie, d'une part – et demoiselle Marthe-Marie-Madeleine Legris, fille de messire Jacques Legris, chevalier, président trésorier général de France à Bordeaux et de dame Marthe Agard. De ces articles de mariage relevés par un des plus intrépides fouilleurs du bon pays de Gascogne, M. A. Communay, rapprochons deux notes prises dans le même dépôt par le même érudit, lequel sait donner avec la même facilité qu'il sait trouver : Le 9 septembre 1747, messire Jacques Legris avait acquis pour 18,000 livres de messire Jacques de Lascombes, l'office de président trésorier général en Guienne. — Le 1er novembre 1775, messire Pierre Dublanc, écuyer, conseiller secrétaire, etc., fit l'acquisition, moyennant 65,000 livres, de la maison noble et domaine y compris le vieux château de Lahet, dans les paroisses de Villenave et de Cadaujac, de messire Louis de Castelnau, chevalier, seigneur de Flouques.

[1] Je viens d'avoir le plaisir de lire *Le duc de Nivernais* de M. l'abbé Blampignon (Paris, 1888, in-8o) et j'emprunte à l'élégant auteur de ce livre la piquante observation que voici (p. 235) : « *Votre épouse, mon épouse*. Je vois souvent revenir sous la plume de ces grands seigneurs du xviiie siècle cette expression un peu emphatique dont aujourd'hui se sert M. Prudhomme tout seul. »

beaucoup de vertu et touchant du clavessin au parfait. Dieu veuille répandre sur eux sa sainte bénédiction !

Mort de ma mère. — Le **22** février **1765** [1] jour de vendredy ma mère est morte agée d'environ **69** ans ; elle fut enterrée aux Carmes dans les tombes de la famille le lendemain samedy à trois heures après midy. Elle est morte d'un cancer au sein qui luy est survenu par un coup qu'on luy donna en la descendant de cheval. Elle a laissé six enfans, dont deux sont religieuses et les **4** autres mariez ; elle a fait son testament clos par devant le sieur Ballias, notaire de cette ville ; je l'ay fait ouvrir en juillet **1766.** Je suis son héritier général et universel aussi bien que dans mon contract de mariage ; elle a été généralement regrettée, elle étoit très habile ; elle avoit beaucoup de vertu et de religion ; elle n'a rien négligé pour tous ses enfans ; je l'aimois beaucoup et luy ay donné tous mes soins, étant toujours à côté de son lit jusqu'à son dernier soupir. Elle m'a donné sa bénédiction et à mes enfans aussi bien qu'à ma femme la veille de sa mort ; elle a beaucoup souffert, mais avec une patience peu commune ; enfin elle est morte comme elle a vécu, en prédestinée. Dieu me fasse la grace d'en faire autant. Priez pour le repos de son âme !

Ce **26** mars **1767** j'ay terminé le procès que m'avoit intenté le chevalier de Fontainemarie, mon frère, par exploit du **26** septembre **1765** en tête duquel étoient des lettres de restitution en entier, qu'il avoit impetrées contre le traité, ou arrêté de compte fait entre nous le **5** décembre **1755** qui portoit en ma faveur quittance finale de tous ses droits et qui étoit tout écrit de sa main et couché sur le livre de raison de ma mère, à la suite des dépenses qu'elle avoit fait pour

---

[1] L'année précédente, le narrateur (on s'étonne qu'il n'en dise rien dans son journal), avait cessé de faire partie de la Cour des Aides, mais il restait attaché par les liens de l'honorariat à cette compagnie. Voici le billet qu'il reçut du chancelier Maupeou : « Monsieur, les services de vos ancetres et les vœux de votre compagnie, ont déterminé le roi à vous accorder les lettres d'honoraire que vous demandés. Vous deurrés les faire presenter au sceau, quand vous le jugerés à propos. Je suis, Monsieur, votre affectionné serviteur. DE MEAUPEOU: A Versailles, le 23 janvier 1764. »

luy. Cette affaire a fini par la voye de la médiation, ayant choisi M. Drouilhet de Sigalas, conseiller de grand'chambre au parlement de Bordeaux, pour notre arbitre. Nous passames un compromis sous la peine de cinq mille livres que celuy de nous deux qui refuseroit d'acquiescer à son jugement payeroit. Il y eut des mémoires de part et d'autre fournis devant le médiateur. Le chevalier de Fontainemarie demandoit à venir à division et partage des biens des père, mère, oncles et tantes, comme s'il eut ignoré les testaments qui avoient été faits en ma faveur et les quittances qu'il avoit donné en pleine majorité des différentes sommes qu'il avoit reçu. Je luy ay opposé dans mes mémoires la fin de non recevoir prise des actes geminez, et en outre mes demandes reconventionnelles qui s'élevoient au moins à plus de dix mille livres aux termes du traité du mois de mars 1756 passé entre luy et la dame sa mère et suivant son testament, ce qui l'auroit engagé à dire qu'il n'étoit pas rempli de ses droits légitimaires. Enfin par l'avis de M. le médiateur, pour éviter le désagrément d'en venir à une estimation des biens paternels et maternels, et pour un bien de paix, j'ay donné trois mille livres au chevalier de Fontainemarie au passement de la transaction retenue par Ballias, notaire de cette ville, le 26 mars 1767 et qu'il est bon de voir, aussi bien que mes mémoires et les différentes lettres que le chevalier de Fontainemarie m'a écrit, dans lesquelles il me promettoit une reconnaissance éternelle pour tous les services que je luy ay rendu, consequemment je n'avois rien moins mérité que son procédé aussi ingrat qu'injuste [1].

---

[1] Les relations entre les deux frères ne redevinrent jamais affectueuses, mais ce ne fut point la faute du narrateur, comme le prouve la touchante lettre qu'il écrivit au chevalier de Fontainemarie et dont la simple et chaleureuse éloquence méritait un meilleur sort :

« Copie de la lettre que j'écris à mon frère ce 7 avril 1777, jour de lundy.

« Si j'eusse crû que ma presence vous eut été agreable, mon cher frere, il y a déjà long temps que je serois allé chés vous pour vous demander votre amitié, et vous assurer de la mienne. Souffrez, je vous supplie, que je fasse aujourd'huy l'un et l'autre par écrit ; je le fais avec d'autant plus de plaisir que je ne desire rien tant que de renouer des nœuds qui n'auroient jamais dû se rompre pour notre tranquillité, notre bonheur et l'édification de notre prochain. C'est sous ce double point de vue, mon cher frère, que je vous

M. Maignol, procureur général de la Cour des Aydes, magistrat

---

fais part du mariage de ma fille aînée avec notre neveu de Villepreux. Si je ne vous l'ai pas communiqué plutôt, c'est que le succez eu etoit trop incertain avant que nous n'eussions reçu de Rome les dispenses necessaires pour le valider. Je souhaite que vous approuviez cette union, qui nous a parue à tous égards assez bien assortie ; il est vrai que notre sœur de Villepreux ne pense pas de même ; elle y est tellement opposée qu'elle n'a jamais voulu y donner son consentement, en raison, dit-elle, de la trop grande proximité du sang, ce qui a forcé son fils à luy faire samedy dernier le premier acte de respect. Comme l'on est dans l'intention de contracter soudain que les délais de la 3me sommation seront échcs, pour profiter du peu de temps que l'abbé de Villepreux doit rester dans le païs, je me propose de vous instruire du jour que le contract devra se passer, pour vous prier de nous faire le plaisir d'y assister, si du moins vos affaires peuvent vous le permettre ; si non de souffrir qu'on vous le presente pour le revêtir de votre signature. Que si dans l'un ou l'autre cas vous voulez bien vous rendre à mes vœux, soyez assuré, mon cher frère, que j'en seray toute ma vie pénétré de la plus vive reconnaissance ; c'est avec ces sentimens et ceux de l'attachement le plus tendre et le plus sincère, que je suis et seray toujours autant à vous qu'à moy même.

« Votre bon frère FONTAINEMARIE.

« J'ay pris tout l'intérêt possible à la maladie de votre femme ; je me suis informé très souvent de son état, et j'ay enfin appris avec bien de la joye qu'elle étoit enfin hors de danger. Je luy souhaite un prompt retablissement. Je desirerois bien que sa santé luy permit de pouvoir assister avec vous au passement du contrat. Au reste, mon cher frère, ame qui vive dans ce monde ne sçait que je vous écris ; je ne l'ay dit à personne, qui que ce soit ne m'a engagé ny sollicité à le faire ; je n'ay suivi dans tout cecy que le penchant de mon cœur ; suivez le vôtre, et je suis assuré de l'heureux succez de mes démarches. »

NOTA.

« Mes espérances ont été bien trompées ; il me répondit le lendemain, 8 avril, et m'écrivit les choses du monde les plus dures, les plus humiliantes et les moins méritées, ce qui m'a d'autant plus affligé que je crains qu'il ne porte son ressentiment jusqu'au tombeau, quelque chose que j'aye fait pour le flechir en luy faisant parler, et en allant au devant quoique je sois l'offensé, ayant toujours fait les plus grands sacrifices pour la aussi eccleré (*sic*) qu'intègre [1], a voulu travailler à ma deffense ; il a fait mon second mémoire qui est une pièce achevée et qui faira toujours l'éloge de son autheur. J'ai mis toutes ses lettres en liasse dans le sac qui contient mes mémoires, ceux du chevalier de Fontainemarie, le livre de raison de ma mère et autres pièces pour servir à ma famille de preuves les plus convaincantes de l'amitié que ce magistrat avoit pour moy, et du zéle avec lequel il a soutenu mes intérêts. La transaction que j'avois dressé a été rédigée par luy ; elle est un peu longue, mais il a pensé comme moy qu'elle ne contenoit rien de trop pour démontrer toute l'injustice des demandes du chevalier de Fontainemarie.

MES ENFANS.

Marie Marguerite, ma première fille. — Le 5 aoust 1751 ma femme accoucha d'une fille le jeudy entre cinq et six heures du soir ; elle fut baptisée le six du même mois par M. Delbès, curé de cette ville, dans la paroisse de Notre-Dame. Ma mère l'a tenue sur les fonds baptismaux avec le sieur Ballias, notaire royal, au lieu et place de M. Dublan, mon beau-père. On luy a donné le nom de Marie-Marguerite. On l'a donnée à une nourisse dans la paroisse de Malvoisin.

Confirmée par M. de Chabanne, évêque d'Agen [2], dans la paroisse de Marmande en may 1761. Et mariée le 30 avril 1777 avec M° Jean

---

paix. Ce qu'il y a de certain, c'est que je seray prêt dans tous les tems à luy prouver que je suis son frère autant par tendresse que par nature, quand il reviendra sincèrement à moy, ayant depuis longtemps oublié tous les sujets de mecontentement qu'il m'a donné, et notament les choses peu agréables que contient sa dernière lettre, à laquelle je n'ay pas voulu répondre pour ne tomber dans des répétitions qui auroient eu le même sort que ce que je luy ay dit cy devant, luy ayant communiqué le contract de mariage de M' Grayon, où les droits de chaque légitimaire sont établis et fixez. »

[1] Jean-Baptiste de Maignol, seigneur de Mataplane, succéda, comme procureur général près la Cour des Aides, en 1752, à François d'Arche ; il fut remplacé, en 1775, par son fils aîné, Etienne Maignol, mort dernier titulaire de cette charge. Voir sur J. B. de Maignol le *Nobiliaire de Guienne*, tome I, p. 45.

[2] Joseph-Gaspard-Gilbert de Chabannes fut évêque d'Agen de 1735 à 1767

Baptiste de Villepreux, écuyer, mon neveu, consequemment son cousin-germain. Je luy ay constitué pour porter en dot à son mari dix mille livres , sçavoir mille livres à elle léguées par demoiselle Beaufossé de Fontainemarie, sa grande tante, cinq cens livres que luy légua ma mère, et huit mille cinq cents livres pour luy tenir lieu de tous les droits qu'elle pourroit prétendre sur mes biens après ma mort, laquelle susdite somme de dix mille livres je luy ay payé comptant. Sa mère luy a également constitué de son chef, pareille somme de dix mille livres sans intérêts payables un an aprez le decez de M. Dublan, son père, ou après celuy de nous deux qui aura survequ, comme il paroit par le contract de mariage en datte du 21 avril 1777 retenu par Dupouy, notaire royal de cette ville.

Je luy ay donné de plus vingt-cinq louis, autrement six cens livres de present, en outre une table de toilette qui m'a couté trente-six livres, et deux louis lorsqu'elle partit pour aller à Bordeaux y voir son grand père ; sa mère luy a donné une belle robe, coiffe à dentelle, chemises, et autres petits effets, et son grand-père M. Dublan, qui est son parrain, luy donna douze louis, autrement deux cents quatre vingts huit livres, la chaine en or, qu'il a fait acheter à Paris, et qui a couté six cents livres. Elle n'a pas voulu que son mari luy ait donné d'autres bijoux.

Comme Madame de Villepreux, ma sœur, n'a pas voulu donner son consentement à ce mariage, son fils a été forcé de luy faire les actes de respects, qui sont de règle en pareil cas, et elle les a soufferts tous les trois, ce qui nous a très mortifiez [1] ; elle n'a pas voulu assister consequemment ny au contract, ny à la noce ; elle n'a rien donné ni promis à son fils. Ce mariage a été approuvé de tout le monde parce qu'effectivement M. de Villepreux a beaucoup de religion, de bonnes mœurs, un bon caractère, et que je ne pouvois mieux placer ma fille, ny luy s'associer avec une personne qui sympatisat à ses gouts mieux que ma fille, ce qui nous fait espérer qu'ils

---

[1] J'ai vu dans les Archives de M. Boisvert la *première sommation respectueuse faite à M. de Villepreux, par Dupuy, notaire de Marmande*, le 5 avril 1777. J.-B. de Villepreux, le futur époux, y fait un grand éloge de sa cousine germaine, « Mademoiselle Marie-Marguerite de Fontainemarie, fille aînée de messire Jean-Baptiste de Fontainemarie, écuyer, seigneur de Castecu, et Valaduc, ancien conseiller en la Cour des Aydes, etc.» On mentionne dans la pièce les dispenses de la Cour de Rome, données pour cause honnête, *ob causam honestam.*

scront heureux et que le seigneur répandra sur eux ses plus abondantes bénédictions. Ainsi-soit-il [1] !

---

[1] L'*ainsi soit-il* ne se réalisa pas et Madame J.-B. de Villepreux devint bientôt veuve. Elle se remaria avec « Messire Michel-Dubois de Lagrange, écuyer, chevalier de l'ordre royal et militaire de Saint-Louis, capitaine commandant au régiment de Soissonnois.» De ce second mari, elle eut trois enfants : un fils, l'abbé Dubois de Lagrange, qui fut curé de la ville de Marmande, et deux filles, Marie-Rose qui épousa François Boisvert, le grand-père de MM. Maurice et François Boisvert (ce prénom a été souvent porté dans la famille Boisvert, comme le montrent le testament de *François* Boisvert, du 26 juillet 1710, la donation faite par *François* Boisvert et Jeanne Héraud, père et mère, en faveur d'Antoine Boisvert, leur fils, ancien garde du Roy, du 5 mars 1695, etc.) et Marguerite-Georgette, qui épousa le colonel de cavalerie Faget de Renold, chevalier de Saint-Louis, demeurant à Virazeil. J'ai eu en main un testament de Marie-Marguerite de Fontainemarie « fait à Senestis, dans la maison de M. Salat, curé du lieu, le 26 novembre 1785.» La testatrice déclare que « ne pouvant écrire commodément », elle a dicté ses dernières volontés au sieur Campmas, notaire royal de Gontaud ; elle veut que son corps soit enseveli à Marmande » dans « mes tombes aux Cordeliers ; » elle demande « six cens messes basses » pour le repos de son âme « à raison de dix sols chacune »; elle donne et lègue aux Dames de la Charité de la ville de Marmande la somme de 500 livres et pareille somme à l'hôpital de la même ville ; elle institue pour son héritier « le posthume » dont elle est enceinte. Parmi les six témoins figurent Antoine Salat, prêtre, curé de Sénestis, Guillaume Salat, prêtre et chanoine du Chapitre St-Vincent du Mas. Revenons à la première belle-mère de Marie-Marguerite de Fontainemarie, pour citer une requête qu'elle adressa en 1773, à Mr Mr *Esmangart, chevalier, conseiller du Roy en ses conseils, intendant en la généralité de Bordeaux, dans son hôtel de Bordeaux* : « Supplie humblement Jeanne Fontainemarie, veuve de noble Joseph de Villepreux, écuyer, habitante de la ville de Marmande, disant que la suppliante avoit un beau-frère et une belle-sœur nommés de Villepreux, restant l'un et l'autre au Mas-d'Agenais, dont le Seigneur l'a privée, de son beau-frère, le 25 may de l'année 1771, et de sa belle-sœur, le 28 avril de l'année 1772, dont cy joint leurs extraits mortuaires. Cette dernière qui a survécu douze mois et quelques jours, ayant trouvé que son frère devoit trois années de sa capitation, qu'il n'avoit pas payé n'étant pas en état, comme il avoit eu l'honneur de vous le marquer dans une requette qu'il vous présenta quelque tems avant sa mort, où il avoit fait un détail sincère de la perte considérable qu'il avoit fait par le débordement épouvantable de la Garonne, qui arriva

*Marie Rose, ma seconde fille, est morte le 12 décembre de l'an 1753
et ensevelie à Malvoisin où elle étoit en nourrice.* — Le 3 septembre
1752 ma femme accoucha d'une fille le dimanche à 10 heures du
matin ; elle fut baptisée le même jour par M. Delbès, curé de cette
ville, dans l'église paroissiale de Marmande. La fille de chambre l'a
tenue sur les fonds baptismeaux avec Bernard Seguin, notre ancien
domestique, à la place de Madame Dublan, son ayeule, et de M.

---

le 6 avril de l'année 1770, ayant tout son bien situé dans la paroisse de
Sénestis, juridiction du Mas, et dans l'endroit le plus bas, où il faisoit
alors sa demeure avec sa sœur. Il vous faisoit aussi le détail de deux autres
débordements qui arrivèrent le même mois qui lui emportèrent douze
journaux de bled, où il n'en cueillit pas un grain. — FONTAINEMARIE DE
VILLEPREUX. La réponse de l'Intendant fut brève et tranchante : « Néant sur
la demande de la suppliante la dette de capitation dont il s'agit devant être payée
par son fils héritier des sieur et demoiselle de Villepreux. Fait à Bordeaux, le
22 février 1773. — ESMANGART. » Il a été si souvent question des Villepreux
dans le texte et dans les notes de ces livres de raison, que l'on me per-
mettra de reproduire ici ce fragment d'une lettre qu'écrivit des environs
de Bordeaux en cette même année, à « M M. de Villepreux, écuyer à
Senestis, par Marmande », un parent et homonyme, lequel venait de perdre
son père et répondait aux compliments de condoléance qui lui avaient été
exprimés : « Mes ancêtres sont d'origine de Normandie. Il y a près de trois
cents ans que le sieur de Villepreux, a passé dans cette province ; lui et tous
ses descendants se sont fixés près de Sauveterre, et habitoient une maison
nommée St-Gervais située dans la paroisse de St-Martin du Puy. J'ay
souvent ouy dire à feu mon père que ce Villepreux avoit formé par la suite
du tems deux branches, lesquelles on distinguoit par les Villepreux de
Marmande, qui doit être la vôtre, et par celle de Saint-Germain,
qui est la mienne. Feu mon père épousa en 1728 une Raoul, fille d'un
conseiller au Parlement, laquelle ne trouvant pas le païs agréable et de
plus son éloignement de ses parents l'obligèrent (sic) à demander à mon
père de se rapprocher de Bordeaux, ce qu'il fit en vendant tout ce qu'il
possédoit de ses pères, et acheta la maison de Sacolle, paroisse de Cailleau
entre Deux Mers, distante de Bordeaux de deux lieues et demie. Ce n'est
pas encore tout ce que vous demandez : il vous faut instruire de sa famille.
Il y a 14 ans que l'énumération n'auroit pas été courte, mais la Providence y a pourvu, la détruisant en grande partie. Voici ce qui reste tous
partis à prendre, deux demoiselles et votre très humble serviteur, et outre
cela une autre demoiselle plus pressée que les autres mariée depuis 10 ans
avec un de Gères, laquelle a de son mariage trois garçons de bon appétit
et d'assez jolie figure. — A SACOLLE, ce 20me aoust 1773. »

Doriolle de Fontainemarie, mon frère, capitaine au régiment de Normandie. Je luy ay fait donner les noms de Marie Rose [1].

Jeanne Ursule, ma troisième fille, nourrie dans la paroisse de Bouillas. Confirmée par M. de Chabannes, évêque d'Agen, dans la paroisse de Marmande en mars 1761. — Le 20 octobre 1753 ma femme accoucha d'une fille le samedy à une heure après minuit ; elle fut baptisée le même jour par M. Delbès, curé de cette ville, dans l'église paroissiale de Marmande. Un valet et une servante l'ont tenue sur les fonds baptismeaux à la place de Mᵉ Dublan, fils aîné, son oncle, et de Madame de Villepreux, ma sœur, tous deux absens. Je luy ay fait donner les noms de Jeanne Ursule [2].

Catherine Thérèse, ma quatrième fille, nourrie dans la paroisse de Magdeleine. Confirmée par M. de Chabannes, évêque d'Agen, dans la paroisse de Marmande, en mars 1771. — Le 20 novembre 1754 ma femme a encore accouché d'une fille le mercredy à 4 heures après midy. Elle fut baptisée le même jour par M. Pouget, un des

---

[1] M. Maurice Boisvert conserve dans ses archives une lettre de l'abbé Dumas, curé de Mauvezin, à M. de Fontainemarie, conseiller à la Cour des Aïdes, du 23 octobre 1753, contenant ces mots : « J'ay reçu par les mains de votre vigneron de Graion les six francs que vous avez envoyé pour la sépulture de votre jeune demoiselle ; j'aurai l'honneur de vous envoyer la quittance du syndic fabricien de cette paroisse. »

[2] Jeanne-Ursule, épousa son cousin Dublan. Voici les indications fournies par le contrat passé le 3 décembre 1781 : Mathurin Dublan, receveur général des domaines du roi, au département de Bazas, habitant ordinairement de ladite ville de la Réolle, fils légitime de M. Fr. Dublan, et de demoiselle Marie-Magdeleine Maurel, de l'avis et conseil de Messire Pierre Dublan, écuyer de dame Marie Dublan, son épouse, ses cousin et cousine germaine, de Messire Pierre Ozée Dublan, procureur du roi au bureau des finances de Guyenne, de Messire Louis-Gabriel Dublan, capitaine commandant au régiment du Perche, chevalier de St-Louis, ses cousins seconds, et autres ses parents, et amis, et demoiselle Jeanne-Ursule de Fontainemarie, fille légitime de feu Messire Jean-Baptiste de Fontainemarie, conseiller honoraire en la Cour des Aides de Guyenne, et de dame Marie-Roze Dublan, du consentement de sa mère et de Messire Pierre Dublan, écuyer, son ayeul, de l'avis et conseil de messire Jean-Baptiste Anaclet de Fontainemarie, écuyer son frère, de dame Marie-Marguerite de Fontainemarie, sa sœur aînée, épouse de Messire Jean-Baptiste de Villepreux, écuyer, etc.

vicaires de cette ville dans l'église paroissiale de Marmande. Le sieur Marc Antoine Bouic, marchand, et Marianne sa sœur, l'ont tenue sur les fonds baptismaux, à la place de M. Louis Auguste Dublan, son oncle, et de Madame Boulet, ma sœur, tous deux absens. Je luy ay fait donner les noms de Catherine Thérèse [1].

Marguerite Rose, ma cinquième fille, nourrie au village des Constans dans la Mothe. Confirmée par M. de Chabanne, évêque d'Agen, dans la paroisse de Marmande en may 1761. — Le 29 décembre 1756 ma femme a accouché d'une cinquième fille à cinq heures du matin ; elle fut baptisée le même jour par M. Delbès, curé de cette ville, dans l'église paroissiale de Marmande. La fille de chambre et mon valet l'ont tenue sur les fons baptismaux à la place de M. Villepreux, de Senestis, mon cousin, et de Mademoiselle Angélique de Fontainemarie, ma sœur. Je luy ay fait donner les noms de Marguerite Rose [2].

Jeanne Victoire, notre sixième fille, nourrie à Bouillas par la nourrice d'Ursulle. Confirmée par M. de Chabanne, évêque d'Agen, dans la paroisse de Marmande en mars 1764. — Le 24 avril 1757 ma femme a accouché d'une sixième fille ; elle fut baptisée le même jour par M. Delbès, curé de cette ville, dans l'église paroissiale de Notre-Dame de Marmande. Une de nos servantes et Bernard Seguin, notre ancien domestique, l'ont tenue sur les fons baptismeaux Je luy ay fait donner les noms de Jeanne Victoire [3].

François Pierre de Fontainemarie, notre premier fils, nourri en ville. — Le 21 mars 1758, jour de la très sainte Trinité, ma femme a accouché de notre premier fils ; il fut baptisé le même jour par M. Delbès, curé de cette ville, dans l'église paroissiale de Marmande.

---

[1] Catherine Thérèse est mentionnée dans le contrat du 3 décembre 1781, comme « épouse de M. Maurice Bazin. »

[2] Marguerite Rose, se maria avec M. Bonnard et c'est par elle que Castecu vint en la possession de Madame Bastrate, née Bonnard.

[3] Je ne sais ce que devint Jeanne Victoire. Est-ce *Jeanne Victoire* qui fut Madame Noguey ? Est-ce sa sœur *Marie-Julie* ? Un mémoire judiciaire de 1810 donne à Madame Noguey, les prénoms *Marie-Marguerite*, mais le mémoire n'est d'accord, en cela, ni avec le *Livre de Raison*, ni avec le testament de J.-B. de Fontainemarie.

Il a été tenu sur les fons baptismeaux par deux pauvres à qui nous fimes un présent, c'est-à-dire que nous les habillâmes, au lieu et place de M. Dublan, actuellement écuyer, secrétaire du Roy, maison et couronne de France, son ayeul, et de dame Marie Marguerite Boutin, de Fontainemarie, ma très honorée mère. Je luy ay fait donner les noms de François et Pierre, ce dernier étant celuy de M. Dublan, son parrain. Ma femme a voué cet enfant à la Sainte-Vierge et il doit porter le blanc à son honneur jusqu'à ce qu'il soit en état d'être mis à la culotte, si le Seigneur nous le conserve jusqu'à ce tems la. Il est nourry en ville par Mademoiselle Toumayragues, femme d'un chirurgien, le tout pour nous faire plaisir, n'ayant point trouvé de nourrice ailheurs qui fut ce qu'il faudroit. J'aurois cependant été bien aise qu'il eut été nourry en campaigne [1].

Blaise Jean Baptiste Anaclet, mon second fils, le chevalier, nourri en ville, à qui j'ay donné le nom de Beaufossé, qui est celui d'un vignoble que j'ay en Bourdelois dans la parroisse de Toulène, près Langon. — Le 13 juillet 1859, jour de vendredy, ma femme a accouché entre six et sept heures du soir d'un second fils, il fut baptisé le même jour par M. Delbès, curé de cette ville, dans l'église paroissiale Notre Dame de Marmande. La fille de chambre et mon valet l'ont tenu sur les fons baptismeaux au lieu et place de M. de Fontainemarie, capitaine au régiment de Normandie, actuellement en garnison à Dunkerque, son oncle, et de dame Marie Tubie Dublan, son ayeule. Je luy ay fait donner le nom de Blaize, de Jean Baptiste et d'Anaclet, ce dernier étant le saint du jour de sa naissance. Il est nourry en ville par la fille de la Maubourguete, femme

---

[1] Un extrait des registres de la paroisse St-Louis de la ville de Toulon nous apprend que « le 29 mai 1779, le corps de sieur Pierre-François de Fontainemarie, sous-lieutenant au régiment de Perche, originaire de Marmande en Guyenne, fils de messire Jean-Baptiste, ancien conseiller en la Cour des Aides de Bordeaux, et dame Marie-Rose du Blanc, décédé le jour précédent muni des Sacrements et âgé de 20 ans, a été inhumé au cimetière. » Le 3 juin suivant, le major du régiment fit ainsi part de la funèbre nouvelle à MM. *de Fontainemarie, conseiller honoraire de la Cour des Aides de Bordeaux, Marmande, par Agen en Agenois* ; « C'est avec beaucoup de douleur, Monsieur, que je vous apprends la mort de M. votre fils; il a succombé, malgré sa jeunesse, à la maladie dont vous étiez instruit. Tous les secours de l'art et ceux de l'amitié ont été employés inutilement. »

qui nous est extrèmement attachée ; il est fort bien, il a un lait de 8 jours et sa nourrice n'a que 20 ans [1].

Marie Julie, notre 7me fille, nourrie à Beissac. — Le 28 novembre 1760, jour de vendredy, ma femme a accouché vers les cinq heures du soir d'une septième fille , elle fut baptisée le lendemain 29 par M. Pouget, vicaire de cette ville, dans l'église paroissiale Notre-Dame de Marmande. Ma fille ainée et Villepreux, mon neveu, l'ont tenu sur les fons baptismeaux en qualité de parrain et de marraine. Je luy ay fait donner les noms de Marie Julie ; elle est nourrie à Beissac par une femme nommée Berguin Freche, nourrice d'un mois et à son aise.

Pauline, notre huitième fille, nourrie à Bouillas. — Le 9 juillet 1762, jour de vendredy, ma femme a accouché vers les huit heures du soir d'une huitième fille ; elle fut baptisée le lendemain, 10, par

---

[1] Vingt-neuf ans plus tard, nous trouvons Blaise-Jean-Baptiste Anaclet, marié et père de famille : « Extrait du registre des baptêmes de la paroisse St-Cybard de la ville de Meilhan. Le 26 décembre 1788, a été baptisé par moi, curé soussigné, Pierre-Louis, né le 24 du même mois, du légitime mariage de messire Jean-Baptiste-Blaise Anaclet de Fontainemarie, chevalier seigneur de Castecu, Doriole et Valaduc, ancien chevau-léger de la garde du Roy, et de dame Marie-Jeanne Grave, ses père et mère, habitants sur la paroisse de Marmande. Le parrain a été sieur Pierre-Roubinet de St-Paulin, ancien garde du Roy, habitant la paroisse de Leugeats, diocèse de Bordeaux ; la marraine, dame Marie-Rose Dublan, habitante de la susdite paroisse de Marmande. Coustond'Argence, curé. » La copie de ce petit document est revêtue de la signature du juge de Meilhan. Voici quelle était alors la formule de légalisation : « Nous Jean Courreges, avocat en la Cour, conseiller du Roy, juge royal, civil et criminel de la ville de Meilhan, certifions que le sieur Couston d'Argence, curé de la ville de Meilhan, qui a signé l'extrait de baptesme de l'autre part, est tel qu'il se qualifie et que foy peut et doit être ajoutée à sa signature. En témoin de quoi nous avons délivré ces présentes que nous avons signé. Donné à Meilhan dans notre hôtel, le 30 décembre 1788 Jean Courreges. » En 1791, B.-J.-B. Anaclet émigra, ses biens furent séquestrés, puis vendus comme biens nationaux ; il mourut dans l'émigration. Un mémoire de 1810 déjà cité, où le langage de l'avocat s'élève jusqu'aux pompes de la métaphore, nous apprend que « la recherche de sa succession ne présenta que les tristes débris de la tourmente révolutionnaire. »

M. Delbés, curé, dans la paroisse Notre-Dame de Marmande. Une servante et Saint Pierre, mon valet, l'ont tenue sur les fons baptismaux en qualité de parrain et de marraine. Je luy ay fait donner le nom de Sainte Paule, Elle est nourrie à Bouillas par la nourrice de Thérèse. mon autre fille [1].

Jean Pierre Auguste, mon troisième fils, nourri a Beissac, que j'appelle Valladuc qui est le nom d'un petit fief que j'ay en cette ville. — Le 15 février 1764, jour de mercredy, ma femme a accouché vers les neuf heures du matin d'un troisième fils, il fut baptisé le même jour par M. Boc, vicaire de cette ville, dans l'église paroissiale Notre-Dame de Marmande. Messire Jean Defleux de Chillaud, docteur en Sorbonne, abbé de Letoille, ordre des Prémontrés, diocèze de Bloys, parrain, et dame Elisabeth Paranchere de Chillaud, sa sœur, religieuse de Saint-Dominique, au couvent du Mas, marraine, qui avoit demandé à ma femme pour son frère et pour elle l'enfant qu'elle portoit par la raison qu'elle nous est entièrement attachée. L'un et l'autre ont été représentez par Pierre Gavinau et Thérèse Compaigne, mes domestiques. Je luy ay fait donner les noms de Jean Pierre Auguste ; il est nourri à Beyssac par la nourrice de Julie ; son lait a 11 mois [2].

Pierre Ignace, mon 4ᵐᵉ fils, venu au monde au septième mois fort heureusement Est mort le 4 de février et enterré dans nos tombes à la paroisse. — Le 31 janvier 1765, jour de jeudy, ma femme a accouché vers les six heures du soir d'un quatrième fils ; il fut baptisé le lendemain 1ᵉʳ février par M. Delbès. curé, dans la paroisse Notre-Dame de Marmande, Pierre François de Fontainemarie. mon fils ainé, parrain, et Jeanne Ursule de Fontainemarie, marraine, qui l'ont tenu sur les fons baptismaux. Je luy ay fait donner les noms de Pierre Ignace ; il est nourri à Marmande chez la femme de M. Roullaud, fille de la Maubourguete, et il y est mort le 4 du même mois, c'est à dire 4 jours après sa naissance. Il avoit beaucoup souffert dans le sein de sa mère par rapport à une hydropisie de matrice, qui se manifesta un mois avant qu'elle n'accouchât par une perte pres-

---

[1] *Jeanne Pauline*, comme l'appelle le rédacteur du mémoire de 1810, aurait été mariée, selon ce même mémoire, avec M. Cassaignet ou Castaignet (car une lettre est douteuse dans le nom).

[2] Valaduc émigra comme son frère ; plus heureux que lui, il put revoir la France vers 1840. Il partit pour les Etats-Unis où l'on perd sa trace.

que continuelle des eaux qui la fatiguèrent beaucoup et dont elle est parfaitement guérie aujourd'huy graces au Seigneur. Et cet enfant est mort d'une bile répandue, étant jaune comme du safran, n'ayant jamais voulu teter, ce qui obligeoit la nourrice à luy faire avaler de son lait avec un cuiller [1].

Le 24 janvier 1766, à six heures du matin, ma femme a accouché d'un cinquième fils, qui étoit mort [2], mais, graces au Seigneur, ses couches ont été assez heureuses, quoique l'enfant fut presque pourri dans son corps. Il y avoit déjà quelques jours qu'elle ne le sentoit point remuer; elle attribuoit son inaction aux grands froids que nous éprouvons depuis le 9 décembre dernier et qui ont augmenté de jour en jour jusques à aujourd'hui. La rivière est prise depuis le 12 de ce mois ; les voitures la traversent à Eguillon [3], la Réole, Langon, etc., et depuis ce temps là les batteaux n'ont pas navigué ; il y a eu beaucoup d'arbres de toute espèce qui se sont fendus. On ne sçait pas encore si les vignes et les bleds se sont gelez. Ce sont les plus forts froids qu'il y ait eu par icy depuis 1709. Et ils sont beaucoup

---

[1] Si l'on s'en rapportait au *Dictionnnaire de Littré*, J.-B. de Fontaine-marie, en disant *un cuiller*, comme le disent encore beaucoup de méridionaux, se serait exprimé comme le plus illustre de tous, Henri IV qu'il faut surnommer à la fois Henri le bon et Henri le Grand. Voici en effet le récit du savant philologue : « Henri IV ayant dit à Malherbe qu'il fallait prononcer *cuiller*, et le faire faire masculin, Malherbe répondit que, tout puissant qu'était le roi, il ne ferait pas qu'on dit ainsi en deça de la Loire.» Mais en examinant le texte de Tallemant des Réaux, *Historiette de Malherbe*, (tome 7 de l'édition P. Paris, p. 278). on voit « qu'il y eut grande contestation entre ceux du pays d'*A-diou-sias* et ceux de delà la rivière de Loire pour sçavoir s'il falloit dire une *cueiller* ou une *cueillère*. » Ainsi la querelle roulait non sur le sexe du mot, mais sur la façon d'en écrire la dernière syllabe. Loin de voir dans cuiller un mot masculin, Henri IV soutenait l'opinion contraire, d'après cette assertion formelle de Tallemant : « Le Roy et M. de Bellegarde, tous deux du pays d'*A-Diou-sias*, disoient que *ce mot estant féminin*, devoit avoir une terminaison féminine. »

[2] Le narrateur ajoute en une note marginale : « L'enfant avoit huit mois. Nous avons été bien mortifiez de cet accident, sans pouvoir en deviner la vraye cause. Le médecin Héraud nous a dit que l'abondance du sang l'avoit étouffé.»

[3] J.-B. de Fontainemarie écrivait *Eguillon* pour *Aiguillon*, comme au XVIe siècle, Ambroise Paré et Olivier de Serres écrivaient *esguille* pour *aiguille*

plus longs, car il y a près de cinq semaines qui (sic) durent, et ceux
de 1709 passèrent dans quinze jours, mais nous avons eu chaque
jour depuis ces gelées, le soleil fort clair. ce qui a empêché qu'elles
ne fussent si fortes. Le vin s'est neanmoins glacé dans les barriques
et dans les bouteilles dans tous les chez et dans plusieurs caves. Je
crains beaucoup pour mes meuriers. (Ils n'ont pas été gelés). Les
vieilles vignes ont été gelées, mais il y en a beaucoup qui repoussent
par racine ; les jeunes ont soutenu. Les bleds qui ont été semés de
bonne heure, ont été fort bons, principalement ceux qui étoient dans
les terres forts ; il en a péri beaucoup dans les autres terres, ce qui
est cause qu'ils ont été fort clairs, mais les épis en sont magnifiques
et ils ont beaucoup rendu, et ils se sont beaucoup multipliez dans le
mois d'avril et avec le secours de petites pluyes qu'il y a fait en avril
et may les jets ont monté en épi fort heureusement. On a ratissé,
après les froids et en beau tems, les sègles aussi bien que les froments, dans le mois de mars et avril, et on s'en est très bien trouvé;
du côté de Senestis on a semé des froments vers le 15 mars et ils
sont venus aussi beaux que ceux qui avoient été semez en octobre.
C'estoit du bled ordinaire. Les fourrages ont été également tous
gelez. On en a ressemé, c'est-à-dire avoine, pesillon [1], et on en a
aussi semé des fèves, qui ont bien réussi On a fait, après vendanges
beaucoup de provins, pour remplacer les pieds gelez.

Ce même jour vendredy on a fait un très beau service pour le
repos de l'âme de Mgr le Dauphin mort en prédestiné le 20 décembre
1765 à Fontainebleau. L'état et la religion ont fait en luy une très
grande perte ; il est généralement regretté de tout le monde. Le
Roy a nommé tout de suite son fils le duc de Berry Dauphin de
France; il a été enterré à Sens.

Le 13 de mars 1767 Madame la Dauphine est morte à Versailles de
maladie de poitrine ; elle a été enterrée à Sens dans le caveau qu'elle
y a fait faire et à côté de son mari M. le Dauphin, elle a été généralement regrettée ; elle avoit beaucoup de vertu et de religion ; elle
laisse trois fils et deux filles.

Le 18 avril 1767, jour de samedy saint, il y a eu de la glace d'un
demi-pouce d'épaisseur. Les deux tiers des pousses des vignes ont

---

[1] On chercherait vainement le mot *pesillon* dans nos dictionnaires. C'est
le mot à demi francisé de la langue populaire, *peseou*; pois.

été gelées dans les endroits les plus à l'abri du nort et ce qui paroit au vent n'a pas souffert de long-temps autant.

Le cinq septembre 1767, naissance d'une neuvième fille, enterrée à la paroisse. — Le 5 septembre, ma femme a accouché vers une heure après midy d'une neuvième fille, n'étant enceinte que de sept mois et quelques jours. Elle est venue au monde hidropique (sic). La femme sage luy donna l'eau tout de suite et quelques minutes après, elle mourut. Elle fut enterrée le même jour dans nos tombes à la paroisse. Ma femme a été fort heureuse de n'avoir pas porté cet enfant selon le cours ordinaire de neuf mois, attendu qu'il y avoit près d'un mois et demy qu'elle avoit les jambes, les cuisses et une partie du corps si enflé qu'elle ne pouvoit absolument presque plus se remuer, ce qui nous faisoit craindre pour ses jours. Mais graces au Seigneur elle a délivré le plus heureusement du monde et a rendu une si grande quantité d'eaux pendant quatre ou cinq jours, qu'elle est redevenue dans son état naturel, mais fort amaigrie. Dieu veuille me la conserver long temps, s'il le juge à propos pour sa gloire et notre salut [1] !

Le 10 mars 1774 le Roy est mort à Versailles de la petite vérole. C'étoit pour la troisième fois qu'il l'avoit eue ; on l'enterra le même jour sans grande cérémonie, parcequ'il y avoit eu de (sic) venin, et qu'il étoit gangrenné. Son petit-fils, Louis Auguste, Dauphin de France, a succédé à la couronne : il a remis à son peuple le droit régalien, c'est-à-dire le présent qu'il est d'usage de faire pour le joyeux avènement ; il a déclaré de plus par un Edit que les espèces

---

[1] La santé de Madame de Fontainemarie, épuisée par quatorze couches qui se succédèrent en moins de 16 années, resta languissante pendant plusieurs années. En 1774 les deux époux firent un pèlerinage à Garaison, pour obtenir la complète guérison de la vaillante mère, et, en 1775 et 1776, on continua dans le célèbre sanctuaire de la Gascogne des prières à la même intention. On lit dans les notes du narrateur jointes à son livre de raison : « Estant parti de Garaison le 25 juin 1774, où j'estois avec ma femme depuis le 17 du même mois, j'ay remis 18 livres à M. l'abbé Dastugues recepveur, pour continuer à dire le même nombre de messes suivant mes intentions et aux jours fixés par mon mémoire, qui est couché sur le livre de la sacristie de N.-D. de Garaison. Au commencement de juillet 1775, j'ay envoyé à M. l'abbé Lapeyre, chapelain de N.-D. de Garaison, 18 livres franches de port par la poste pour même nombre de messes.» Le 20 mars 1776, pareil envoi fut fait à M. Larroux, doyen des chapelains de N.-D. de Garaison.

continueroient à avoir cours, que les nouvelles que l'on feroit se-
roient seulement sous une nouvelle empreinte avec l'inscription de
Louis XVI. Monsieur est son frère et il en a un autre que l'on nomme
le comte d'Artois. Il a annoncé qu'il ne vouloit régner que par la justice et qu'il ne négligeroit rien pour soulager ses peuples. La reine
est fille de la reine de Hongrie et sœur de l'Empereur. Ses deux autres frères sont mariés avec deux filles du roy de Sardaigne ; personne n'a encore d'enfant. Le Roy n'a pas vingt ans[1].

[1] J.-B. de Fontainemarie mourut six ans après avoir salué l'avènement
de Louis XVI, le 1er mars 1780. On se demande pourquoi son livre de raison
fut interrompu à partir du 10 mai 1774. La maladie causa-t-elle ce silence
et ne lui permit-elle pas d'enregistrer en son mémorial de famille le décès
de ce brillant militaire, son fils aîné, qui lui fut enlevé en toute la fleur de
ses vingt ans ? Les premières lignes du testament de J.-B. de Fontainemarie (28 janvier 1780) attestent que le vieillard était accablé d'infirmités :
« Au nom de Dieu soit fait mon testament. Je Jean-Baptiste de Fontainemarie, écuyer seigneur de Castecu, Doriolle et Valaduc, ancien conseiller
en la Cour des Aydes et finances de Guienne, étant dans la ville de Marmande et dans ma maison d'habitation, considérant la certitude de ma
mort et l'incertitude de son heure, je veux avant d'en être prévenu et pendant que je suis dans tous mes bons sens, mémoire et jugement faire
mon présent testament clos et mystique, que je n'ai pu écrire moi-
même à cause de mes infirmités, mais que j'ay fait écrire par M. Jacques
Dupouy, notaire royal de cette ville, en qui j'ay toute ma confiance et auquel je l'ai dicté mot à mot. » Les infirmités du testateur étaient si gran-
des qu'il ne put même « signer au bas de chaque page. » En 1780, il ne
restait à J. B. de Fontainemarie, qui avait eu une si magnifique couronne
d'enfants, que deux fils et sept filles qu'il nomme Marie-Marguerite, Jeanne-
Ursule, Catherine-Thérèse, Marguerite-Roze, Jeanne-Victoire, Marie-Julie,
et Paule. Toutes les filles reçoivent dix mille livres, excepté Catherine-
Thérèse à qui est donnée la métairie d'Escoute-Loup. A J.-P. de Fontainemarie, écuyer, sieur de Valaduc, sont attribués le vignoble de Grayon
(paroisse de Beaupuy) et le domaine de la Duronne (paroisse de Birac). J.-B.-B.
Anaclet est l'héritier général et universel. Voici quelques-unes des dispo-
sitions du testateur : « J'espère que le Seigneur mon Dieu me fera miséricorde et recevra mon âme après ma mort au rang de ses élus. Je veux et
ordonne que mon corps soit inhumé sans aucune espèce de pompe funèbre.
Je donne et lègue à l'hôpital et maison de charité de cette ville, la somme
de trois cens livres... pareille somme à la confrairie des dames de la charité de cette ville... cent livres à la chapelle des pénitents blus (sic) de
cette ville... trois cens livres pour célébration de messes dans les différentes églises de Marmande, etc. »

APPENDICE

I.

MÉMOIRE CONCERNANT LA MAISON NOBLE DE CASTECU, SES APPARTENANCES ET DÉPENDANCES.

« *Ses qualités*.—La maison noble de Castecu est appelée Seigneurie dans presque tous les titres qui prouvent sa nobilité et la qualifient noble.

Ses appartenances. — Le château, precloture et autres terres y jointes ; le domaine de bas anciennement appelé le village ou maine de l'Official ; le moulin à eau de Drilhot ; le fief et rentes de Castecu et la disme, de tout quoy il sera ci après parlé en des articles séparés. Il y a même des titres où il est parlé de la juridiction de Castecu.

Ses titres. — Il y a plusieurs anciens titres qui établissent incontestablement la nobilité de Castecu avec ses appartenances et dépendances.

1. La reconnaissance de l'an 1311 et du 20 [février] [1] faite par Bertrand de Clavet, bourgeois de Sainte-Bazeille à Anissans de [Serres] [2], lequel de Clavet reconnoit tenir à fief dudit Anissans de Serres tout le bien qu'il a en la juridiction de La Mothe de Castecu au devoir du quart de tous les fruits et et toute la disme et la moitié

---

[1] Le mémoire a été quelque peu rongé par les rats. J'ai comblé la lacune formée par la disparition du nom du mois à l'aide de la charte originale conservée dans les archives de M. Maurice Boisvert et rédigée en langue gasconne (*conoguda causa sia*, etc.)

[2] Sur Anissans ou Anissance de Serres, voir la *Monographie de Mauvezin* par M. l'abbé Alis (pp. 23, 49, 51, 517). L'habile historien reparlera de la famille de Serres dans la Notice qu'il prépare sur la ville de Sainte-Bazeille, et qui aura, j'en ai la certitude, toute la valeur et tout le succès de son premier travail.

du foin qu'il recuillra, lequel il doit porter dans la barbacane de
la dite Mothe [1] et luy donner trois léopards [2] et quelque volaille avec
quelque autre chose, le tout conformement à l'arrentement qu'en fit
à Marmande autre Clavet environ quarante ans auparavant Il est
vrai qu'il est dit dans le procès-verbal fait par Jean de Montreveau,
trésorier d'Armagnac pour le duc de Guyenne [3], subrogé en la commission par luy donnée sur le recouvrement de ses droits occupés
en ses païs d'Agenois, Condomois et ailleurs, que ledit Montreveau
trouva un hostel en manière de petit chastel appellé Castecu, lequel
un gentilhomme de Ste-Bazeille nommé Jamet de Landerouat [4]
usoit et usurpoit jurisdiction et souvent carnaloit [5] les betails des habitans de Marmande, lequel il déclara estre dans la jurisdiction de
Marmande, en la presence dudit sieur de Castecu, lequel n'en fut
aucunement contredit.

2. Une transaction du 14 [avril 1400] par laquelle Jeanne de Las-
benes, du consentement de Gaillard..... son mary, en qualité de
cohéritiers d'Anissans de Serres, delaisse entre autres choses à

[1] Rappelons que la *mothe* ou *motte* était la butte artificielle ou naturelle
sur laquelle était construit un château et que *mothe* signifiait, parfois, comme ici, le château lui-même.
[2] Voici la définition de cette monnaie que donne DOM CARPENTIER dans
son supplément au *Glossaire* de Du Cange (tom. II, p. 1030) : « *Leopardi,
monetæ anglicæ species, leopardo insignis.»* Le savant auteur cite deux exemples pris dans un manuscrit de l'Abbaye de Sainte-Croix de Bordeaux de
l'année 1305.
[3] Appelé Jean de Montraveau ou Montravel dans le tome V des *Archives
historiques du département de la Gironde*, pp. 339 et suivantes (*Procès-ver-
baux de la réintégration des terres usurpées sur le domaine du duc de
Guyenne.*)
On lit dans le document qui vient d'être cité en la note 3 (p. 348) :
« et que semblablement faisoit ung nommé Jaumet de Landeroat de Sainte-
Bazeille, à cause d'ung petit terroier appelé *Casteleu* (sic pour Castelcu),
lequel terroier est situé et assis en la jurisdiction de ladite ville de Marmande. » Près de Duras (Lot-et-Garonne), une localité porte le nom de
Landerroat, et on trouve dans le département de la Gironde (arrondissement de La Réole) la commune de *Landerrouat* (canton de Pellegrue) et
celle de *Landerrouet* (canton de Monségur).
[4] *Carnaler* ou *carnalar*, c'est tuer le bétail. Voir le *Glossaire* de Du Cange
et celui de La Curne de Sainte Palaye. On a imprimé dans le tome V des
Archives historiques (p. 348) : « Il *carneloit* et prenoit le bestial.»

Mariote de Las Benes et à Pei Arnaud de Landerouat, son mary, icelle Mariote aussi coheritiere dudit de Serres, tout ce qu'iceluy Serres possedoit dans la jurisdiction de Sainte-Bazeille, et toute la mothe et gentillesse *apperade la mothe de Castecu en la honor de Marmande* avec toutes ses appartenances *en so poder et territori de quere* ainsi qu'elle est limitée et confrontée de toutes parts, sçavoir d'une part *al lo riu de la Guppie* et de l'autre part à *las terres et seignurie de Castelnau* et de l'autre à *las terres del signor de Mauvaisin* et de l'autre à *las terres deudit Anissans de Serres sien hostals, terres, bignes, prats, aubaredes, boscs, bartes et deime*, et la Mothe de Serres qui est près de Lauderron en la paroisse de.... . *laquel motha de Castecu es tengude et omatgade à nostre signor lo rey à un fer de lance subredaurat*, et la dite Mariotte du consentement dudit Landerouat delaisse à la dite Jeanne tous les autres biens que le dit de Serres possedoit dans *la honor et la bille* de Marmande, de Monségur, etc.

3. Un hommage lige rendu le 24 novembre 1419 à Charles frère du roi de France et duc de Guyenne par Jean de Landerouat qu'il estoit tenu luy faire à cause du lieu de Castecu avec toutes ses rentes, revenus et autres appartenances assis en la juridiction de Marmande [1].

---

[1] Je reproduis ce document d'après une copie des Archives de M. Maurice Boisvert :

« Charles filz et frere de roys de France duc de Guienne comte de Xaintonge et seigneur de La Rochelle a nos amez et feaulz gens de noz comptes, tresorier general de Guienne et a noz Seneschal procureur et receveur d'Agenoiz ou aultres lieuxtenants substitus ou commis, salut et dilection.

Savoir vous faisons que aujourd'hui nostre bien amé maistre Bernat de Gotz procureur suffisamment fondé pour Jehan de Landeroat nous a fait ez mains de nostre amé feal conseiller et Chambellan Robert de Balsac escuier nostre Seneschal dudit lieu à ce par nous commis les foy et hommage lige qu'il nous estoit tenu de faire à cause du lieu de Castetcu avec toutes ses rentes revenus et autres appartenances assis en la juridiction de Marmande en Agenois tenu de nous à cause de nostre dite Seneschaussée ausquels foy et hommage nous l'avons receu sauf en autres choses nostre droit et l'autrui. Si vous mandons etc.

« Donné à Agen le vingt quatriesme jour de novembre l'an de grâce mil cccc soixante neuf.   GUITOU. »

4. Un denombrement baillé, le 20 mars 1547, devant le senechal d'Agenois par Pierre de Giraud, escuyer [1], pour raison du lieu noble de Castecu situé en la paroisse de Beaupuy, jurisdiction de Marmande par lequel il déclare tenir du roy la noblesse et chasteau dits Castecu en tout droit de fief et hommage lige au devoir d'un fer de lance surdoré, environné [le chateau] de ses anciens fossés avec ses entrées et issues et preclotures, jardin, fue [2], forets, pred, vigne et autres

---

[1] Pierre de Giraut prenait le titre de seigneur de Serres, de Castecu et Doriolle, titre que prenait, avant lui (en 1493) « noble homme Arnaud de Landerroat, seigneur de la maison de Serres, de Castecu et d'Oriolle.» On a parfois appelé Pierre et ses descendants *Guiraud* pour *Giraut*. Je lis, par exemple, dans une savante *Notice sur les Seigneurs de Labit issus des Lasseran Massencomme après la séparation de la branche de Monluc*, par M. Soubdès, archiviste de la *ville de Condom*, manuscrit dont l'impression serait fort désirable : « Les enfants du capitaine Labit (Jean de Lasseran-Massencomme, seigneur de Labit) furent : 1° Blaise dont l'article est rapporté ci-après ; 2° Marguerite qui épousa Jehan Guiraud d'Auriolle. Dans leur contrat de mariage, en date du 3 juillet 1565, elle est dite Marguerite de Monluc, fille de feu Jehan de Monluc et de Marthe de Cassaignet, sieurs de Labit et Caupène. Elle procède avec le conseil de noble Blaise de Monluc, son frère.. Le futur époux qui habite Sainte-Bazeille est dit fils de noble Pierre Guirault, seigneur d'Auriolle et de Castetcu, et de damoyselle Thonye de Beaupuy de Saint-Chamazy.» C'est évidemment par une faute d'impression que Giraud, déjà changé en Guiraud, devient *Gibaut* dans le *Nobiliaire de Guyenne et de Gascogne* (tom. III, p. 260) où il figure, à côté de Jehan de Landerroat, au rôle du ban et de l'arrière-ban de la Sénéchaussée du Bazadois, sous la date du 23 mai 1557. Revenons à Jean de Giraut, le mari de Marguerite de Monluc, pour dire que c'est de lui qu'il s'agit dans un mémoire relatif au feu mis à son château de Castecu, le dimanche 6 mars 1575, par une bande que commandaient trois consuls de Marmande, Pierre Bideau, Jacques Borges et Jean Grollier. On trouvera ce curieux document, rédigé par l'infortuné châtelain lui-même, dans la *Notice sur Mauvezin* (p. 564). La copie dont s'est servi l'historien de Mauvezin est précédée de ces lignes : « Ce qui s'ensuit a esté tiré d'un vieux livre de reconnaissances de feu Jean Giraud, écuyer, vivant seigneur de Castecu, lequel livre est au pouvoir de M. Fontainemarie, conseiller en la Cour des Aydes de Guyenne, seigneur dudit lieu.» Le récit de Jean de Giraut nous apprend que la maison brûlée par « ces poltrons de Consuls » par « cette vermine de gens » n'avait pas moins de trois étages. Excusons la vivacité des termes employés par un propriétaire indigné, écrivant *pro domo sua*.

[2] *Fue*, fuye, colombier.

dependances qui sont près dudit Castecu, et à cause d'iceluy jouit dans la dicte paroisse de Beaupuy certains bastiments et autres possessions, preds, bois, terres labourables ou vacantes, qui ne peuvent faire le labourage de deux paires de bœufs seulement. Déclare encore jouir des cens et rentes en toute directité et fondalité dependants dudit Castecu consistant en environ quinze pougneres de tous grains, en huit livres sept sols quatre deniers, en neuf poulailles et six manœuvres [1].

5. Un contract de partage du 7 juin 1596 retenu par Perié, notaire royal de Marmande [2], par lequel les demoiselles Anne de Giraut, femme de Guilhem de Vincens, Marchand de Bazas, Jeanne de Giraut veuve de Antoine Folanais, praticien de la Réole, et Louise de Giraut, femme de Michel Dupeiron le vieux [3], habitant de Sainte Bazeille, toutes trois sœurs, en ratifiant la transaction entre elles passée le 4 aoust 1595 retenue par Massias, notaire de Sainte-Bazeilhe, font certains règlements, entre autres que ledit Dupeiron demeurera quitte du contenu en sa cedule par luy faite à Bazas et s'engagent de vendre unanimement pour payer leurs dettes la maison noble de Castecu, cens, rentes, appartenances et dépendances d'icelle, située en la paroisse de Beaupuy, jurisdiction de Marmande consistant en une vieille mazure, airiaux, preds, taillis, terres labourables et bousigues [4] et en tout ce qui est en ladite paroisse de Beaupuy, tous les dits biens estant nobles et de toute ancienneté noblement [5].... Achat fait par M. de Massiot [6] des demoiselles

---

[1] C'est-à-dire six journées de travail d'homme.

[2] Les divers documents relatifs à Castecu permettent d'ajouter à la liste déjà donnée des notaires de Marmande, les noms de Barret, Douhaud, Fau, Héniard, Mimaut, Prioret.

[3] Celle-ci se maria en secondes noces avec N... de Larquey, écuyer.

[4] C'est le mot par lequel, dans la langue populaire de la Gascogne, on désigne les terres incultes. Voir *Bousigo* dans le *Dictionnaire* de Mistral.

[5] Il y a ici un vide causé par la dent des souris.

[6] M. A Communay (*Le Parlement de Bordeaux*, p. 79, note 2) rappelle que Léonard de Massiot, seigneur de Longueville, fut d'abord secrétaire d'Antoine de Noailles, évêque de Dax, lors de l'ambassade de ce prélat à Constantinople. Il ajoute : « La Seigneurie de Longueville, possédée tour à tour par les familles de Massiot, Daffis et de Pichon, était située en Agenais, à une lieue de Marmande. » Je complèterai cette note en disant que la terre et le château de Longueville appartinrent aux Monluc avant d'appartenir aux Massiot et qu'aujourd'hui le propriétaire en est M. M. Osmin Massias, gendre de Madame de Labarrre.

Anne, Jeanne et Louise de Giraut par contract retenu par Antoine
Perié, notaire royal de Marmande, lesquelles damoiselles promet-
tent de remettre audit sieur Massiot tous titres et reconnaissances qui sont de la dite maison.

6. Une sentence de M. Nicolas de Nets, conseiller en la cour des
Aydes de Paris, commissaire commis et député par le roy et ladicte
Cour pour l'exécution des arrests d'icelle, portant realité des tailles
et arpantement général au païs d'Agenois, rendue entre les procureur
du Roy de cette commission et le syndic du tiers état d'Agenois,
d'une part, et M. Leonard de Massiot, sieur de Castecu, conseiller
au parlement de Bordeaux, d'autre, laquelle déclare les biens contenus au contract de donation du 4 avril 1400 nobles et sujets à la
contribution du ban et arrière-ban et ordonne que distraction sera
faite d'iceux dudit arpantement général de la juridiction de Marmande aux dépens dudit Sieur de Massiot, partie presente ou due-
ment appelée [avec défense] aux consuls de demander aucune taille
pour les dits biens à peine de tous depens, dommages et interets sauf
auxdits consuls d'imposer en leurs cadastres ledit sieur de Massiot
pour les autres biens roturiers et non compris audict contract de l'an
1400 et nommement pour les 4 ou 5 journaux par luy acquis avec la
metairie de l'Official dependant originairement dudit Castecu. Cette
sentence est du 18 avril 1605.

7. Procès-verbal de piquetement de Castecu fait le 30 novembre
1607 par Me Cougouilles, juge de Saint Sauveur [1] duquel toutes parties avoient convenu pour procéder à l'exécution de la susdite sentence suivant le pouvoir qui par icelle leur en avoit esté donné, par

---

[1] Voici le début du procès-verbal : « Léonard Cougoulhe, juge ordinaire
pour le Roy nostre Sire en jurisdictions royalles de St-Sauveur La Chapelle
et Londres, commissaire en ceste partie deputté par Mgr de Netz, conseiller du Roy, en sa Cour des Aydes à Paris, commissaire par le Roy et
par ladicte Cour deputté pour l'exécution de certains arrests, donnés par
ladicte Cour à la requeste du syndic du tiers Estat d'Agen sur le faict des
tailles dudit pays..» Léonard de Massiot reçoit en ce document les titres
de : « escuyer, seigneur de Castelcu. et autres places, conseiller du Roy
en sa Cour de parlement de Bourdeaux..» On voit dans le procès-verbal
que les consuls de Marmande ont été convoqués le 5 novembre précédent
«par devant le sieur Cougouilhe, au logis du Cheval blanc de ladite presente ville..»

lequel en presence et du consentement d'Izaac Bourgeois, consul de
Marmande [1],Jean Bourbou, syndic de la dicte ville, et Antoine Perret
procureur du Roy, il est dit que Castecu confronte du levant à commencer au bout du preds à Mauvoizin, qu'elle suit le long du ruis-
seau de La Gupie, que les appartenances de la seigneurie de Castecu
à prendre au dessus du moulin de Drillot suivant le chemin public
qui la sépare d'avec la seigneurie de Castelnau... et venant jusques
au bourg de Beaupuy et descendant dans le chemin de la .. et dans
le padouen [2] des héritiers de feu Mondet Lespinasse, conduisant
devant l'hostalat de Jean Lespinasse *dit Labique et passant outre* au
village de Perrotaine, allant à la Fon de La Pippre et à Labastison,
va soudre? aux prairies de Castecu qui, aboutissant aussi à Marques,
un grand fossé entre deux, comprennent tout ce qui est possédé en
propriété par les seigneurs de Castecu et estoit de la contenance de
126 journaux 17 escas suivent l'arpentement qui en fut fait en presence des sus nommés. Cependant mon père l'ayant depuis fait arpen-
ter, il ne s'y en est trouvé que 107 journaux 26 escas.

8. Un hommage rendu le 2 avril 1610 par ledit sieur Massiot à la
reine Marguerite pour ses terres de Longueville [3] et Castecu et moulin de La Ma [4].

9. Hommage rendu le 1er juillet 1636 par la dame présidente
Daffis au roy Louis XIII devant les trésoriers, de la maison noble
de Castecu, ses appartenances et dépendances [5].

---

[1] Le nom de Isaac Bourgeois « *procureur en la Cour de Marmande* » figure
au bas de la copie d'une sentence du 15 janvier 1697 rendue par Jean de
Bastard, juge civil et criminel pour le Roy en la ville et juridiction de
Marmande.

[2] La Curne de Sainte-Palaye traduit le mot *Padouens* par pâturages
communs.

[3] Sur les Massiot à Longueville, voir une note de la *Notice sur la ville
de Marmande*, p. 96.

[4] Le moulin de la Ma était situé auprès de la porte de la ville de Marmande
connue sous le même nom. Voir sur ce moulin, possédé au XVIIIe siècle,
par M. de Guyonnet de Monbalen, conseiller au parlement de Bordeaux,
et qui existe encore (derrière la maison de Madame veuve Lacombe), le
texte et une des notes (la 4me) de la page 113 de la *Notice* susdite.

[5] J'ai eu sous les yeux un extrait des registres du bureau du domaine du
Roy en la généralité de Guyenne, dont voici les premières lignes: C'est
l'adveu et dénombrement que met et baille par devant vous Messieurs les

10. Dénombrement rendu le 13 décembre [1636] par la dicte dame Daffis de la maison noble de Castecu, publié sans opposition à Bordeaux le 14 février 1637.

11. Achat fait le 14 mars 1642 de la maison noble de Castecu fief noble et rentes en dependans, la metairie et le moulin à eau par Me Jean Fontainemarie, advocat en la Cour, pour le sieur son père, de la dicte dame presidente Dafis avec stipulation de garantie et de la propriété et de la nobilité de Castecu et dependances [1].

---

presidents, tresoriers de France generaux des finances en Guyenne dame Anne de Massiot, femme de messire Jean Daffis, chevalier, conseiller du Roy en ses conseils, et président en la Cour de parlement de Bourdeaux à cause la maison noble de Castecu,» maison signalée comme « tour carrée ou pavillon entouré de fossés..» Anne de Massiot, fille et et héritière de Léonard de Massiot et de Léonarde Mazard de Goulard, était veuve de Jacques de Lescure, seigneur de Saint-Fort, lorsque, le 14 août 1621, elle épousa Jean Daffis, dont elle eut deux filles : Catherine, mariée le 15 mars 1637 à François Artus Le Comte, le célèbre président de La Tresne, et Anne, qui, veuve de Gabriel Jaubert de Saint-Gelais, se remaria à Bernard de Pichon, seigneur de Carriet, président au parlement de Bordeaux, dont les descendants devinrent barons de Pichon-Longueville. Voir *Le parlement de Bordeaux* par A. Communay, p. 79.

[1] Je donne quelques extraits de l'acte de vente : « Saichent tous que aujourd'huy 14me du mois de mars 1642 après midy, par devant moy Pierre de Godeau, notaire royal à Bourdeaux et en Guyenne, a esté presante dame Anne de Massiot, vefve de feu Messire Jean Daffis, vivant chevalier, conseiller du Roy en ses conseils, et second président en sa cour de parlement de Bourdeaux, residant en ladicte ville, paroisse de Puypaulin, laquelle dame pour elle et les siens a volontairement vendu, cedde, quitte, delaisse et transporte par ces presantes purement et simplement à perpétuité et à jamais à sieur Jean de Fontainemarie, bourgeois et habitant de la ville de Marmande absent, mais M. Jean de Fontainemarie, son fils, advocat en ladicte Cour, illec presant et acceptant.. la maison noble de Castetcu à ladicte dame de Massiot appartenante fiefs nobles et rentes en dependantes, consistant lesdicts fiefs nobles au chasteau de Castetcu, metterie et autres bastiments, eyriaux, terres labourables, predz, baconnes, pastengs, bois, vignes, moulin à eau, moyennant le prix et somme de 12.000 livres tournoises..» Dans l'acte, je relève ces noms marmandais : Arnaud Drouilhet, Jean Lalyman, juge de Longueville, Jean Sacriste, damoiselle de Pigousset, cette dernière évoquée à propos d'une pièce de vigne qu'eut Mme Daffis par la succession de la defunte, sa tante.

12. Hommage rendu le 11 avril 1644 par ledit sieur Jean Fontaine-marie au bureau des trésoriers de la généralité de Bordeaux pour raison de la maison noble de Castecu avec tous ses domaines et rentes en dépendans.

13. Denombrement fourni le 14 décembre 1644 par ledit Mᵉ Jean Fontainemarie de la maison noble de Castecu, lequel, nonobstant l'opposition des consuls qui en furent deboutez faute d'avoir justifié du contenu en les moyens d'opposition, fut receu par les dits tresoriers.

14. Hommage rendu le 21 février 1663 par Messire Jacques Fontainemarie, conseiller en la Cour des Aides, de la dite maison noble de Castecu de ses appartenances devant lesdicts sieur tresoriers.

15. Denombrement rendu par ledit Mᵉ Jean Fontainemarie produit et employé par ledit sieur Jean Fontainemarie, son fils, et receu par les dits huissiers le 26 mars 1669.

16. Arrest de la cour des Aydes de Bordeaux du 7 mars 1664 portant enregistrement des titres de la nobilité de la Seigneurie de Castecu rendu entre le dit sieur Jacques Fontainemarie, le procureur général et les consuls de Marmande signifié le 12 décembre 1667 audit sieur procureur général et au procureur desdits consuls, et le 17 septembre 1695 aux maires, consuls et syndic de la dicte ville [1].

Nota qu'outre tout ce dessus il y a une quittance pour l'arrière ban... Janvier 1544 donnée [2]... Seigneur de la maison Dauriolle [3] et pour raison d'icelle. Il y a encore un extrait de roolle qui contient

---

[1] La signification du 17 septembre 1695 s'adresse « à M. Jacques Faget, conseiller du Roi, maire dudit Marmande, à sieur Jean Coudroy, bourgeois, troisiesme consul de la dicte ville, et à sieur Guillaume Faget, conseiller du Roi, procureur de Sa Majesté et procureur syndic dudit Marmande.». L'acte fut controllé à Marmande le lendemain 18 septembre par Heraud. Dans la seconde moitié du siècle suivant la nobilité de Castecu était encore contestée par les consuls de Marmande, comme le montre un extrait du livre de Jurade de cette ville, du 20 avril 1772 (Archives de M. Maurice Boisvert.). Il fut décidé par la jurade que l'affaire serait traitée de gré à gré. Les membres de l'assemblée sont : Perret, procureur du Roi, Brezetz, Coudroy, Lalyman, Dubrouilh, Labarchede, Marucheau, Fizelier, Couldroy. L'acte de Jurade est signé : Bazin, greffier et secrétaire de la police.

[2] Toutes ces lacunes sont dues aux rongeurs déjà dénoncés.

[3] « La maison noble Doriolle de haut était anciennement appelée « de Serres,» selon une note des archives de M. Boisvert.

le nom de ceux qui pour raison des terres ou biens nobles sont sujets au ban et arrière ban de l'an 1557 dans lequel il est dit que le sieur Dauriolle comme possesseur de la maison noble de Castecu est un des aydes du Seigneur de Birac qui doit donner un cheval léger lors de la convocation du ban et arrière ban, ce qui est justifié par diversses déclarations. Il y a un autre extrait d'un roolle de 1561 qui justifie que le seigneur de Castecu a été cotisé par le ban et arrière ban, tout quoy a esté enregistré à la cour des Aydes de Bordeaux.

Nota que la maison noble de Castecu Dauriolle n'a jamais esté encadastrée ni couchée sur le roolle des tailles de Marmande [1]. »

Comme supplément au mémoire de Jacques de Fontainemarie, je réunirai ici quelques notes extraites de ses papiers et relatives à sa chère maison de campagne de Castecu.

« Le 6 janvier 1684 le Père Philippe, capucin, a mis à Castecu la montre [2] qu'il a faite, où je me suis trouvé avec le Père Benin, capucin, en ayant auparavant mis une autre à Grayon.

Hommage m'a esté rendu par le sieur Deloze au chasteau de Castecu le 2 novembre 1690 (soubs inféodation d'un demi-journal de terre) dont l'acte a esté retenu par Prioret, m'ayant le dit sieur Deloze porté une paire de tours [3].

---

[1] Sur un feuillet détaché du cahier contenant le mémoire que l'on vient de lire, a été dressé le petit tableau généalogique de la famille de Giraut :

Gervais Giraut, père de Pierre.

Pierre Giraut, et Antonine Beaupuy, conjoints.

Jean Giraut, leur fils, marié avec Marguerite Masencomme (sic).

Georges Giraut, fils de Jean et de ladite Marguerite, petit-fils et héritier de Pierre et de la Beaupuy (sic).

Anne, Jeanne et Louise Giraud, filles de Pierre, tantes de Georges et héritières de celui-ci.

[2] C'est-à-dire le cadran solaire.

[3] Nom de la grive dans le langage populaire méridional. On se souvient du mot enthousiaste d'Horace : nil melius turdo. Le mot tourd figure dans le Glossaire de La Curne de Sainte-Palaye, mais non dans les dictionnaires d'Azaïs et de Mistral. Cependant, comme le remarquaient au siècle dernier les rédacteurs du Dictionnaire de Trévoux, le mot est surtout « en usage dans la Provence et dans le Languedoc. » J'ai trouvé la forme Tourde dans le Théatre de l'Agriculture d'Olivier de Serres.

Le portail et le pont que j'ay fait faire à Castecu pour luy donner un air de distinction revient en tout suivant le calcul que j'en ay fait à cent livres. Le vivier coute 35 livres, la porte du jardin 13 livres. Ayant fait le calcul de tout ce que dessus je l'ay communiqué à ma femme qui l'a trouvé bien.

J'ay fait couper au pied après le décès de ma mère par l'advis de gens à ce connoissans les arbres qui estoient autour de la mote de Castecu attendeu qu'ils estoient la pluspart gastés, estant extremement vieux et ne faisant que périr ; ils ont bien poussé. Aussy après la mort de ma mère j'ay laissé venir en bois de haute fustaye le bois d'Oriolle pour servir d'ornement à Castecu ; j'y ay fait faire des allées, des fossés, une fondrière que j'ay fait accommoder [1] et j'y ay fait mettre de la tuye [2] qui pourra estre coupée de tems en tems.

Noble Pierre Giraut escuyer seigneur de Castecu ayant mis dans son denombrement du xx mars 1517 au sujet de la seigneurie dudit Castecu qu'il y avoit une fuye joignant le jardin, j'ay creu qu'il falloit faire faire un pigeonnier proche dudit jardin dans l'endroit le plus favorable, et pour cet effet, le 7 novembre 1694. j'ay fait marché avec maitre Anthoine Fort, maitre masson. pour faire les quatre piliers et leurs fondemens, barronner et blanchir et se porter l'eau pour 33 livres. »

Dans une dernière note, J. de Fontainemarie énumère les divers embéllissements et les diverses améliorations dont furent l'objet le

---

[1] J. de Fontainemarie ne veut pas dire qu'il établit une fondrière dans son bois, comme certains amis exagérés du pittoresque créent des semblants d'abîmes dans leurs parcs : il veut dire, au contraire, qu'il fit disparaître un enfoncement voisin de son habitation ; c'est ce qu'il appelle *accomoder*.

[2] *Tuje, Toujo*, nom de l'ajonc dans la langue populaire du Sud-Ouest. Mistral, dans *Lou tresor dou félibrige*, a cité sous le mot *toujo* quatre allègres et jolis vers de son précurseur Jasmin :

> Pastous de la raso placo,
> Al soun del tambourinet
> Avès franchit toujo e brano
> Per beire nostre Enriquet

verger, qu'en bon gascon il appelle *berger,* les vignes. les bois de Castecu. Aux défrichements succèdent les « plantements. » Le châtelain
met en terre des « noisetiers, acacias, sycomores ; il orne d'une
allée de charmes » ce nouveau petit paradis terrestre, et associant
tendrement Mme de Fontainemarie à toutes ces belles choses, il ter-
mine ainsi sa description : « enfin je n'oblie rien ny ma femme aussy
pour mettre Castecu sur le bon pied. »

II.

ESSAI DE BIBLIOGRAPHIE DES LIVRES DE RAISON.

Dans une note de l'*Avertissement*, j'ai dit combien M. Charles de Ribbe m'avait aidé à préparer cet *Essai*. Depuis le jour où j'écrivis cette note, divers autres confrères m'ont honoré de leurs gracieuses communications, parmi lesquels je nommerai M. Léon de Berluc Perussis, ancien président de l'Académie d'Aix-en Provence ; M. Arthur de Boislisle, membre de l'Institut, secrétaire de la Société de l'Histoire de France ; M. Brun-Durand, ancien magistrat, correspondant du ministère de l'Instruction publique à Crest (Drôme) ; M. Louis Guibert, correspondant du Ministère à Limoges, vice-président de la Société archéologique et historique du Limousin, un des érudits qui ont le plus et le mieux travaillé sur les livres de raison ; M. A. Vernière, le fervent bibliophile de Br'oude, le consciencieux éditeur du *Journal de Dom Boyer* ; M. Henri Wilhelm, juge de paix à Chartres, le grand admirateur et ami des Bénédictins, *Benedictinus ipse*. Mais, dans cette énumération reconnaissante, une mention toute particulière est due à un jeune bibliographe qui a déjà donné la mesure de tout ce que l'on peut attendre de son zèle et de son savoir ; M. Henri Stein, archiviste aux Archives Nationales, que j'ai eu la bonne fortune d'avoir pour hôte, l'hiver dernier, et qui a trop généreusement payé son écot en recherchant pour moi avec la plus féconde activité un grand nombre d'indications qui avaient échappé à mes premières poursuites. En remerciant du fond du cœur tous ces chers auxiliaires, je fais appel de nouveau à leur secourable érudition, ainsi qu'à celle de tous les chercheurs sous les yeux desquels ces pages tomberont, pour que les textes ici oubliés me soient signalés le plus exactement possible. J'ai l'intention de compléter, à la suite d'un document inédit que je publierai, l'an prochain (*Le livre de raison de la famille Boisvert*), l'*Essai* que l'on va lire. Espérons que de très abondantes communications, venues d'amis connus ou inconnus, me permettront de réparer presque tous les péchés d'omission que j'aurai commis[1], et d'apprécier une fois de plus les bienfaits de la fraternelle association formée de tous ceux qui portent le noble nom de travailleurs.

PREMIÈRE PARTIE.

LISTE, PAR ORDRE CHRONOLOGIQUE, DES PUBLICATIONS RELATIVES AUX LIVRES DE RAISON

1867.

Une famille au XVIᵉ siècle, par Charles de Ribbe. Paris, Albanel, 1867, in-18[2]. On sait qu'il s'agit là de la famille du Laurens. M. de Ribbe, en tête de son *introduction*, a pu dire avec raison : « Le ma-

---

[1] Je dis presque, parce que, comme me fait l'honneur de me l'écrire aujourd'hui-même, 24 juillet, M. Eugène de Rozière, membre de l'Institut et du Sénat, en m'offrant son excellente *Bibliographie des œuvres de M. Edouard Laboulaye* (Paris, Larose et Forcel, in-8°), « le mot complet, n'existe pas en bibliographie. »

[2] En inscrivant le titre de ce doux et excellent petit livre, qui a été le point de départ de l'œuvre si remarquable de M. de Ribbe, je tiens à rappeler l'hommage que j'ai rendu à l'éminent auteur dans deux publications où son nom se présentait à moi tout naturellement : le journal de la vie de Pierre Gassendi rédigé par son neveu (*Documents inédits sur Gassendi* (Paris, 1877, in-8°; p. 41) et le compte-rendu de l'*Histoire d'une famille provençale depuis le milieu du XIVᵉ siècle jusqu'en 1873. Recherches et documents sur la famille Arnaud de Forcalquier publiés par Camille Arnaud* (Forcalquier, 1885, plaquette in-8°, p. 3).

nuscrit que nous publions est peut-être un des plus précieux témoignages fournis par le passé, sur ce qu'il y a de moins profondément étudié et de moins exactement connu dans l'ancien régime : *Les mœurs domestiques* » La *Généalogie de messieurs du Laurens, par Jeanne du Laurens* (leur sœur), a obtenu le plus brillant succès. On l'a déjà réimprimé deux fois [1] et on le réimprimera souvent encore.

1868.

Rapport de M. Focillon, professeur au lycée Louis-le-Grand, sur la *Monographie d'une famille au* xvie *siècle,* publiée par M. Ch. de Ribbe. (Société internationale des études pratiques d'économie sociale. *Bulletin* de mai, 5me n° de la 4me année, p. 482-501. A la suite du rapport de M. Focillon on trouve des additions à ce rapport faites par M. Cochin, président de la société, (p. 501-503) et par M. de Ribbe (p. 504-515).

1869.

Un livre de famille au xviI[e] *siècle, par M. de La Prairie.* Fragments du livre domestique de maistre Claude du Tour, advocat au Parlement et depuis conseiller du roi et son advocat au bailliage et siège présidial de Soissons, et de J. D. du Tour, son fils, aussi advocat au Présidial, ancien premier assesseur de la maréchaussée dudict Soissons. (*Bulletin de la Société archéologique de Soissons.* mai 1879). Tirage à part, brochure de 27 pages in-8, imprimée à Saint-Quentin.

1870.

Un père de famille au xviie *siècle, d'après un document original et inédit, par Jules de Terris* (Extrait du 5me volume des *Annales de la Société littéraire, scientifique et artistique d'Apt*). Apt, in-8°,

---

[1] La seconde édition est de 1868. Voici le titre de l'édition suivante, que j'ai sous les yeux : *Une famille au* xvie *siècle d'après des documents originaux,* précédée d'une lettre du R. P. Félix. 3me édition complètement refondue et très augmentée (Tours, Alfref Mame, 1879, in-18 de 220 pages. Les trois éditions sont ornées d'une lettre du R. P. Félix à M. Ch. de Ribbe, datée du 23 avril 1866, où l'éloquent religieux, louant à la fois le récit de Jeanne du Laurens et le travail de l'éditeur, célèbre « le charme d'une telle lecture et le profit d'un tel enseignement. »

de 18 pages. Analyse du livre de raison d'un des aïeux de M. de Terris, Gaspard de Mongé du Caire, seigneur du Caire et en partie de Puimichel, secrétaire du roi en la chancellerie près la cour du Parlement de province, mort le 25 octobre 1726 [1].

1873.

Les savants Godefroy. Mémoires d'une famille pendant les XVIe, XVIIe *et* XVIIIe *siècles*, par le marquis de Godefroy-Ménilglaise. (Paris, Didier, in-8° de 420 et IX pages [2].

Récit d'un grand père. Livre de famille, par M. E. L. Valenciennes, Giard, in-12 [3].

1875.

Livres de raison de Claude, Jacques et N. Dusson, tisserands, au

---

[1] M. Jules de Terris a l'intention de publier en entier et prochainement les mémoires domestiques de M. de Mongé.

[2] J'ai rendu compte de cet ouvrage dans le *Bulletin du Bouquiniste*, du 1er avril 1873. Le marquis de Godefroy fit tirer à part ce compte-rendu à cent exemplaires, sans m'en avertir, et c'est ainsi que la plus mince de mes innombrables plaquettes (4 pages in-8°) ne figure pas dans la *Bibliographie Tamizeyenne* annexée à ma notice sur *Le Père Cortade* (Sauveterre de Guyenne, 1881, petit in-4'). Je puis ajouter que je n'ai appris l'existence du tirage à part de mon article que par la *Bibliographie générale de l'Agenais* (tome II, p. 319), ce qui me donne plus qu'à personne le droit de regarder comme aussi complet que possible le travail de M. Jules Andrieu.

[3] A rapprocher des mémoriaux de famille : *Vieux papiers et vieux souvenirs. Lettres de mon grand-père* (1789-1795), par M. Thellier de Poncheville (Valenciennes, Giard, 1877, in-18).

A rapprocher encore: *Instruction morale d'un père à son fils qui part pour un long voyage*, par maistre Sylvestre du Four, bourgeois de Manosque, fixé à Lyon (Lyon, 1678). Réimprimé à Paris en 1686 et, plus tard, en diverses villes de France, de Suisse, de Hollande. Traduit en latin, en flamand , en allemand. Réédité sur l'édition d'Amsterdam (chez Abraham Volfgang, 1680), par M. de Richemond, archiviste de la Charente-Inférieure (Toulouse, 1876, in-18, de 108 pages).

A rapprocher aussi : *Le livre Caumont où sont contenus lesdits enseignements du seigneur de Caumont, composés pour ses enfans l'an mil quatre cent seize*, d'après le manuscrit de la bibliothèque de Périgueux, par le docteur J. E. Galy (Paris, Techener, 1845, in-8° de 68 pages)

hameau de Chalencey, paroisse de Couches (Saône-et-Loire), publiés par M. Harold de Fontenay dans les *Mémoires de la Société Eduenne*[1].

1877.

La Société d'Autun au xviii° *siècle, d'après les mémoires de J. M. Crommelin, par M. Harold de Fontenay* (Autun, 1877, in-8°.

Le manuscrit de ma mère, publié par Alphonse de Lamartine, avec commentaires, prologue et épilogue. Paris, Hachette, in-8°.

Il faut rapprocher du beau récit de Mme de Lamartine, si admirablement commenté par son fils, le *Manuscrit d'une grand'mère. Avertissement à mon fils, écrit par Grazia Maria Riola Mancini.* Préface et traduction de A. J. Boyer d'Agen, in 17 de xxi-87 pages. Alph. Lemerre, 1886.

1878.

La Vie domestique, ses modèles et ses règles, d'après des documents originaux, par Charles de Ribbe. Paris, Baltenweck. Troisième édition. 2 vol. in-18 jésus de xv-379 et 414 pages. Le tome II est presque en entier occupé par l'important *livre de raison de la famille de Courtois-Durefort* (commencé en 1812 par Antoine de Courtois, p. 107-253)[2].

Les livres de raison et leur rétablissement dans la coutume des familles comme moyen de réforme, par le même. Compte-rendu de la discussion ouverte sur ce sujet dans la séance de la Société des études pratiques d'économie sociale, en date du 19 mai 1878. Paris, au siège de la Société. Grand in-8° de 36 p.

---

[1] Voir, pour d'autres comptes de familles d'ouvriers les *Papiers curieux d'une famille de Bresse,* par Philibert le Duc (I Nantua, 1882).

[2] Cet ouvrage, qui mérite le titre de classique, a été traduit en allemand (Colmar, Hoffmann, 1880). C'est l'occasion de citer ici diverses publications de M. de Ribbe, qui se rattachent plus ou moins directement à la série de ses travaux spéciaux sur les livres de raison :

Deux chrétiennes pendant la peste de 1720. Paris, Baltenweck, 1874, seconde édition, vol. in-18.

La famille d'après la Bible, Paris, librairie de la Société bibliographique, 1877, seconde édition, 1 vol. in-32 de 128 pages.

Les livres de raison des familles florentines, par le même (*Annuaire de l'économie sociale*, 1877-78, tome III, Tours, Alfred Mame).

Les Archives domestiques et les livres de famille, par Adrien Arcelin, secrétaire perpétuel de l'Académie de Mâcon. Paris, Adrien Larcher, brochure grand in 8° de 46 pages.

1879.

Les familles et la Société en France avant la Révolution, d'après des documents originaux, par Ch. de Ribbe. 4ᵐᵉ édition refondue et considérablement augmentée. Tours, Alfred Mame, deux volumes, in-18 jésue de xx-338 et 376 pages.

Le livre de famille, par le même. Tours, Alfred Mame, in-18. C'est la reproduction d'une conférence faite à l'Assemblée des Catholiques le 12 juin 1878. La même année, seconde édition à la même librairie, in-8° de 24 pages. *Le livre de famille* est précédé d'une lettre chaleureusement approbative de S. Em. le cardinal Donnet, écrite de Bordeaux le 25 février 1879.

Le livre de raison des Malmazet, de Vals (xviiᵉ et xviiiᵉ siècle), par M. Henri Vaschalde. (Dans le *Patriote de l'Ardèche* du 23 mars 1879).

1880.

Journal manuscrit d'un sire de Gouberville et du Mesnil au Val, gentilhomme campagnard, au Cotentin (1553-1562), fragments publiés par l'abbé Tollemer. Rennes, in-12. M. Henri Baudrillart, de l'Institut, qui avait eu connaissance des documents quelque temps avant la publication de l'abbé Tollemer, en a tiré un article plein d'intérêt qui, sous le titre de *Un châtelain de Normandie au XVIᵉ Siècle*, a été inséré dans la *Revue des Deux-Mondes*, en 1878.

Un livre de raison Laonnois, par M. A. Combier, président du Tribunal Civil de Laon. Amiens, Delattre et Lenoel, brochure in-8° de 12 pages.

Le livre de raison des Daurée, d'Agen (1491-1671). Texte précédé d'une étude sur quelques livres de raison des anciennes familles de l'Agenais, par M. G. Tholin, archiviste du département de Lot-et-Garonne. (Vᵉ Lamy, in-32 de 204 p.) [1].

---

[1] J'ai beaucoup loué, au moment même de sa publication, le travail de M. Tholin, dans un article du *Polybiblion*, recueil où je me suis aussi souvent occupé des travaux du même genre, dus à M. Ch. de Ribbe et autres spécialistes.

Livre de raison de Gabriel du Puy, seigneur de la Roquette, *en* Languedoc, *publié par* M. Barry.

1881.

Les foyers d'autrefois, d'après une publication récente et un document inédit, par M. Ch. de Ribbe, dans la *Réforme sociale,* bulletin des unions de la paix sociale, livraisons du 15 avril et du 1er mai [1].

Livre de raison des Malliard, de Brive, 1507-1662, publié avec notes par M Fernand de Malliard (*Bulletin de la Société scientifique, historique et archéologique de la Corrèze* (Brive, in-8°) [2].

---

[1] Ce titre de *Réforme sociale* me rappelle que M. de Ribbe a consacré une sympathique étude à un homme qui, comme lui, mit au service d'une noble cause tout son cœur et tout son talent, l'éminent économiste Le Play, son intime ami, digne de ce surnom qu'aimait le xvie siècle : *grand homme de bien.* Voir : *Le Play d'après sa correspondance* (Paris, Firmin Didot, 1884, in-18).

[2] M. Tholin constate avec toute l'autorité d'un bon témoin (*Le livre de raison de Daurée,* p. 10), qu'une des communications les plus appréciées faites au Congrès des Sociétés savantes tenu à la Sorbonne, en 1879, avait pour objet ce livre de raison analysé par le représentant actuel du nom. Voir *Revue des Sociétés savantes,* 7e série, t. I, p. 466. Depuis cette époque, il ne s'est guère passé d'année où quelque livre de raison n'ait été présenté aux doctes auditeurs réunis dans la Sorbonne tantôt à Pâques, et tantôt à Pentecôte. Voir surtout le compte-rendu des Séances du Congrès de 1885 et de 1886. M. de Malliard mérite un très bon point pour sa féconde initiative. — Je regrette de ne pouvoir citer que par ouï-dire et très vaguement, moi qui aime tant à dire :

« Je l'ai vu de mes yeux, ce qui s'appelle vu »,

un travail de M. l'abbé Boutillier, sur les livres de famille du Nivernais publié en 1881. — Au moment où je donne le bon à tirer, M. Henri Stein me communique ledit travail intitulé : *les livres de famille dans le Nivernais,* par l'abbé Boutillier, curé de Coulanges-les-Nevers, vice-président de la Société Nivernaise des lettres, sciences et arts. (Extrait du *Bulletin* de cette Société. Nevers, in-8° de 20 p.) M. l'abbé Boutillier analyse le livre terrier de la famille de Corbigny (xvie siècle).

Mémoires ou livre de raison d'un bourgeois de Marseille [1] publiés
avec une préface et des notes, par J.-F. Thénard, professeur, membre de la Société pour l'étude des langues romanes. (Paris, Maison-
neuve, grand in-8, de XI-196 pages). Ce bourgeois, dont les récits
s'étendent de 1674 à 1726, était un bonnetier, né en 1654, et qui in-
titule ainsi son recueil : « Livre de mémoires par moi Jean Louis G.,
fils de Thomas G. et de Catherine de Thomas de cette ville de Marseille, commencé ce jourd'huy, 2 janvier 1674. »

Le livre de comptes d'un marchand Montalbanais au XIVᵉ siècle,
par M. Edouard Forestié (Montauban, brochure in 8ᵉ de 24 pages).
Les extraits du registre des frères Bonis, communiqués au Comité
des travaux historiques et scientifiques, à diverses reprises, ont été
trouvés très curieux, et la publication intégrale du livre de comptes
de la famille Bonis a paru très désirable. On assure qu'une de nos
plus jeunes et plus vaillantes Sociétés savantes, la Société des Archives historiques de la Gascogne, est décidée à mettre en lumière ces
importants documents, et tous applaudiront à une aussi intelligente
décision [2].

---

[1] La bourgeoisie a fourni le plus grand nombre des livres de raison que
nous connaissons. Nous allons trouver mention, pour 1882, d'un livre d'un
bourgeois de Lyon et, pour 1886, d'un livre d'un épicier d'Avignon et d'un
livre d'un marchand de Reims. Citons encore : le *Journal d'un bourgeois du
Puy* qui sera catalogué à la fin de cet essai, les *journaux* de Jehan Aubrion,
bourgeois de Metz, d'un bourgeois de Caen, d'un bourgeois d'Evreux, d'un
bourgeois de Nancy, d'un bourgeois de Rennes, d'un bourgeois de Fécamp,
cités un peu plus loin, etc.
Ai-je besoin de rappeler que l'on a de nombreux journaux tenus par des
bourgeois de Paris, notamment le *Journal d'un bourgeois de Paris, sous le
règne de François Iᵉʳ* (1515-1536) publié d'après un manuscrit de la Bibl.
Nat., par M. Ludovic Lalanne (Paris, 1854); le *Journal d'un bourgeois de
Paris* (1405-1449), publié d'après les manuscrits de Rome et de Paris, par
M. Alex. Tuetey (Paris, 1881).
Ajoutons que l'on annonce la prochaine publication du *Livre de raison
d'un bourgeois de Saint-Chamond* de 1527 à 1682, d'après un manuscrit de la
Bibliothèque de Lyon, par M. P. Donot, in-4ᵒ avec planches.
[2] De ce *livre de comptes*, on pourrait rapprocher de bien nombreux docu-
ments publiés en ces trente dernières années. Contentons-nous de citer
l'étude de M. H. de La Ferrière-Percy sur le livre de dépenses de Margue-

1882.

Ue famille rurale au xvii° *siècle,* par Ch. de Ribbe. Paris. librairie de la Société bibliographique. in-8° de 64 pages.

Livre de raison de la famille Moissonnier de St-Bonnet-le-Château (xvi° et xvii° siècle), publié dans l'*Ancien Forez, Revue mensuelle, historique et archéologique,* Montbrison.

Conférence, par M. Thellier de Poncheville sur les livres de famille et la Société domestique dans l'ancienne France, d'après les ouvrages de M. Charles de Ribbe (Douai, 13 mars 1882).

Livre de raison d'un bourgeois de Lyon au xiv° *siècle,* en langue vulgaire, publié par M. Guigne (Lyon, in-4°).

Le Livre de raison d'Étienne Benoist (1426-1454), écrit en idiome limousin, dans une famille où l'usage de tenir ces mémoriaux remontait déjà à plusieurs générations, publié par M. L. Guibert (Limoges, V° Ducourtieux, grand in-8° de 98 pages [1].

Chronique d'Isaac de Pérès (1554 1611), publiée par M. A. Le Sueur de Pérès, conseiller honoraire de la Cour d'appel d'Agen, avec le concours de MM. Tamizey de Larroque, Faugère-Dubourg, J. de Laffore, et Ad. Magen (Agen, V° Lamy, grand in 8° de 268 pages. — Dans cette chronique sont relatés les évènements de famille à côté des évènements locaux [2].

---

rite d'Angoulème, sœur de François I°ᵉ, 1540-1549 (Paris, 1862, petit in-8°) ; *Les comptes d'une dame parisienne sous Louis XI* (1463-1467), publiés par M. A. de Boislisle dans le *Bulletin de la Société de l'Histoire de France* (1879) ; le *livre de comptes de Guy de La Trémoille et Marie de Sully* (1395-1406), publié d'après l'original par un généreux et illustre amateur, le duc Louis de La Trémoille (Nantes, Em. Grimaud, 1887, in-4°).

[1] Saluons en M. Guibert un des plus intrépides de tous les *lieutenants* de M. de Ribbe. Il semble s'être consacré particulièrement, depuis 1882, à l'étude des livres de raison de sa province natale, celle de toutes nos provinces qui a produit le plus de documents de ce genre. M. Guibert, dont nous allons retrouver plusieurs fois le nom dans la suite de cet essai, a publié, en 1883, un travail excellent : *La famille Limousine d'autrefois d'après les testaments et la coutume* (Limoges. in-12 de 64 pages).

[2] On ne trouvera guère, au contraire, que des évènements locaux dans une chronique inédite que va publier prochainement un travailleur dont j'ai eu souvent l'occasion de vanter le zèle et la conscience, M. Louis Greil, bibliophile à Cahors, membre de la Société des Archives du Lot : *S'ensuit la description et Chronique des choses advenues despuys l'an 1549 suyvant ce*

1883.

Journal de Noë Lacroix, Chalonnais (1610-1631), publié d'après
le manuscrit original, par M. Anatole de Charmasse, annoté par
M. Marcel de Chizy et M. A. de Charmasse. (Chalon-sur-Saône,
L. Marceau, in-4° de 72 pages [1].

---

*que ay trouvé redigé et escript dans un livre de main de feu de bonne memoyre
honorable homme maistre Jehan dit Pouget, licentié en toutz droictz et advocat
au présidial de Caors et substitut du procureur du roy audit Caors quand vivoit
mon ayeul et mon parrin et despuys ledict an 1549 augmenté et accreu par moy
Jehan du Pouget, etc.*

[1].En dehors des *journaux* qui figurent dans la première et la seconde
partie de cet *Essai*, j'aurais pu mentionner diverses publications du même
titre, en commençant par les *Mémoires-Journaux de Pierre de l'Estoile* où le
chroniqueur a mêlé au récit des évènements historiques, le récit des inci-
dents de son histoire domestique et la mention de ses achats de livres et
estampes. Mais j'ai craint, d'une part, de trop prolonger mes énumérations,
et, d'autre part, d'indiquer des *Journaux* où les choses générales tiennent
presque toute la place réservée, dans les livres de raison proprement dits,
aux choses particulières. Renonçant donc à tout indiquer, je me contenterai de noter un peu au hasard : le *Journal* de Charbonneau successivement publié par le marquis d'Aubais, par M. Gabriel Azaïs, par M. Germain (de l'Institut), le *Journal historique* tenu à Saint-Yrieix au xvɪᵉ siècle
par Pierre et Pardouze de Jarrige, père et fils, et publié, en 1868, par
M. de Montégut, le *Journal* de Jehan Aubrion, bourgeois de Metz, avec sa
continuation par Pierre Aubrion (1465-1512) publié en entier pour la première fois par M. Lorédan Larchey (Metz, 1857), le *Journal* de Jean le
Coullon 1537-1587, d'après le manuscrit original, publié pour la première
fois et annoté par M. de Bouteiller (Paris, 1881), le *Journal* d'un bourgeois
d'Evreux (1740-1830) publié par M. Th. Bonnin (Evreux), le *Journal* d'un
bourgeois *de Caen* (1652-1733) publié avec notes par M. G. Mancel (Caen,
1848), le *Journal historique de Barthélemy Philibert*, receveur des deniers
patrimoniaux et de l'octroi à Saint-Nicolas du Port (de 1709 à 1717) publié
et annoté par M. F. des Robert, dans les *Mémoires de la Société d'Archéologie
Lorraine*, 3me série, tome X (1882), le *Journal d'un bourgeois de Fécamp au
xviiie siècle*, publié par Alphonse Martin (Fécamp, 1837, in-18 de 19 pages);
le *Journal de maitre Jean de Solle, docteur en droit, et avocat de la ville d'Auch*,
1605-1642, publié par M. l'abbé de Carsalade du Pont (Auch, 1877, in-8o) ;
Journal d'un bourgeois de Rennes, publié par l'abbé Guillotin de Courson dans
les *Mélanges d'histoire et d'Archéologie bretonnes*; le *Journal de B. L. Soumille*
prêtre-bénéficier de l'église collégiale de Villeneuve-sur-Avignon, publié par
A. Coulondres (Alais, 1880, in-8o) ; le *Journal* de Nicolas Edouard Olier,

Une famille bourguignonne pendant la Révolution, d'après un livre de raison, par M. Henri Beaune, ancien procureur général à la Cour de Lyon (dans la *Réforme sociale* du 1ᵉʳ et du 15 décembre).

Mœurs et coutumes des familles bretonnes avant 1789, par M. E. Frain. Le tome III de cette publication contient le *Journal de maistre Jehan François Beziel, advocat en parlement de Bretagne*, (1690). — Rennes, Plihon, in-8° [1].

Livres de raison de Jehan de Pyochet, seigneur de Sallin, (né le 1ᵉʳ mars 1532 et mort nonagénaire), cités par M. l'abbé Morand dans *La Savoie et les Savoyards au XVIᵉ siècle* (Chambéry, brochure in-8°).

Livre-Journal de P. H. de Ghaisne de Classé, conseiller au siège présidial du Mans (1708-1732), publié par l'abbé G. Esnault. — Le Mans, Pellechat, grand in-8° de 31 p. Extrait de la *Revue historique et archéologique du Maine*). M. l'abbé Sirault cite (p. 7), parmi *les livres de famille* de la province du Maine, les documents suivants dont il possède les originaux ou la copie et qu'il se propose de publier : « d'abord, le livre de la vieille famille des Le Roy, qui nous donne tous les actes concernant une branche importante de cette dynastie, 1487 à 1598; celui de la grande famille des Le Peletier, originaires du Maine, qui vinrent s'établir à Paris et s'élevèrent jusqu'aux plus hautes charges de magistrature (1499-1556); le livre des vieux de Courbefosse embrassant tout le XVIᵉ siècle, et présentant d'un côté, les contrats d'acquit, de mariage, etc., de l'autre, des notes et souvenirs historiques entremêlés de poésies relatives aux affaires du temps; le livre des Bodreau, commencé au milieu du

conseiller au Parlement 1593-1602, publié par M. L. Sandret (Paris, 1876, in-8°); le *Journal de François de Syrueilh*, chanoine de Saint-André de Bordeaux, archidiacre de Blaye, publié par M. G. Clément-Simon, d'après le manuscrit original des Archives de la famille de Laverrie de Vivant, dans les *Archives historiques du département de la Gironde*, tome XIII, 1871-72, p. 244-357 ; enfin, car il faut pourtant s'arrêter, le *Journal autographe* du ministre Antoine de Chandieu, 1563-1593, dont M. Auguste Bernus vient de se servir dans sa notice sur ce théologien (Paris, 1889, grand in-8°, et dont il nous promet la publication intégrale.

[1] M. Frain avait mentionné divers mémoriaux de famille inédits dans son ouvrage intitulé : *Les familles de Vitré*, de 1400 à 1789 (Rennes, Plihon 1877, p. 41 et suivantes).

xvi⁰ siécle, continué jusqu'à la fin du siècle suivant, et nous per- mettant de recueillir les souvenirs intimes d'une famille pendant quatre générations ; celui des Drouet du Valentin, qui part du xvi⁰ siècle et s'arrête seulement aux premières années du xix⁰, com- mencé d'abord par les Coignart et transmis aux Drouet par alliance; celui de leurs parents de la branche aînée de cette famille, les Drouet d'Aubigny ; celui des de Lélée, dont on a pu seulement con- server quatre feuillets, arrachés à la destruction ; celui des Bouteil- ler de Châteaufort, qui révèle l'intérieur d'une famille au xvii⁰ siè- cle; celui des Duchemin, la plus vieille et nombreuse race laval- loise, dont j'ai copié le texte sur l'original conservé à la bibliothèque nationale à Paris ; celui de Julien Denisot, procureur du Roi au siège de l'élection du Mans au xviii⁰ siècle ; le livre de François Le Bou- cher, avocat au siège royal de Fresnay-le-Vicomte, de 1663 à 1693 ; celui des Dagnes, — la plus ancienne famille patricienne du Mans — dont M. le vicomte de Bastard possède le manuscrit dans sa pré- cieuse collection d'archives du château de Dobert, etc. »

Un livre de raison. Journal de Samuel Robert, lieutenant parti- culier en l'élection de Saintes (1639-1668), publié par M. Gaston Fortat (dans le tome XI des *Archives historiques de la Saintonge et de l'Aunis.* Saintes, grand in-8⁰, p. 323-406) [1].

---

[1] Voir dans le même Recueil : *Journal de Jean Perry* [né à Montault, en Agenais], directeur de la Chambre de Commerce de la Rochelle 1757-1793, publié par Louis de Richemont (t. III, p. 297-346, avec supplément dans le tome VIII (p. 327-337). Voir encore en ce même recueil : *Diaire de Jac- ques Merlin, pasteur de La Rochelle, ou Recueil des choses les plus mémorables qui se sont passées en ceste ville* [de la Rochelle], de 1589 à 1620, publié par M. Charles Dangibeaud (tome V, p. 66-380). Après avoir dépouillé, au profit de note *Essai,* les *Archives historiques* fondées par M. Audiat, dé- pouillons leur grande sœur, les *Archives historiques du département de la Gironde,* fondées par M. Jules Delpit : *Mémorial de famille de Pierre de Brach,* xvi⁰ siècle, d'après l'original sur papier, écrit de la main du poète, conservé au château des Moulières (Deux-Sèvres) et communiqué par M. Gustave de Brach (tome I, 1859, p. 63-66); *Extrait du livre de raison de M. de Laco- lonie* (1721-1772), d'après le manuscrit des Archives du vicomte Jules de Gères, au château de Mony (tome XIX, 1879, p. 305-307); *Extrait du livre de raison de Françoise La Crompe, épouse de Claude Dordé, marchand, à Bordeaux,* 1773. Archives de M. J. Dordé, ancien adjoint au maire de Bor- deaux (tome XIX, p. 382).

La famille de Rome d'Ardène, d'après quelques livres de raison et des débris de correspondance. (Marseille, Marius Olive, 1883, brochure in-18 de 42 pages.

1884.

Journal de Guillaume Langelier, sieur de la Martinais, écrit à Fougères (1642-1650), publié par M. Ed. Frain, Rennes, Plihon, brochure de 57 pages.

1886.

Livre de raison de M Nicolas Versoris,* avocat au Paris, 1519-1530, publié par M. Gustave Fagniez, d'après un manuscrit conservé à la Bibliothèque du Vatican, dans le tome XII (p. 99-222) des *Mémoires de la Société de l'histoire de la ville de Paris et de l'ile de France,* lequel tome XII appartient à l'exercice, 1885 et porte le millésime de 1886 [1].

Etude sur les *Mémoires domestiques d'Oudard Coquault, marchand de Reims sous Louis XIV,* à l'appendice du livre de M. Albert Babeau, le peintre si fidèle et si attrayant de la vieille France (Paris, F. Didot, in-8°)

Livre de raison de Pierre Doumail, notaire royal à Gros-Chastang. Extraits publiés par M. Louis Guibert dans un article de la *Réforme sociale* du 15 octobre sur *les collégiens d'autrefois.*

Livre de raison de Jean-François de Curières, ancien mousquetaire, puis major de cavalerie (xvii° et xviii° siècle. Fragments reproduits dans *Une famille du Rouergue avant 1789* par M. Teissier (*La Réforme sociale* du 15 décembre).

Livre de raison de Peyre de Serras, épicier à Avignon et propriétaire à Maillane (1354-1356). Analyse et extraits donnés par M. Paul Meyer, dans son *Mémoire sur quelques manuscrits de la collection Libri à Florence,* (*Romania,* t. XIV, p. 536-544).

---

[1] Voir dans le tome VIII des mêmes *Mémoires* (1882) un article de M. l'abbé Valentin Dufour sur l'abbé *Claude Chastelain et son diaire ou journal* (p. 311-320). Déjà, dans le tome IV desdits *Mémoires* (1878) avait paru le *Journal parisien de Jean Maupoint, prieur de Sainte-Catherine de la Couture* (1437-1469), publié par M. Gustave Fagniez.

Le livre de raison de Jacques-Charles Dutilleu publié et annoté par F. Breghot du Lut (Lyon, Mougin-Rusand, in-4° de VI-90 pages.

Les livres de raison en Allemagne et le Tagebuch d'Albrecht Durer, par Ch. de Ribbe (Paris, Levé, brochure in 8° de 32 pages)[1].

Extraits d'un *Livre de raison de François-Ambroise Tamisier*, commerçant retiré des affaires et bourgeois de Marseille (1711-1781), par M. Octave Teissier dans *La maison d'un bourgeois au xviii° siècle* (Paris, Hachette, in-12)

Fragments des livres de raison de Guillaume de Bagnols et d'Antoine de Bagnols (xv° siècle), dans un *Rapport* de M. A. de Boislisle (*Bulletin du Comité*, p. 209-227). Le rapport du savant académicien renferme toute sorte de précieuses indications. On y trouve notamment l'éloge des livres de raison[2], l'éloge des travaux de M. de Ribbe, l'éloge des travaux de la plupart de ceux qui ont marché dans la voie ouverte par lui, une notice parfaite sur la famille de Bagnols et sur les textes intimes qui nous ont été laissés par cette famille[3].

---

[1] Les livres de raison existent en toute l'Europe et même en Amérique, au Canada. Pour ce qui regarde ce dernier pays, mentionnons : *Dernières volontés de Pierre Boucher, seigneur de Boucherville* (6 août 1688). Papiers de famille, etc. (Montréal, 1879). En Belgique, M. Ch. Dejace a publié : *Une famille rurale du xviii° siècle au pays de Liège* (contenant des extraits de papiers domestiques, où s'est dépeinte elle-même une famille de paysans wallons (Liège 1884). Voir aussi *Essai historique sur les conditions des classes rurales en Belgique jusqu'à la fin du xviii° siècle*, par Victor Brants, professeur à l'Université de Louvain (Paris, Champion, 1880, in-8°) ; il y a là un chapitre spécial sur les *cochereaux*, livres de comptes et livres de famille belges. Au dernier moment, M. Henri Stein, qui accomplit un fructueux voyage bibliographique dans les Pays-Bas, m'écrit que la bibliothèque de l'Université de Liège possède dans la collection U. Capitaine, ms n° 222, un petit livre de raison de la famille liégeoise Devivier, allant de 1654 à 1755. (in-12 de 22 feuillets).

[2] M. de Boislisle rappelle que le vrai sens primitif du latin *ratio* est *compte* et que nous devrions écrire livre de raisons, comme on écrit livre de comptes.

[3] Parmi les mémoires énumérés par M. de Boislisle, j'en citerai deux qui ont été publiés à une date indéterminée : *Mémoire et journal de famille de Nicolas Dare, champenois* (1583-1603), mis au jour par MM. de Barberey et de Saint-Mauris, et les *Mémoires pour l'avenir*, d'un auteur inconnu, donnés par M. le chanoine-archiviste Paul Guillaume dans le *Bulletin de la Société d'Etudes des Hautes-Alpes*.

1887.

Journal de Sémillard, publié par le possesseur, M. L. Royer, de Troyes, dans la *Revue de Champagne et de Brie* (tomes XXII, XXIII et XXIV)[1].

Livre de raison de la famille de Froissard-Broissia (1532-1701), publié dans les *Mémoires de la Société d'émulation du Jura* (4me série, tome II).

Un livre de raison, par Antoine Gaspard Bellin, docteur en droit, ancien magistrat. (Lyon, imprimerie Mougin-Rusand, grand in-8° de 11 pages). Analyse et extraits du livre de raison de la famille Fornet, du Dauphiné[2].

Article de M. G. Charvet sur le *Livre de raison d'Henri Dumas, bourgeois d'Alais*, dans la *Revue du Midi* de septembre.

Extrait d'un *Livre de raison de la famille Contard du Burgaud*, donné par M. Du Mas de Rauly, archiviste du département de Tarn-et-Garonne, dans le *Bulletin de la Société archéologique* de ce département (second trimestre).

Registre domestique de la famille Verdusan (1359-1478). Article du très savant et très regretté M. Paul La Plagne Barris dans la *Revue de Gascogne*, livraison de décembre.

Livre de raison et de conscience, recueil de divers documents nobiliaires, lettres patentes, dont les textes originaux sont conservés dans les archives (dauphinoises) *de la famille de la Baume-Pluvinel*. Lille, Société Saint-Augustin, in-4° de 75 pages.

Journal d'un professeur à l'Université de Dijon (1742-1774). Mer-

---

[1] La bibliothèque de Troyes possède du même écrivain (n° 2317) un recueil manuscrit en sept volumes : *Mémoires historiques sur la ville de Troyes*, par Michel Sémillard, avocat à Troyes. Le *journal*, qui s'étend de 1762 à 1776, n'est pas seulement un journal historique, mais aussi un journal biographique et familial.

[2] Dans la *Chronique du Polybiblion* de janvier 1888, j'ai appelé l'attention des curieux sur une révélation que nous devons à ce livre de raison au sujet de l'itinéraire de Louis XIII. On n'avait pas encore indiqué une des étapes du voyage de ce prince, à son retour de Languedoc : « Le 18 juillet 1629, le roy Louis 13 du nom, dit le chroniqueur, a passé par Estoille et a logé une nuict dans nostre maison dudict lieu. »

cure Dijonnais (1748-1789). C'est l'œuvre de deux frères : le *Journal* est de Jean-Baptiste Micault et le *Mercure* est de l'avocat Claude Micault. Les deux récits ont été publiés par M. G. Dumay dans le tome IX de la 3me série des *Mémoires de l'Académie des sciences, arts et belles-lettres de Dijon* (p. I-377)[1].

1888.

Un livre de raison en Artois (xvie siècle) par M. de Gorguette d'Argœuves (Saint-Omer), in-8° de 64 pages).

Livre de raison de la famille Legendre (une des plus anciennes du Mans), publié par M. Moulard dans la *Revue historique et archéologique du Maine* (tome XXIII, 1re livraison).

Analyse du *livre de raison de Daniel Lecomte* dans une des séances de la conférence d'études historiques présidée par M. Claudio Jannet (*Bulletin de la Société bibliographique*, juillet, p. 193)[2].

Les livres de raison et journaux historiques du Poitou. Lecture faite à la Sorbonne en 1887, au Congrès des Sociétés savantes, par M. Bélisaire Ledain. Ce mémoire (je souhaiterais le pareil à chacune de nos provinces) a été inséré dans la livraison 47 de la *Revue Poitevine et Saintongeaise* (Melle, librairie Lacave). J'emprunte à ce document les renseignements suivants : « Les livres de raison ou journaux historiques éclos et publiés jusqu'ici dans la province du Poitou sont au nombre de treize : le journal des Le Riche, de Saint-

---

[1] Voici les premières lignes de l'*introduction* de M. Dumay : « En traçant, en 1886, le programme de la prochaine session du Congrès des Sociétés savantes à la Sorbonne, M. Goblet, ministre de l'Instruction publique, a recommandé particulièrement l'étude des *livres de raison*, de ces journaux relatant au jour le jour les faits de la vie courante... l'Académie de Dijon est heureuse de pouvoir répondre l'une des premières au vœu du ministre, en publiant non pas un, mais deux livres de raison qui contiennent la vie anecdotique de notre province pendant la plus grande partie du dernier siècle. » Les récits des frères Micault tiennent beaucoup plus de la *chronique* que du *journal de raison*.

[2] Le Directeur de la conférence d'études, M. Guilhiermoz, s'est occupé, dans une autre séance, du journal inédit que tint de 1503 à 1511 un conseiller au Parlement de Paris, Germain Chartelier.

Maixent[1]; la chronique des Langon, par les Bernard, notaires[2]; la chronique de Brisson, de Fontenay; celle de la guerre des trois Henri, en bas Poitou ; le journal de Généroux, notaire de Parthenay[3]; le journal de Jean de Brilhac, lieutenant criminel à Poitiers; celui de René de Brilhac, conseiller au présidial[4] ; enfin le livre de comptes de Grignon de la Pellissonnières[5], appartiennent au xvi° siècle. Le journal de Paul de Vendée, du Bas-Poitou[6]; ceux d'Antoine Denesde, marchand et juge consul à Poitiers[7] ; de Maillasson de Montmorillon[8] ; de Chaboceau, de Parthenay[9] ; des Bastard, de Niort[10], sont du xvii° siècle. Le journal de Charmeteau, maître peruquier à Poitiers, est du xviii° siècle. »

Journal d'Eusèbe Renaudot (1646-1680) dans le *Bulletin de la Société de l'Histoire de Paris et de l'Ile de France*, de mai-juin. M. Henri Omont a fait précéder sa petite publication (4 pages) des lignes que voici : « Eusèbe Renaudot, fils de Théophraste Renaudot, le fondateur de la *Gazette*, nous a laissé un journal, sorte de livre de raison, qui contient de nombreux détails sur son fils, Eusèbe Re-

---

[1] *Journal de Guillaume et de Michel Le Riche, avocats du roi* (1524-1547 et 1572-1586), publié par M. de la Fontenelle de Vaudoré, Saint-Maixent, 1846.

[2] Dans les *Chroniques Fontenaisiennes*, publiées par M. de la Fontenelle de Vaudoré. Fontenay, 1841. Le Langon est près de Fontenay le Comte. Antoine Bernard et André, son fils, furent successivement notaires à Langon.

[3] Le journal de Denis Généroux, publié par M. B. Ledain (1862), Niort, Clouzot, in-8°, s'étend de novembre 1567 à la fin de décembre 1575.

[4] Publication de M. B. Ledain dans le tome XV des *Archives historiques du Poitou*.

[5] Ce livre de raison a paru par les soins de M. Audé, en 1860, dans les *Mémoires de la Société d'émulation de la Vendée.*

[6] Publié par M. l'abbé Drochon dans les *Mémoires de la Société de statistiques, sciences, lettres et arts des deux Sèvres* 1879.

[7] Publié par M. Bricault de Verneuil dans le tome XV des Archives historiques du Poitou.

[8] Encore inédit.

[9] M. B. Ledain a utilisé le journal de Chaboceau dans son ouvrage sur la *Gâtine historique et monumentale.*

[10] Le *Papier Mémorial* de la famille de Bastard, de Niort a été mis en lumière par M. Piet Lataudrie dans les *Mémoires de la Société de statistique des Deux-Sèvres*, 1887. C'est un livre de raison proprement dit, comme celui de Grignon de la Pellissonniere.

9

naudot, détails qui ne semblent avoir été utilisés par aucun des biographes du célèbre orientaliste, Gros de Boze, Niceron, etc. Les extraits suivants donneront un aperçu de l'intérêt de ce journal, qui forme aujourd'hui le ms. français 14348 de la Bibliothèque nationale [1]. »

Le livre de raison des Baluze, registre domestique et Chronique Tulloise 1566-1641, publié par M. Louis Guibert et suivi d'un Tableau généalogique de la famille Baluze (XVIe et XVIIe siècles). (Tulle, imprimerie Crauffon, grand in-8° de 91 pages (extrait du *Bulletin de la Société des Lettres, Sciences et Arts de la Corrèze*).

Livres de raison, registres de famille et journaux individuels Limousins et Marchois, publiés par M. Louis Guibert avec le concours de MM. Alfred Leroux, Pierre et Jean de Cessac et l'abbé A. Lecler. (Limoges, Ve Ducourtieux; Paris, Alph. Picard, grand in-8° de 484 pages. Extrait du *Bulletin* de la Société Scientifique, Historique et Archéologique de la Corrèze, tomes VII, VIII et IX). Ce riche recueil ne renferme pas moins de vingt livres de raison :

I. — *Registre des comptes de cheptels, contrats et notes diverses des Massiot, de Saint-Léonard,* 1431-1496.

II. — *Cahier Memento de Psaumet Peconnet, de Limoges,* 1487-1502.

III. — *Registre de famille des Maurat, du Dorat,* 1556-1798.

IV. — *Livre de famille des Lemaistre-Bastide, de Limoges,* 1558-1748.

V. — *Livre de famille des Lamy de la Chapelle, de Limoges,* 1571 à nos jours.

VI. — *Livre de famille de Jeanne Boyal, comtesse de Villelume,* 1587-1594.

VII. — *Livre de famille des sieurs de la Brunye, de Rochechouart,* 1599-1788.

---

[1] Conférez un article de l'abbé Ch. Trochon précédemment publié dans le même recueil (tome IV, exercice 1877, p. 241-269) : *Journal d'Eusèbe Renaudot, régent en médecine à Paris,* 1646-1679. L'abbé Trochon rappelle que le fils du journaliste Th. Renaudot eut quatorze enfants et que le célèbre érudit Eusèbe Renaudot fut l'aîné de tous.

VIII. — *Registre de famille des familles Plaze et Deyma, d'Argentat*, 1605-1661.

IX. — *Livre de raison d'Antoine d'Areilh, de Beaulieu*, 1611-1637.

X. — *Journal du sieur Gondinet*, de St-Yrieix, 1614-1621.

XI. — *Livre de ra'son du sieur Jarrige*, de St-Yrieix, 1614-1621.

XII. — *Livre de raison de Jean et Jérôme Texendier*, de Limoges, 1636-1662.

XIII. — *Journal de Jean Péconnet*, de Limoges, 1644-1678.

XIV. — *Registre de famille d'Isaac, Alexis Ier et Alexis II Chorllon, de Guéret*, 1628 1709.

XV. — *Second livre de raison de Jean Texendier*, de Limoges, continué par Jean-Baptiste, son petit fils, 1662-1703.

XVI. — *Livre de raison de Joseph Péconnet*, de Limoges, 1679-1716.

XVII. — *Livre domestique des Leynia de Chassagne, de Treignac*, 1724-1804.

XVIII. — *Livre de famille d'Etienne Retouret*, de Limoges, 1746-1763.

XIX. — *Livre de raison du sieur Lamy-Deluret*, curé de La Roche-l'Abeille, 1779-1788.

XX. — *Registre de redevances de J. B. Marchandon du Puimirat*, chanoine de Limoges, 1789-1791.

Dans le *Bulletin historique et philologique du Comité des travaux historiques et scientifiques* (numéros 3 et 4 de 1888 distribués en 1889), M. Louis Guibert a analysé le *Registre domestique de Vieilbans*, consul de Brives en 1584 et 1585. M. Léopold Delisle, président de la section d'histoire et de philologie, se faisant l'interprète de tous les érudits présents et absents, a remercié le Secrétaire général de la Société archéologique et historique du Limousin, de son intéressante communication, le félicitant de l'ardeur avec laquelle il s'est voué à la recherche des anciens livres de raison, déclarant que grâce à lui on commence à pouvoir en ajouter une cinquantaine à ceux que l'on connaissait déjà.

Dans la même séance (22 mai 1888), M. Rochetin, de l'Académie
de Vaucluse, a communiqué la préface du *Livre de raison* d'un bourgeois d'Uzès au xvii° siècle, Pierre Rafin. Ce manuscrit, dit le rédacteur officiel du *Bulletin*, « comprend une période de 42 années,
de 1644 à 1686, nous faisant assister aux désordres qui ont agité la
ville d'Uzès. On comprend ainsi le peu de sympathie de Racine pour
la ville du chanoine Sconin. »

*La vie de nos ancêtres d'après leurs livres de raison ou les Ni-
mois dans la seconde moitié du* xvii° *siècle d'après des documents
inédits* par le docteur Albert Puech, médecin en chef de l'Hôtel-Dieu
de Nimes, lauréat de l'Académie de Médecine de Paris. (Nimes, Grimaud, Gervais-Bedot, Catelan. Grand in-8° de 457 pages). Le très
important recueil de M. le docteur Puech a pour pièce principale :
Le livre de raison du notaire Borrelly allant de 1654 à 1717 (p. 135-
315). Autour de ce document le savant écrivain a publié bon nombre d'observations et de textes inédits qui sont aussi utiles à consul-
ter pour l'histoire même de la ville de Nimes que pour l'histoire de
la vieille Société française [1]. Dans l'introduction sont tour à tour
étudiés le livre de raison d'un pauvre et modeste gantier — livre
de raison type, car il y est surtout question d'actes de commerce [2]
— le *Libvre journalier des affaires de moy Jacques Laurens An-
dreas fait à Sainte-Gilles delpuis mon sejour* (commencé en 1622,
continué jusqu'au 3 décembre 1654 [3], *le registre d'Isaac Boisson*
(du 19 décembre 1656 au 17 décembre 1701), mis à la disposition
de M. le docteur Puech par M. le comte de Balincourt, le *livre de
famille de l'avocat Aunibal François Puech*, mort en 1723, registre abondant en singulières recettes de médecine domestique).

1889.

Extraits du *Registre de famille du pasteur Daniel Toussain* (1565-
1587), dans le *Bulletin de la Société du protestantisme français*,

---

[1] M. le docteur Puech s'était déjà avantageusement servi des livres
de raison pour composer l'ouvrage intitulé : *Une ville au temps jadis ou
Nimes à la fin du* xvi° *siècle* (Nimes, 1884, in-8° de 568 p.) Mais, dans ce
travail, les livres de raison ne forment que l'accessoire, tandis que, dans
La vie de nos ancêtres, ils constituent l'essentiel.

[2] Registre in-folio qui a été découvert aux Archives de l'Hôtel-Dieu.

[3] L'auteur fut consul de Saint-Gilles en 1631.

livraison du 15 avril, p. 185-189, extraits empruntés à une publication allemande du docteur Albert Müller (Flensburg, 1883, in-4°).

Livre de raison de Madame de Simiane. Analyse et extraits donnés par M. le marquis de Saporta (*La famille de Madame de Sévi-
gné en Provence, d'après des documents inédits*, Paris, Plon, grand
in-8°, p. 399-402 [1]. « C'est au dernier moment et l'impression du livre
déjà terminée, dit-il, qu'il nous a été donné de prendre connaissance
du Livre de Raison de la Marquise de Simiane, recueilli fort heureusement par le vicomte Ludovic d'Estienne de Saint-Jean, qui se
trouva, il y a quelques années, égaré chez un bouquiniste, et eut le
mérite d'en apprécier la valeur. Ce livre de raison est un registre
du format petit in-f°, fermant comme un portefeuille, relié en maro-
quin rouge, aux coins ornés sur les plats de la fleur de lis héraldi-
que des Simiane. »

Au dernier Congrès des Sociétés savantes, M. Louis Guibert a
analysé, d'après le récit des journaux, « un livre de raison, tenu à
la fin du xiv⁰ siècle par un juge de Saint-Jamien. C'est le plus ancien
document de ce genre signalé dans le Limousin [2] ».

La famille d'autrefois en Alsace, par l'abbé H. Cetty (Rixheim,
imprimerie de A. Sutta, in-18 de iv-390 p.) M. l'abbé Cetty, préparé
à bien traiter ce sujet par ses travaux sur la *famille ouvrière en
Alsace*, sur le *paysan alsacien*, sur le *Mariage dans les classes ou-
vrières*, nous a donné un des meilleurs recueils inspirés par M. de
Ribbe. L'énumération seule du titre des chapitres fera comprendre

---

[1] J'ai éprouvé grand plaisir à faire ressortir les qualités diverses de cet
ouvrage dans une des récentes livraisons du *Bulletin du Bibliophile*.

[2] M. Guibert m'écrivait, le 15 janvier 1889 : « Il pleut des livres de raison. On m'en envoie de tous les côtés. Dans le nombre il y en a un qui remonte à 1384 : c'est, je crois, le doyen de tous les registres de famille de
la région et je le dépouillerai avec toute l'attention respectueuse et toute
la sollicitude qu'il mérite. » Dans une autre lettre, M. Guibert, signalant
les trouvailles incessantes faites en son cher Limousin, cette terre classique
des livres de raison, ajoutait avec un généreux enthousiasme : « Nous
épuiserons si possible la veine dans notre province. Nous y sommes bien
décidés. »

toute la valeur de ce recueil : *Les livres de famille en Alsace* [1], *la Famille et le respect de Dieu, la Famille et le Mariage, la Famille et le foyer domestique, la Famille et les traditions, la Famille et l'éducation, la Famille et l'école, la Famille et les Pauvres, la Famille et les fêtes, la Famille et la Mort, la Famille et l'esprit public, la Famille et la Corporation.* Il faut remercier M. l'abbé Cetty de nous avoir par son beau livre, momentanément rendu cette province « que le poète, dit-il, (p. 1), appelait avec amour *la douce Alsace,,* » et qu'à notre tour nous appellerons, le cœur plein de regrets, plein aussi d'espérances, l'inoubliable Alsace.

Livre de raison d'un magistrat Picard (1601-1602), par Alcius Ledieu, conservateur de la Bibliothèque d'Abbeville. Abbeville, imp. Paillart, 1889. In-8° de 51 pp. (Extr. du *Bulletin de la Soc. d'Emulation d'Abbeville*, 1889, n° 3).

Il s'agit de Philippe de Lavernot-Paschal, président de la sénéchaussée de Ponthieu de 1597 à 1649, dont le portrait lithographié est joint à la publication L'original du manuscrit est à la bibliothèque d'Abbeville.

Souvenirs d'Alsace. Correspondance des demoiselles de Berckheim et de leurs amis, précédée d'un extrait de journal de Mlle Octavie de Berckheim, et d'une préface de M. Ph. Godet. Neuchâtel (Suisse), Delachaux et Niestlé, 1889, 2 vol. in-8° de XIX-325 et 347 pp., avec gravures. Le Journal de Mlle O. de Berckheim va de 1789 à 1846. Au sujet de cet ouvrage, M. J. Liblin a tout récemment publié, dans la *Revue d'Alsace* (Paris, Fischbacher, nouvelle série, tome III, p. 180-203), un article (à suivre), intitulé : *Livres de raison et souvenirs de famille*

---

[1] Là sont utilisés les livres de raison d'Albert Dürer, de Jean Stolz, de la famille Bildstein, de Jean Jonas et Ambroise Müller, de Sigismond Jalsch, de Dominique Schmutz, de Mathieu Mieg, de Pierre Bitsch, de J. B. Hun, d'Antoine Willig. M. l'abbé Cetty cite (p. 31) « les livres de raison de la famille Ingold de Cernay, religieusement tenus de père en fils. » Je prie ici mon cher et savant ami le P. Ingold (de l'Oratoire) de nous donner, un jour, les livres de raison de ses aïeux. Lui aussi est un de ces fils de l'Alsace qui ont encore plus aimé leur mère depuis qu'elle est si malheureuse : la publication des récits de ses aïeux serait, sinon une consolation, du moins un adoucissement pour sa patriotique douleur.

M. de Ribbe voulait bien m'écrire, en janvier dernier : « M. l'abbé Celty vient de faire revivre la *Famille d'autrefois* dans un délicieux ouvrage [1], que je vous recommande tout particulièrement. » Le mot *délicieux* s'applique non moins justement à son tout récent volume intitulé : *Une grande dame dans son ménage au temps de Louis XIV, d'après le Journal de la Comtesse de Rochefort* (Paris, librairie Victor Palmé, in-12 de 384 pages). La nouvelle héroïne de M. de Ribbe, Madeleine des Porcellets, femme d'André de Brancas, baron de Rochefort, est un type admirable de vertu agissante et de dévouement réorganisateur. Rarement modèle plus distingué et plus attachant s'est offert à un habile peintre ; rarement peintre habitué au succès a mieux réussi que ne l'a fait M. de Ribbe dans son portrait de la noble femme qui résumait en elle ce qu'il y avait de meilleur, au xvii° siècle, dans le monde de l'association provinciale. Je suis heureux de finir cette première partie de mon petit *Essai* comme elle avait été commencée, par la mention d'un délicat et sympathique chef-d'œuvre [2].

SECONDE PARTIE.

LISTE, PAR ORDRE ALPHABÉTHIQUE, DES AUTEURS DE LIVRES DE RAISON INÉDITS.

Livre de raison de Joseph-Louis Abel. négociant à Aix, cité seulement en une simple ligne par M. de Ribbe (*Les Familles,* tome I,

---

[1] Mgr l'Evêque de Strasbourg avait déjà jugé le livre de la même façon, dans sa lettre à l'auteur (du 31 octobre 1888) : « Vous n'avez pas tardé à répondre à mon vœu en nous donnant le charmant volume, *La famille d'autrefois en Alsace,* où, dans des pages d'un style toujours facile et agréable, l'on sent vibrer un cœur sacerdotal et ami de l'ouvrier. »

[2] *Les Extraits du Journal de Madeleine des Porcellets* vont du 17 mai 1689 au 31 décembre 1690 (p. 335-379). En ce même appendice, M. de Ribbe nous fait connaitre trois autres livres de raison : *Madame Calvet* (*Marguerite Mathilde de Cabassole*) *d'après son livre de raison* (1718), *et celui de son fils* (1737 . (p. 241-251); *Les Grimoard de Beauvoir, d'après le livre de raison de Jacques de Beauvoir,* 1638-1702 (p. 263-331). M. de Ribbe nous doit encore la publication de la correspondance d'un père avec son fils au siècle passé, en Provence, correspondance dont il m'a lu, chez lui, en 1880, des extraits qui m'ont ravi et qui ont encore ajouté quelque chose à l'exquise douceur de son hospitalité.

p. 60). *Extrait du livre de raison d'Ursule d'Agoult d'Ollières, veuve Du Puget.* (Cahier du xviii° siècle, aux Archives communales de Bras (Var).

Le livre de raison de Jean d'Antonnelle de Montmeillan. M. le comte de Dienne, dont la Société nationale d'Agriculture vient de couronner un grand travail manuscrit sur le défrichement des marais de l'ancienne France, m'a fait l'honneur de me fournir la note que voici : « C'est en recherchant des documents relatifs à ce personnage [le célèbre ingénieur d'Amsterdam, Van Ens, conseiller du roi Louis XIII, contrôleur de l'Argenterie et menus plaisirs de Sa Majesté, marié avec l'Arlésienne Marguerite d'Antonelle de Montmeillan] que je découvris, parmi les manuscrits de la bibliothèque d'Arles [1], le livre de raison de Jean d'Antonelle [beau-frère de Van Ens]. Sur la couverture de ce volume, malheureusement incomplet et dont les notes ne remontent qu'à 1670, se lit ce quatrain :

> *Mors tua, mors Christi,*
> *Fraus mundi, gloria Cœli,*
> *Et dolor inferni !*
> *Sunt meditanda tibi.*

En voici quelques extraits : 1670. L'on a remarqué, cette année, et les vieils gens ont asseuré qu'on n'avoit jamais veu une plus mauvaise année, d'autant que le bétail mesme n'a pas réussi, qu'on a presque perdu tous les agneaux de Crau, du moins les deux tiers ; on a mal vendu la laine ; les moutons de Crau ne se sont pas peu

---

[1] On garde bien d'autres livres de raison dans la bibliothèque d'Arles, sans parler de la *Chronique* de Bertrand Boisset, si bien publiée par M. Victor Lieutaud, bibliophile parfaitement à sa place, soit quant au zèle, soit quant au savoir, quand il était le conservateur de la belle bibliothèque de Marseille. A côté de cette chronique, où figurent, comme dans l'*Olla podrida* de nos voisins, toutes sortes de choses, les baptêmes des onze enfants de l'auteur, les faits quotidiens de l'histoire d'Arles, les nouvelles du voisinage notamment de l'élection et de la mort des Papes d'Avignon, la plantation des vignes et la construction des caves, les grêles et les inondations, etc., divers mémoriaux de famille ont attiré l'attention d'un conseiller à la cour d'Aix, M. Fassin, dont les travaux enfouis dans un recueil arlésien, ne sont malheureusement connus de moi que par leur bonne renommée.

vendre la plus part, ni mesme engraisser, *et il n'y a presque point de foin ni de paille.* — 1673. Rupture du Rosne. Memoire que ceste présente année, le Rosne a rompeu les digues du Baron et est veneu dans les marès de Couronneau et a inondé tous nos marès et tous nos clos generalement, tant celui de Montilles que les autres deux, venant les eaux jusques dans la cabane; la premiere fois qui feusse le mois de mars dernier. Le Rosne rompit ladicte digue du Baron le premier jour du mois de mars et le trou ne feust fermé que le 25 ou le 26 et comme les eaux commençoient d'estre fort basses, elles étoient pourtant encore au clos du Maset et au segond clos. Aprez on r'habilla les chaussées et les digues de Montlong rompirent par la faute de Bohareau le terraillon et de MM. les Intendants qui, au lieu d'aller, lundi matin, aux chaussées, tinrent une assemblée chez Monsieur d'Augières, advocat du Corps, pour d'autres affaires [1] et on nous dit que s'il y avoit eu deux hommes seullement, ils auroient empesché le trou de s'agrandir.

Le Rosne demeura toujours assez plein, depuis le mois de mars jusqu'au mitan de juin, et après les eaux augmentèrent et le trou du Baron se rouvrit le 28 de juin et inonda encores nos marès plus que jamès et l'eau vint encores dans la cabane et beaucoup plus grosse qu'au mois de mars, de manière qu'il fallust otter tous nos bœufs et les envoyer à vingt sols la pièce, à mon logis; *s'il meurt des bestes, les peaux se partageront et la cher sera salée au despens du rentier et la cher m'appartiendra.*

1674. — Le 16 novembre, il y a eu une grande inondation de la rivière du Rosne, au quartier du Frébon, qui est survenue de deux ou trois ruptures faites, l'une à la Roque de Curier, l'autre proche Tarascon, l'autre à Lansac qui nous ont inondé tout le territoire du Trébon. Outre ces ruptures, les eaux de la Durance et du Vigueyrat [2] s'estant jointes ensemble avec celles du Rosne sont survenues avec une si grande rapidité le 17 novembre et 18, qu'elles ont esté à tous les marès du plan du Bourg et à l'estang de Meyrane et ont

---

[1] Hé! mon ami, tire-moi de danger,
Tu feras après ta harangue.
(*L'Enfant et le Maitre d'Ecole.* Livre I, fable xix).

[2] On appelle *Vigueirat* un grand canal creusé au xive siècle pour dessécher la Viguevie de Tarascon; il a été conservé par Van Ens et forme, avec celui qui porte le nom de *Vuidange*, le principal écours des marais d'Arles.

inondé toutes nos terres labourives depuis le commencement de nos terres de Trébon que, le dimanche matin, 18 du courant, il y a eu plus de dix ou douze mas dont il y a eu les murailles abattues et des mas entiers par terre, comme celuy de M. de Molèges, à cause du grand vent qu'il fist le samedi 17 du courant qui foita si fort les murailles et les sapa si fort qu'elles se renversèrent et les eaux du Vigueyrat et du terrain venant de la hauteur d'un homme. elles renversèrent cent cannes de chaussées de M. de Moullèges, et de Mme de Barras, dans la rivière de Rosne. Mme de Barras perdit mille setiers de bled dans un grenier bas ; M. Bouret, un peu au-dessus, environ sept à huit cents qui feust vendu tout mouillé, ayant esté porté cinq à six jours après avec des bateaux en cette ville [d'Arles] à 15 ou 20 sols le setier. M. Vacher, au mas de Galignon , en perdit aussi 10.000 setiers et toutes les récoltes du plan du Bourg et la plus grande partie de celles du Trébon ont esté noyées. Tarascon, Avignon, Beaucaire ont eu les eaux et souffert dommages extraordinaires dans leurs greniers bas et caves ; les tonneaux d'huile et de vin ont été renversés sens dessus dessous ; enfin depuis cent ans, l'on n'avoit pas souffert un si grand dommage et les eaux passèrent douze pans sur le pont de Crau ; l'eau fut sur l'hôtel des pauvres de Saint-Lazare, et, en Avignon, on fut contrainct d'oster à minuit le Saint-Sacrement en certaines églises, comme au Refuge et autres monastères. Le Rosne fut dans mon verger d'oliviers et assez avant emporta mon palier. Ceste année 74 a esté extraordinaire. »

Livre de raison de G.-C. Consolin Baculard, commencé à Mollans (Dauphiné) en 1778, indiqué par M. de Ribbe, *Les Familles*, tome I, page 9.

Livre de raison de la famille Bailly, datant de 1743, chez M. Fernand Bailly, notaire à Voiron.

Livre de raison de Charles Barcilon, de Carpentras, commencé le 1er juillet 1700. Indiqué par M. de Ribbe, *Les Familles*, tome I, page 9.

Livre de raison de Jean Bayle de la Charbonnière. xve siècle, rempli de détails sur les phases de l'histoire du protestantisme en Périgord. Voir *France protestante*. seconde édition, tome VI, additions, col 881.

Livre de raison de la famille de Belorce, famille protestante du pays de Montbéliard (1781-1812). Un curieux fragment sur l'arrivée des Français à Montbéliard en 1793 a été publié dans l'*Annuaire du Doubs pour 1889* (76ᵉ année, Besançon, Jacquin, p 60-61).

Livre de raison de F. E. de Berlier-Tourtour, fils et petit-fils de conseillers à la sénéchaussée de Draguignan, cité par de Ribbe, *les Familles*, tome II, p. 162.

Livre de raison de Jean-Pierre de Berluc, premier consul de For-calquier en 1723, 1724, 1758 et 1768, et de *Marie de Berluc*, sa sœur, conservés dans les archives de M. Léon de Berluc Perussis, auquel je dois communication des extraits suivants :

1725. — « Par acte du 13 mai 1725, notaire Bandoly, j'ay acheté une vigne, terre et hermas, au cartier de la citadelle... Je l'ai fait mettre sur la cote de la charité, qui en jouit, et c'est pour cet hôpital que je l'ai achetée. Ainsi je veux que cette propriété lui appartienne.

1727. — « Le 17 mai 1727, Mᵉ Jean, notaire de la ville d'Aix, par le conseil de M. Fabry, notre curé, je refis mon testament, dans la chambre du P. Roux de l'oratoire, par lequel je lègue à ma mère 8,000 fr. avec l'usufruit de tous mes biens, et après quelques autres légats à l'hôpital, à la miséricorde et à ma sœur, institue les pauvres de la Charité mes héritiers.

1728. — « Le 5 octobre 1728, j'ay fait mon testament solennel, par lequel je fais ma mère héritière pure et simple, sur la parfaite connoissance que j'ay de sa charité envers les pauvres, et de son discernement à choisir les bons, sans abandonner tout à fait les mauvais.

» Environ dans le même temps que dessus, j'ay fait une exacte recherche des livres de raison de mes devanciers, tous gens de bien, pour sçavoir si, dans leur simplicité, ils n'auroient pas exigé des intérêts sans titre [1] ce qu'ils auroient pu faire dans un temps où l'on ne prechoit point que l'usure fut deffendue, dans une espèce de bonne foy qui, à mon avis, n'excuseroit pas tout à fait devant Dieu, parce que l'ignorance du droit naturel n'excuse personne.

---

[1] Le prêt à intérêt était assimilé à l'usure par les théologiens jansénistes, à moins qu'il ne revêtit la forme d'une constitution de rente.

1729. — A des conditions onéreuses pour lui, il prête à Michel Eyriès une somme qui doit lui faciliter un séjour aux eaux de Digne.

1729. — Il écrit à son procureur fondé d'Aix, chargé de retirer annuellement 60 fr. pour lui, d'en verser le quart entre les mains d'une parente pauvre.

1730. — Il ne paraît pas que les 150 livres qui restaient dues aux hoirs de la demoiselle de Saint-Marc (pour prix d'une maison) ayent jamais été payées, quoique nobles Paul et Etienne de Saint-Marc en ayent fait demande en l'année 1675. C'est pourquoi bien que j'aye lieu de croire que mes autheurs, qui étoient gens de probité, pourroient les avoir acquittées, je prétends, pour plus grande seurté, les acquitter moy-même, avec tous les interests qui étoient deus lors de la demande, qui montent 217 ; au tout, je payerai 367 livres.

En marge : « Demoiselle Claire de Saint Marc est restée seule de cette famille ; elle demeure à Aix rue des Trois-Ormeaux.

» Le 30 déc. 1731, j'ay compté 210 livres à Mlle Trotier, veuve du S. Dautane, de Villeneuve, pour remettre à la d. demoiselle de Saint-Marc.

» Le 22 oct. 1733, j'ay adressé à M. Alpheran, d'Aix, pour faire rendre sous main à lad. demoiselle de Saint-Marc, 177 livres sçavoir 157 pour reste de la somme que j'avois projeté de lui payer, et le surplus pour les interest du principal depuis le jour que j'ai été assuré que j'en étois débiteur.

1745. — » Le 29 mars 1745 ma chère mère s'est endormie dans le Seigneur, dans le sein duquel la multitude des honnêtes gens, qui la connoissoient quelque inconnue qu'elle voulut être, ne doute pas qu'elle n'ait été reçue au moment de sa mort.

» Sainte-Mère, priez pour vos enfants.

» Elle est enterrée aux Cordeliers, quoique par son testament du 5 janvier 1726, notaire Armand, elle eut élu sa sépulture à la paroisse ; la paroisse ayant, en quelque manière renoncé à son droit, dont un voile épais lui a caché la valeur, par le refus que le chapitre a fait d'assister à ses funérailles, à cause qu'on l'a supposée opposée à la constitution Unigenitus, ce qu'on n'a pu connaître que par l'odeur de sa bonne vie, car elle n'a ni écrit ni parlé, et M. le curé, appelé pour l'administrer, n'a pas daigné l'interroger.

1756. — Pour faire cesser un procès entre la ville et les option-
naires des fours, qui mettoit toute la population en émoi, il offre de
renoncer, au profit de la ville, à un capital de 4.197 livres qui lui
étoit dû comme optionnaire, sous la seule réserve des intérêts durant
sa vie et celle de sa sœur.

1758. — Ayant revendu avec un bénéfice de 200 fr., un immeuble
qu'il avait acheté à fonds perdu, il applique cette différence à payer
la nourrice d'un enfant nommé Eymon, abandonné de ses père et
mère.

Même année. — Il renonce à un legs de 3,000 fr. à lui fait par
Madame de Mathieu du Révest, afin que les créanciers de M. de
Mathieu, fils de la défunte, soient satisfaits.

1772. — Il *pratique* dans une maison qui lui appartient, « un petit appartement pour y loger Mlle Marie-Anne Vallandan, ma parente, ma volonté étant qu'elle y reste toute sa vie. »

L'auteur de ce livre de raison ayant été par lettre de cachet, éloigné de 30 lieues de Forcalquier, en octobre 1736, pour cause de
jansénisme, le conseil de ville, réuni et renforcé le 22 février 1739,
au nombre de 21 chefs de famille, prit *à l'unanimité* la délibération
la plus honorable pour lui.

Le premier consul expose que cet exil a fait perdre à la communauté de Forcalquier « un de ses principaux taillables, de ses plus
dignes consulaires et de ses plus charitables citoyens. Rien ne seroit
plus conforme aux vœux du public, à l'intérêt des pauvres et à l'a-
vantage de la vefve et de l'orphelin, que de tenter les voyes conve-
nables pour obtenir son rappel ; n'ouvrant cette proposition à la
veille de notre sortie, que pour avoir la satisfaction de donner un
dernier témoignage de notre attachement et de notre attention aux
véritables intérêts de la ville... On ne s'aperçoit que trop du déran-
gement que, malgré le court espace de temps, cette affaire cause
aux affaires des hôpitaux. et particulièrement à celui de la Charité,
dont on annonce la décadence prochaine, si Sa Majesté, par un effet
de son amour pour les pauvres, n'a la bonté de rendre incessam-
ment à ceux de cette maison affligée, un recteur qu'ils étoient en
possession, depuis si longtemps, de regarder comme leur Père. On
n'a jamais mieux reconnu que depuis son départ à combien juste
titre il méritoit ce nom de leur part, puisque l'on a la douleur de
voir que les ressources qu'avoit cette pauvre maison pour subsis-

ter, tant qu'elle a été sous sa conduite, ont tari *des trois quarts* depuis qu'il a été obligé de l'abandonner ; jusques là que les matériaux qui étoient là sur les lieux, destinés à la continuation d'un bâtiment qui augmentoit, chaque année, à proportion non des revenus de la maison, qui ne sont presque rien, mais de ses propres facultés, ne sont plus maintenant qu'un vain amas de pierres, qui ne sert qu'à faire connaître la faute que fait à cette maison celui qui étoit à la veille de les mettre en œuvre, à ses propres frais et dépens, pour le logement des pauvres, lorsque la lettre de cachet lui fut signifiée. »

Sur quoi, il est délibéré d'envoyer 4 députés à l'évêque de Sisteron, savoir, les deux consuls, M. André de Castellane Adhémar [1], et M. Jouval, un des recteurs des hôpitaux, pour prier le prélat de se joindre au conseil et aux *pauvres de toute la ville, de porter lui-même leurs avis aux pieds du trosne*, et de réclamer du roy et du cardinal de Fleury que *l'on rende à la communauté un de ses membres les plus prétieux et les plus utilles*. (Arch. de Forcalquier, B B. 43, 22º, pp. 365 et suiv.)

Malgré cette significative démarche, l'exil dura près de six ans, et ce n'est qu'en 1742 que la lettre de cachet fut révoquée. — J.-P. de Berluc mourut en 1772, de la suette, qu'il avait contractée en soignant les pauvres de la Charité, visités par cette épidémie. — Parmi les dons pieux dûs à sa générosité, il faut citer celui de quatre magnifiques chandeliers d'argent ciselés par Simon [2] qu'il offrit en 1755 à la confrérie de Saint-Mary, établie en la concathédrale de Forcalquier, et qui, malheureusement, furent confisquées et fondues en 1790. »

EXTRAIT DU LIVRE DE RAISON DE MARIE DE BERLUC

(SŒUR DU PRÉCÉDENT). — 1731 :

« Je prie le Seigneur qu'il ne permette pas que les affaires tem
« porelles auxquelles je pense estre engagée par son ordre, me fas
« sent perdre de veuë les éternelles, qui seules ont droit d'occuper
« un cœur chrétien. »

---

[1] André de Castellane, installé comme premier consul le 24 février, fut l'oncle de Jean-Joseph-Victor de Castellane, évêque de Senez (1783-1788).

[2] Artiste des plus remarquables, qui travaillait à cette date chez Senes, orfèvre de Pertuis, et trois ans plus tard chez Moysset, à Toulouse.

Suit l'énumération des affaires qu'elle se propose de consigner dans son livre, et parmi lesquelles,

« ... 3° Les acquisitions que je pourrois faire à mon propre, ce que « je n'ai le dessein de faire, par la grâce de Dieu, qu'au cas qu'il « me soit fait quelque remboursement de fonds, ou bien quelque cas « où la charité m'obligeroit de le faire. » (Ce qui signifie que, trésorière des pauvres, elle ne capitalisera jamais son revenu).

1741

« P. Laugier vint à la maison pour me payer, le 27 aoust, et il ne « me trouva point parce que j'etois à Lurs. Comme il n'est pas juste « qu'il souffre de mon absence, il ne faut lui compter les intérêts « que jusques au 27 aoust.

1754

« Lesdits paysans ayant, par erreur, rompu (défriché), dans le « mien, je les ai laissés jouir, pour éviter contestation. La chose « étoit faite, et j'aime encore moins faire de bruit et des procès, qui « intéressent toujours et blessent la charité, qui est un bien plus « précieux que tout ce qu'il y a dans le monde. »

1771

« Au moys de novembre 1771, Michel Rayne a marié sa fille avec « un homme de Ganagobie, et comme étant pauvre il ne pouvoit lui « douer ce que ce parti méritoit, et que cette fille nommée Cathe- « rine étoit sage et de mon goût, je fis procuration à Gabriel « Mailhori de luy donner en monnom 125 livres sur la dette que son « père me devoit. [1] »

Nous croyons devoir faire suivre ces extraits, du *testament de François-Delphine Pin* (consul d'Apt en 1770 et 1780-1781), un des aïeux de M. L. de Berluc (branche maternelle).

---

[1] L'auteur de ce livre de raison mourut en 1784, laissant toute sa for- tune (cent mille livres environ) à l'hôpital de la Charité, bâti par son frère. Malheureusement, des collatéraux firent casser son testament pour vice de forme, et s'emparèrent de l'héritage. Aucun de ces collatéraux, je me hâte de le dire, ne portait son nom, ni ne descendait de sa famille pater- nelle.

« L'an 1785 et le 15 janvier après midi, par devant nous, notaire royal à Apt et les témoins cy après nommés, est comparu s^r François-Dauphine Pin... lequel nous a remis la présente feuille de papier timbré, qu'il a dit servir d'enveloppe et couverture à son testament mistique solennel, qu'il a dit avoir fait et écrit de sa propre main... et qu'il a ensuite clos et fermé... avec de la cire d'Espagne rouge, à l'empreinte de son cachet ordinaire à ses armes...

Signé : MEZARD, notaire, et les témoins,

Suit la teneur du testament :

«... Premièrement, comme chrétien catholique apostolique et romain, j'ai fait le signe de la sainte croix, invoqué le saint nom de Dieu, et suplié sa divine bonté de me faire miséricorde, et de recevoir mon âme dans le séjour des bienheureux, lorsqu'il lui plaira de la séparer de mon corps mortel.

« Je prie ma chère et bien aimée épouse, mon héritière universelle, ci-après nommée, de faire célébrer pour le repos de mon âme cent messes basses de *requiem*, de me faire ensevelir de la façon la plus simple : les frères pénitents noirs [1] porteront mon corps à la sépulture. »

Après divers legs aux Pénitents noirs, aux hôpitaux Saint-Castor et de la Charité, le testateur lègue à chacun de ses sept enfants la somme de trois mille livres payable à leur mariage du consentement de leur mère, entrée en religion ou majorité, et, de plus, une pension viagère à chacune de ses deux filles, tant qu'elles resteront filles ; donnant à la veuve le pouvoir d'augmenter les legs ci-dessus « en faveur de celuy ou de ceux qu'elle trouvera à propos, et croira le mériter. »

« J'institue Catherine-Lucrece Tassis, madite chère épouse, mon héritière universelle fiduciaire, en gardant viduité, me confiant entié-

---

[1] Un usage immémorial et qui subsiste encore à Apt, veut que chaque famille appartienne héréditairement à l'une des trois gazettes de Pénitents. Les Pin appartenaient aux noirs et le dernier d'entre eux, Elzéar Pin, sénateur, mort en 1883, a été porté à la sépulture par cette confrérie, comme son aïeul.

Quand je dis le dernier d'entre eux, je veux parler de la branche d'Apt, car l'autre branche est actuellement représentée par le colonel Pin.

rement à elle pour l'éducation de mes enfants et l'administration de mon héritage, que je la charge de rendre à celuy ou à ceux de mes enfants mâles qu'elle en trouvera le plus digne, et qu'elle jugera à propos, à sa volonté, et par portions égales ou inégales à son choix, soit à son décès, ou à leur mariage, ou plutôt si bon lui semble. Je la nomme tutrice de ceux de mes enfants qui seront encore pupiles à mon décès. Je la dispense de prêter serment, de faire inventaire et de donner caution. Je la dispense même de faire inventaire dans le cas où il seroit demandé sous prétexte de légitime ou suplément, ou de la substitution fiduciaire cy-dessus ; et si elle pouvoit y être forcée en justice, je reduis le legs de celuy ou ceux de mes enfants qui l'auroient demandé ou qui pourroyent l'inquiéter par quelque prétention quelconque, à leur légitime, et cinq sols en sus que je leur lègue seulement, et rien de plus..

« Je recommande, au surplus, à mon épouse d'aimer également mes enfants, de leur donner une éducation convenable selon Dieu et selon leur état, et à mes enfants d'aimer leur mère et de luy être obéissans, de s'aimer et servir réciproquement toute leur vie, et de prévenir toute discorde. L'union est l'âme des familles. Telles sont mes dernières volontés, auxquelles je persiste. A Apt le quinze janvier mil sept cent quatre vingt cinq.

Signé : F. PIN [1].

Livres de raison de la famille de Belrieu dans les archives de cette famille périgourdine. Voir *la France protestante*, seconde édition, tome VI, *additions*, colonne 881.

Livre de raison de la famille Boisvert, de Marmande (XVIe, XVIIe et XVIIIe siècle). Archives de M. Maurice Boisvert.

---

[1] L'auteur de ce testament mourut à Apt, le 11 juillet 1802, au moment même du rétablissement du culte, et les cloches de la cathédrale, muettes depuis si longtemps, sonnèrent pour la première fois à ses obsèques. Dieu devait bien cela à ce bon chrétien !

Le testament de son fils Jules Pin, plus remarquable encore que le sien, a été publié dans la *Vie domestique*, par M. Charles de Ribbe, qui n'hésite pas à y voir une inspiration directe du *testament de Tobie*. M. de Ribbe a cité (*Les familles*, tome II, p. 274), le testament d'un autre des ascendants de M. Léon de Berluc Perissis, ajoutant que le testateur appartenait à une amille où se maintiennent les principes d'austérité ». 10

Livre de raison d'Antoine Bougerel, procureur en la cour de parlement de Provence, commencé en 1607, et continué par Antoine Bougerel, fils du précédent, lequel commença son journal le 14 décembre 1648 « auquel mon bon père décéda. » Indiqué par M. Ch. de Ribbe, *les familles*, tome I, p. 10.

Livre de raison de la famille Bouhier, cité par feu Benjamin Fillon dans *le Recueil de notes sur les origines de l'Eglise réformée de Fontenay-le-Comte*. Niort, Clouzot, in-4°, p. 42 ; communiqué à B. Fillon par M. Armand Merlan, de Napoléon-Vendée.

Livre de raison de la famille Boyer, cité dans l'*Histoire de Saint-Bonnet-le-Château*, par M. l'abbé Condamin, professeur à l'Institut catholique de Lyon, tome II, 1887, grand in-8° pp. 157, 162, 163, etc.

Livre ou registre domestique du vicomte de Brie (1729-1779). Registre de 207 feuillets in-folio conservé aux Archives d'Angoulême sous la cote II, 9.

Livre de raison de Pierre César de Cadenet de Charleval, commencé en 1728 et continué en 1763 par François de Cadenet de Charleval, fils de ce dernier. Indiqué par Ch. de Ribbe, *Vie domestique*, tome II, p. 226 ; *les familles*, tome II, p. 204.

Livre de raison de Joseph Caire, avocat au parlement d'Aix, indiqué par le même auteur. *Les familles*, tome I, page 293.

Livre de raison de la famille Caucabanes, à Nérac, xvie et xviie siècles, cité par les annotateurs de la *Chronique d'Isaac de Pérès* (1882). Voir pp. 51, 106. Voir encore la *Biographie de l'arrondissement de Nérac*, par M. Samazeuilh, p. 206-208. Le livre de raison, malheureusement incomplet, avait été communiqué à M. Samazeuilh par M. Lespiault, propriétaire du château de Saint-Martin, lequel château appartenait jadis aux Caucabanes.

Livre de raison d'André Clappiers, médecin à Moustiers (Basses-Alpes), 1740. Indiqué par M. Ch. de Ribbe, *les familles*, tome II, p. 94

Livre de mémoires de la maison de noble et puissant seigneur Mermet Claret, seigneur de Treschenu, de l'an 1459. Fait partie des archives de Simiane-Esparron. Entièrement écrit en dialecte du bas Dauphiné, ce registre va jusqu'à l'année 1461 et fournit une grande quantité de renseignements précieux sur l'agriculture, le prix des denrées, l'administration foncière, etc.

Livre de raison de Trophime Tronc de Codolet, commencé à Salon le 2 janvier 1736, et continué par ses descendants jusqu'au 30 septembre 1825, avec cet en-tête : *Ad majorem dei gloriam.* Indiqué par M Ch. de Ribbe, *les familles,* tome I, p. 58.

Livre de raison de la famille Coignart, qui remonte à Jean Coignard, originaire du pays de Donfront, et a été continué soigneusement par ses enfants (xve-xviie siècle). En la possession de M. l'abbé G. Esnault, au Mans.

Journal de Jehan Colleau, procureur au Châtelet de Melun sous le règne de Henri IV. Archives municipales de Melun, fonds Gauthier. Le manuscrit n'a que deux feuillets in-folio, mais il est intéressant pour la Ligue.

Livre de raison de Pierre-Joseph de Colonia, avocat général au parlement de Provence, puis intendant des finances sous Louis XVI. Trois fois cité par M. de Ribbe, dans *une famille au* xvie *siècle.* p. 51. dans la *Vie domestique,* tome I, p. 147, dans les *Familles,* tome I, p. 16.

Registre de la famille Cornet, en la possession de M. Poujol de Fréchencourt, lequel en a extrait les trois notices suivantes, insérées dans les *Mémoires de la société des antiquaires de Picardie* et tirées à part : *la prise d'Amiens par les Espagnols* en 1597 (Amiens, impr. Douillet, 1884, in-8° de 15 p ; *le mariage de Jean Cornet en 1547* (*ibid* 1884, in-8° de 11 p, ; *les bourgeois d'Amiens, ibid,* 1885, in 8° de 16 p.)

On conserve dans les archives de la famille Daurée de Prades, à Agen, un *livre de raison* (in-4° de 140 feuillets, 1639-1664), de Jean-Jacques de Cortète, frère de l'auteur de *Ramounet* et de *la Miramondo,* François de Cortète, seigneur de Prades.

Papiers domestiques des Deydier, d'Ollioules, près Toulon, papiers où l'histoire de la famille est retracée depuis l'année 1250 jusqu'à nos jours. *Les familles,* tome I, p. 40-42 et p. 214-216.

Livre de raison [un court fragment seulement] *du docte Bosius,* dans la brochure de son digne descendant, M. Emile Du Boys : *Un magistrat érudit du* xvie *siècle. Siméon Du Boys* (1536-1581. *Lettres inéd'tes* (Chartres, Durand, 1888, in-8° de 40 pages).

Livre de raison de la famille Dudrot de Cap-de-Bosc, commencé en 1530, à Condom, cité par M. l'abbé Ferrand, dans son petit livre sur *la Dévote chapelle de Notre-Dame de Piétat* (1888, in-18, p. 31).

Livre de raison (liber rationum) de Marc Antoine Durand d'Escalis, seigneur de Saint-Louis et de Saint-Antonin, commencé en 1660. *Les Familles*, tome I, page 7.

Journal ou livre de raison de Guillaume d'Ercuis (XIIIe siècle), dont la publication a été proposée à la société de l'histoire de France par M. Kohler et adoptée par le conseil de cette société le 3 mars 1885.

Livre de raison de Charles Fabry, viguier d'Hyères, frère du sieur de Callas. Un extrait de ce livre relatif à l'entrée du roi Charles IX à Hyères, 28 octobre 1564, est conservé à la bibliothèque d'Inguimbert, à Carpentras, collection Peiresc, registre LXV, n° 2 [1].

Livre de raison de Henry de Forbin, baron d'Oppède, premier président du parlement de Provence (1655-1671). *Les Familles*, tome I, p. 190.

Livre de raison de Gaspard de Foresta, fils de Jean-Augustin de Foresta, premier président au parlement de Provence. 1601. *Les familles*, tome I, p. 57.

Quinziesme cahier de mes Mémoyres 1588-1595. Seiziesme cahier de mes Mémoyres 1594-1595, par Fornier, procureur du roi à Hyères. Ce magistrat notait, jour par jour, les affaires dont il était chargé, les actes de sa vie privée, et tout ce qui se passait de remarquable

---

[1] On paraît avoir eu l'habitude, dans la famille de Peiresc, de tenir des mémoriaux de famille. Lambert (*Catalogue descriptif et raisonné des manuscrits de la bibliothèque de Carpentras*, tome II, 1862, p. 28) reproduit au sujet de Louise de Gaubert, trisaïeule paternelle du grand archéologue provençal, cette note inscrite à la fin d'un calendrier conservé dans le registre V de la collection Peiresc : « L'an 1494, et le següon luns du mes de jun, qui estoit le X dudit mes, transpassa de ce monde ma benigne et miséricordieuse mère de moy Guilhem Fabry, fils de noble homme feu Emilhon Fabry, de la ville d'Hyères... » Peiresc lui-même a mêlé tant de renseignements sur divers faits de sa laborieuse vie, aux indications relatives à sa correspondance, que j'ai pu présenter comme ses *petits mémoires* le journal où il notait l'envoi des lettres qu'il lançait sans cesse aux quatre coins du monde. (Anvers 1889, in-8°.)

dans la ville d'Hyères. *Catalogue des manuscrits de la Bibliothèque de Carpentras*, tome II, pp. 417 et 422.

Livre de raison d'Antoine de Fresse de Monval, écuyer, de la ville de Valensoles, commencé en 1704. *Une famille au* xvi° *siècle,* p. 156.

Livre de raison d'Honoré d'Estienne de Saint-Jean, conseiller au parlement de Provence, (xviii° siècle). *Les Familles,* tome II, p. 160.

Livre de raison d'Antoine Galle, de Voiron (1661-1697). Manuscrit de la Bibliothèque municipale de Grenoble, n° 2045, in-8° de 191 feuillets.

Livre de raison d'Achille Gamon (xvi° siècle), cité par M. Brun-Durand dans son *Introduction* aux *Mémoires* dont il a été le si excellent éditeur (1888, grand in-8°).

Livres de raison de J. Joseph de Garidel (né en 1584), et de *F. Joseph de Garidel.* petit-fils du précédent (1684-1727) et de *Jean-Baptiste de Garidel),* de la femme de ce dernier et de leur fils, Bruno Pierre de Garidel, conseiller au parlement de Provence en 1777. *Les Familles,* tome I, p. 248-255.

Mémoires de moy Jean Etienne Gautier. de Cavaillon (Vaucluse) 1674-1704. C'était un chanoine et vicaire général de l'évêque de Cavaillon. *Les Familles,* tome I, p. 11.

Livre de raison de Toussaint Germain, avocat au Conseil du Roi (né à Magny, Seine-et-Oise, le 27 décembre 1700. xviii° siècle In-8° sur papier de 371 pages. Bibliothèque de l'Arsenal, n° 3891.

Livre de raison de Balthazar Jean-Pierre Gérard de la Brelly, secrétaire en chef des Etats de Bourgogne, commencé le 1er juin 1757. *Les Familles,* tome II, p. 281.

Livre de raison d'Isabeau de Giraud, tenu depuis la mort de mon bon mari, et commencé le mois d'avril 1671, continué après la mort d'Isabeau (24 juin 1672) par son fils ainé, Balthazar de Fresse-Monval. *Les Familles,* tome II. p. 138-139.

Livre de raison d'Honoré Jean-Joseph de Gras de Prégentil, conseiller au parlement de Province. 1758. *Les Familles,* tome II, p. 160.

Livre-Journal sur les ans qui s'en suivent, par M. de La Mothe-Bessot (Bibliothèque nationale. fonds français, n° 14429, in 4. de 62 pages). C'est à la fois un livre de famille et une sorte de chronique périgourdine qui s'étend de 1609 jusqu'à la période des troubles de La Fronde inclusivement [1].

Livre de raison de Martin La Plante, notaire et procureur à Etoile (Drôme) 1671-1715 in-4° de 245 feuillets, aux Archives départementales de la Drôme, série E, n° 1472.

Livre de raison de Léonard-Auguste de Larouverade, conseiller à la Cour de Bordeaux, mort à Tulle en 1868. auteur des *Etudes historiques sur le Bas-Limousin* (1860-1864). Ce livre de raison (240 pages in-quarto) est conservé par son fils, conseiller à la Cour de Cassation. Voir la notice de M. René Fage intitulée : *A. de Larouverade* (Limoges, 1889, grand in-8", p. 4),

Livre de raison de J.-B. Laugier, bourgeois de Toulon, commencé en 1743, et contenant celui de J. Claude Laugier. *Vie domestique,* tome II, p. 162 ; *Les Familles,* tome II, p. 145-147.

Livre de souvenirs, contenant des documents historiques ou intimes sur la famille Lespaignol, de Reims en Champagne, manuscrit du xvii° siècle, in-4° de 64 pages. La rédaction de ce livre de raison, commencée par Lancelot Lespaignol, né à Reims, échevin de cette ville à la fin du xvi° siècle, a été continuée par son fils François (dont on voit la signature sur ce registre), et par ses petits-fils. Une note sur cette famille, à l'occasion de la mise en vente du livre de raison. (Librairie Voisin, Paris, 1887), a paru dans la *Revue de Champagne et de Brie,* tome XXII, Arcis-sur-Aube, 1887, pages 319-320.

Le *Livre de raison de Jean de Lorman,* rédigé au Mas-d'Agenais entre les années 1615 et 1641 (in-4° de 736 pages), est entre les mains de M. Adolphe Magen, qui, réalisant le vœu général déjà exprimé en 1880 par M. G. Tholin (le *Livre de raison des Daurée, d'Agen,* p. 69), vœu plus ardent que jamais, se décidera bientôt à le publier, espérons-le. Espérons-le d'autant plus qu'il l'annoterait certainement avec l'irréprochable soin et l'abondance savoureuse qui recommandent son édition des *Faits d'armes de Geoffroy de Vivant* (Agen, Michel et Médan, 1887, in-8°).

---

[1] J'ai l'intention de faire une nouvelle infidélité à Peiresc et de lui dérober prochainement quelques journées pour m'occuper de la publication de ce fort intéressant manuscrit.

Le livre de raison de la famille Malebaysse, œuvre de plusieurs
générations, 1618-1655, contient à la fois des actes de naissance, des
notes de contrats, des documents historiques divers, une liste de
consuls de la ville d'Agen, et surtout une chronique agenaise. Voir
une lumineuse analyse de tout cela dans l'*Etude* de M. G. Tholin sur
les livres de raison dès anciennes familles de l'Agenais, p. 71-77 [1].

Livre de comptes de Jacques et Pierre Marraud (1610-1777), en
la possession de leur descendant, M. Georges Marraud, conseiller à
la Cour d'Appel d'Agen. Voir l'*Etude* de M. Tholin qui vient d'être
citée, p. 66-68.

Livre de raison de Jean de Massac, avocat au parlement de Bordeaux, juge royal de Gontaud, puis de Tonneins (xviie siècle), conservé dans les Archives de M. de Dordaygne, au château de Lalande.
commune de Saint-Sylvestre (Lot-et-Garonne), signalé pour la première fois par M. le comte de Dienne dans son intéressante plaquette : *Un écolier de l'Université d'Orléans au* xviie *siècle. Lettres
et rapports d'un correspondant* (Auxerre, 1888, in-8°, pp. 5, 8, 12.)

« *Livre de raison de Me Arnaud Bernard Massonneau, avocat à la
Cour,* commencé le 17 juillet 1737. où l'on trouvera tout ce qui peut
m'être utile ou à ma famille.» De ce livre de raison qui est en ma possession, et qui a été rédigé par le frère de ma bisayeule du côté paternel, j'extrais les passages principaux :

« *In nomine patris et filii et spiritus sancti, Amen.* — J'ay
fiancé demoiselle Marie Arnaud, fille cadette de Monsieur Gaspard
Arnaud, ancien commissaire de marine, demeurant rue du Grand
Cancera. paroisse Saint-Siméon, à Bordeaux, et de demoiselle Jeanne
Bonnet, le [mot effacé par une tache d'humidité] du mois de juin 1737,
lesquels dits sieur Arnaud ont constitué en dot à leur fille douze
mille livres tant du chef paternel que maternel, dont dix ont été
délivrées comptant et retirées par mon père et moy conjoinctement
dont il s'est rendu dépositaire, les deux mille livres restantes pour
parfaire la constitution de 12,000 livres m'ont été assurées après le
décès dudit sieur Arnaud et celuy de son épouse du dernier vivant
sans interest, sur laquelle somme je pris d'abord 3,000 livres pour

---

[1] Le recueil appartenait, en ces derniers temps, à M. Adrien Pozzy,
bibliothécaire de la ville d'Agen, mort en 1885.

les dépenses indispensables quand on se marie, habits, assortiments, meubles nécesaires au commenoement d'un mariage dont je ne mets pas ici le détail.

« Le 13 aoust 1737, j'ay épousé ladite demoiselle Marie Arnaud, fille cadette de M. Gaspard Arnaud et demoiselle Bonnet. La bénédiction nuptiale nous fut impartie par M. Linards, curé de Saint-Siméon, à Bordeaux, à une heure après minuict.

« Suit la teneur de mon contrat de mariage retenu par Bolle, notaire royal de la ville de Borddaux, demeurant auprès du puits de la Samaritaine [1].

« Le 28 aoust 1737, j'ay payé aux dames religieuses du monastère de l'Annonciade de Marmande quinse cens dix livres neuf sols...

« Le 18 septembre 1737, j'ay achepté une metairie appellée aux Guerins appartenante à demoiselle Louise Menoire, veuve de sieur Jean Daniel Gamet, ladite métairie située dans les Juridictions de Fauillet, Gontaud et le Mas d'Agenois consistant en 17 journaux un tiers, terre labourable ou bois, etc,, pour le prix et somme de 5.300 livres, pour les droits (lots et ventes, prélation) 600 livres, plus encore pour construction d'une grange, réparation aux bâtiments et autres frais divers, 1150 ; total : 8050 livres.

« Le 18 aoust 1738, à deux heures après midy, ma femme s'est accouchée d'un garçon qui a été baptisé le 19 du même mois, par

---

[1] Voici les premières lignes du contrat: « Par devant les notaires à Bordeaux soussignés furent présents sieur maître Arnaud Bernard Massonneau, avocat en parlement, fils naturel et légitime de sieur Pierre Massonneau, bourgeois et ancien jurat de la ville et jurisdiction de Gontaud en Agenois, et de demoiselle Françoise Jautard, habitants de la paroisse de Fauguerolles, susdite juridiction d'une part, et demoiselle Marie Arnaud, fille cadette de sieur Gaspard Arnaud, bourgeois de Bordeaux, et de demoiselle Jeanne Bonnet, etc. ; parmi les signataires de l'acte, se trouve un frère de l'époux, Jean Raymond Massonneau, prêtre de la Compagnie de Jésus. Un des fils issus de ce mariage devait épouser la sœur d'un bénédictin de La Réole, dom Boiras, et je me trouve ainsi parent par alliance de représentants des deux ordres religieux qui ont le mieux mérité de l'érudition.

M. Charrié, vicaire de cette ville (c'est-à dire Marmande) [1], et a été appelé Pierre Massonneau. Son parrain est mon père, sa marraine demoiselle Françoise Jautard de Massonneau, ma mère, qui l'a tenu au nom et place de demoiselle Jeanne Bonnet d'Arnaud, ma belle-mère. Il est décédé chez sa nourrice le 15 février 1739, agé de six mois et il est enterré dans l'église de Saint-Pardou, jurisdiction de Marmande.

« Le 6 may 1739, ma femme s'est blessée et accouchée d'un gar-çon qui n'était pas à temps, à Valence, dans le château de Gou-dourville. Enterré à Gondourville le 7 may 1739.

« Le 24 may 1740, ma femme s'est accouchée d'un garçon dans cette ville [Marmande], qui a été baptisé par M. Delbès, curé de cette ville et tenu sur les fonds baptismaux par M. Geoffre, avocat en parlement, au lieu et place de M. Baillet Verdole qui devoit tenir pour M. Arnaud, mon beau-père. Il a été nommé Jean Joseph Pierre Gaspard. La marraine a été Françoise Jautard, ma mère.

« Le 8ᵐᵉ du mois de juin 1741, mon beau-père, sieur Gaspard Arnaud, décédé depuis le 19 mars de la même année 1744, j'ay des-cendu à Bordeaux avec sieur Baillet, mon beau frère, et ayant vu ensemble le testament de mondit beau père qui faisait son fils ainé heritier, et donnait à ses filles, nos épouses et autres, la somme de quatre mille livres de plus que les 12,000 qu'il leur avait donné par contrat de mariage faisant en tout la somme de seize mille livres, après avoir veu l'inventaire fait par mon beau frère, seul, sans y ap-peler personne, nous fiant à sa parole d'honneur, pour entretenir l'amitié des proches dans la famille, nous avons trouvé, ayant fait la supputation, que la légitime de nos femmes n'était point remplie. Des amis communs et avocats nous ont fait passer une transaction

---

[1] La famille Massonneau avait pignon sur rue à Marmande. La maison de campagne était La Carrère, dans la commune de Fauguerolles. Une au-tre branche de la famille de Massonneau était établie à Gontaud, et a fourni plusieurs magistrats municipaux à ma ville natale. J'ai sous les yeux un contrat qui intéresse cette branche et par lequel, le 25 février 1743, à Gontaud, Jean Etienne Massonneau, bourgeois de cette ville, épouse Mademoiselle Jeanne Labat, fille de défunt Henry Labat de Terreneuve et demoiselle Jeanne de Mellet, habitants de la paroisse Saint-Caprais, juri-diction de La Gruère. La fiancée est assistée de « son oncle paternel et tu teur noble François de Melet, écuyer. »

par laquelle mon beau-frère a donné à chaquun de nous 17,000 livres pour tous droits de légitime...

« Le 13 juillet 1741, ma femme s'est accouchée d'un garçon qui a été baptisé par M. Delbès, curé de Marmande, le 14 du même mois sous le nom de Pierre Marc Duchamp de Massonneau ; son parrain est le Révérend Père Marc Aruaud, gardien des RR. PP. Recollets de Bergerac, mon beau frère; sa marraine fut Marie Duchamp de Massonneau, religieuse de l'Anonciade, ma sœur l'aînée, et a été tenu sur les fonds baptismaux en leur place et nom par sieur Pierre Bousquet, bourgeois de cette ville, et demoiselle Marianne de Massonneau, mon autre sœur cadette.

« Le 4 may 1742, ma belle mère, demoiselle Jeanne Bonnet d'Arnaud, est décédée à Bordeaux, après trois mois de maladie, agée d'environ soixante ans, et a fait par son testament sou mary héritier.

« Le 22 juillet 1742, ma femme s'est accouchée d'un garçon qui a été baptisé le même jour par M. Delbès, curé de Marmande, et a été nommé Jean Xavier de Massonneau. Son parrain est le Révérend Père Jean Raymond de Massonneau, prêtre de la Compagnie de Jésus, mon frère ; sa marraine est Mademoiselle Magdeleine Arnaud de Verdolle, ma belle-sœur, et en leur absence mon métayer de Du Champ [1], Jean Ladonne, dit Visconte, et ma servante l'ont tenu sur les fonds baptismaux.

« Le 28 octobre 1748, sieur Pierre Massonneau, bourgeois et ancien maire de Gontaud, mon père, est décédé dans sa maison de La Carrère, à onze heures du soir, après dix-sept jours d'une maladie de dessenterie ou flux de sang, âgé de soixante-dix-huit ans moins un mois, et m'a laissé son héritier par un testament clos qui a été ouvert trois jours après le décès. *Requiescat in pace. Amen.*

« Suit la teneur de son testament que j'ai copié sur l'original.

« Le 9 juillet 1743, ma femme s'est accouchée d'un garçon baptisé le 10 du même mois, par M. Robelin, curé de Bistauzac; il est né à Duchamp. Son parrain a été sieur Pierre Arnaud, mon beau-

---

[1] La métairie de Du Champ, située dans la commune de Nogaret, appartient à Mme la présidente Tropenat.

frère l'aîné, et l'a tenu sur les fonds baptismaux sieur Jean Massonneau fils, et mon cousin de Gontaud, et sa marraine Marianne Massonneau, ma sœur. Il a été nommé Jean Pierre La Nougarède de Massonneau.

« Le 12 septembre 1747, ledit Jean Pierre La Nougarède, mon fils, est mort chés mon père à La Carrère; il a été ensuite enseveli dans nos tombes dans l'église de Fauguerolles, par M. Martinés, curé de ladite paroisse.

« Le 22 juin 1744, ma femme s'est accouchée d'un garçon qui a été baptizé le même jour par M. Delbès, curé de cette ville, et il a été nommé Pierre Prelon de Massonneau. Son parrain est M. Pierre Portarieu l'aîné, mon voisin, et sa marraine demoiselle Françoise Jaulard de Massonneau, ma mère.

« Le pauvre Melon a été tué d'un coup de fusil au travers du corps dans l'armée de M. le Maréchal de Broglie, régiment de La Tour du Pin, à la bataille de Clostercamps, le 16 octobre 1760, âgé de seize ans et quelques mois, comme appert par la lettre du major de son régiment.

« Le 16 septembre 1745, ma femme s'est accouchée vers minuit d'un garçon qui a été baptizé le 17, par M. Meydieu, vicaire de cette ville, et nommé Jean Baptiste Guérin de Massonneau. Son parrain a été mon fils l'aîné vivant Jean Joseph Pierre Gaspard de Massonneau ; sa marraine demoiselle Marie Arnaud, ma belle sœur, et à sa place Marie-Anne Massonneau, ma sœur.

« Ledit Jean Guérin est mort le 31 juillet 1747. Enterré à l'entrée du cloître de cette ville de Marmande.

« Le 22 novembre 1748, ma femme s'est accouchée à sept heures du soir d'un enfant mort et le lendemain 13 du courant, ma chère épouse est morte d'une maladie de poitrine d'accident qui luy a duré quatre ans. Elle a été enterrée le lendemain dans l'église de Marmande auprès du grand Christ qui est dans cette église. Elle n'a point fait que je sache de testament. Elle m'a laissé quatre enfants mâles qu'elle m'a recommandé, qui sont :

1° Jean Joseph Pierre Gaspard de Massonneau, mon aisné, âgé d'environ neuf ans ;

2° Pierre Marc Du Champ de Massonneau, âgé de huit ans ;

3° Jean Xavier de Massonneau, âgé de sept ans ;

4° Pierre Prelon de Massonneau, âgé de cinq ans bien près.

Requiescat in pace. Amen.

Sa maladie n'a coûté plus de mille écus d'extraordinaire sans la pouvoir sauver.

Les frais funèbres m'ont coûté six cens livres.

« J'ay fait défricher, planter vignes et bâtir une maison à Mondésir ainsi nommée par moy dans la plaine de Gontaud à Fauillet, paroisse du dernier, limitrophe de Gontaud, le tout réparations et dépenses faites, me revient à deux mille livres jusques et compris l'année 1751. A la garde de Dieu. Je ne sçay si j'en retireray jamais mon déboursé.

« J'ay augmenté Mondésir de quatre journaux, quatre lattes, terres en friche, mesure et perche de Fauillet dont je dois payer la taille l'an 1765, si Dieu me fait la grâce de le voir, suivant l'accord que j'ay passé avec la communauté de Fauillet l'an 1759. — Plus augmenté d'un journal et demy terre auprès la Goutere que j'ay échangé avec Portarieu à Bistauzac, cette année 1759.

« Le 23 novembre 1750 ma sœur Marianne de Massonneau a épousé M. Me Larroque Tamizey, de Gontaud [1]. La bénédiction nuptiale leur.

---

[1] Le contrat de mariage avait été signé vingt jours auparavant. J'en transcris la première page : « Aujourd'hui troisième du mois de novembre mille sept cens cinquante avant midy dans la paroisse de Fauguerolles, juridiction de Gontaud, lieu appelé à la Carrère, devant moy notaire royal sous signé et témoins bas nommés ont été présens M. Me Antoine Tamizey, sieur de Larroque, avocat en parlement, habitant de ladite ville de Gontaud, fils légitime de feu M. Me Jean Tamizey, conseiller du roy et lieutenant royal de la cour royale dudit Gontaud, et de feu demoiselle Suzanne Du Pouy de Bonnegarde (fille d'une Malvin de Montazet), procédant de l'avis et assistance de Mrs Jean Tamizey, sieur de La Couronne, Antoine Tamizey sieur de Fortuné, Joseph Tamizey, sieur de Lamotte, demoiselle Marie Tamizey, ses frères et sœurs, demoiselle Thérèse Doumax, sa belle-sœur, noble Jean Pierre de Dariscon, écuyer, son beau-frère, sieur Pierre Seauvaud de Lormade et sieur Pierre Mérac Du Choissy, ses beaux-frères et autres ses parens et amis, d'une part, et demoiselle Marie Massonneau, habitante de la présente maison, et paroisse, fille légitime de sieur Pierre Massonneau, bourgeois, et de demoiselle Françoise Jautard, procédant de l'assistance, vouloir et consentement de ladite demoiselle Jautard, sa mère, et de l'avis de M. Me Bernard Massonneau, advocat en parlement, son frère et autres ses parents et amis d'autre part... » Les témoins sont : « M. André Martinez, prêtre, docteur en théologie et curé de la présente paroisse, y habitant, et sieur Bathélémy Vidal, praticien, habitant de ladite ville de Gontaud. »

a été impartie par M. de Martinés, curé de Faugrolles. Elle s'est constitué ses droits paternels montant et revenant à la somme de 6000 livres et beaucoup de meubles spécifiés dans le testament de feu mon père et ma mère lui a constitué sept cens pistoles, 1000 livres après sa mort jusques là sans intérest, les 6000 livres restantes je me suis chargé de les payer en un ou plusieurs payements.

« J'ay mis mon fils l'ainé à Agen en quatrième au collége des Jésuites. Il est en pension chez M. Dupuy, répétiteur, près du collège. Je luy donne pour la pension de cet enfant tous les ans la somme de deux cens vingt livres qui a commencé le 21 novembre 1752. Ce n'est par quartier que cinquante cinq livres. Cependant je luy en donne soixante pour que les cinq livres restantes soient pour ses petits besoins et menus plaisirs,

« J'ay mis Xavier avec son frère au même prix l'année 1753, 1754.

« Je les ay remis tous les deux à Agen chez Mᵉ Andrieu, l'ainé l'année 1755. L'ainé finit la seconde cette année et Xavier sa troisième.

« J'ay mis Xavier pensionnaire au collège des R. Pères Jésuites à Bordeaux pour y faire sa rhétorique. Sa pension ou les dépenses nécessaires faites en conséquence me coûtent 600 livres. Sa pension a commencé le 1ᵉʳ novembre 1757.

« Le 23 avril 1755 j'ay été écrasé à Du Champ par la grêle qui a emporté toute ma récolte et m'a mis hors d'état de payer les pensions de mes enfants, ce qui m'a obligé de vendre un demy journal deux escats de pred à Liaubon, marchand à Gontaud, pour la somme de 408 livres [1].

« J'ay mis mes deux enfants sçavoir Massonneau l'ainé de tous et Prelon le plus jeune [2] dans le régiment de la Tour du Pin en qualité

---

[1] L'infortuné propriétaire fut obligé de faire, à partir de ce moment, de nombreux emprunts : 150 livres à M. Fontainemarie, conseiller à la Cour des Aides ; 304 livres à M. Souillagon de Bruet, lieutenant criminel de Marmande, 100 livres à Mʳ Bouic « fils ainé, près l'église » (de Marmande), 500 livres à Madame Baille, 100 pistoles «aux pauvres de Bittauzac que j'ay emprunté de la succession de Mʳ Robelin, mort curé de Bistauzac, lesquels pauvres il avait fait héritiers, » etc.

[2] Une note semble indiquer que Prelan n'avait pas été trop bon élève : « J'ay remis Prelan au collège à Marmande à vingt sols par mois. Il a commencé le 3 novembre 1758. »

de soldats volontaires sous la protection de M. de Lantis de Rayne, major dudit régiment qui luy ont été recommandés par M. de Lucmajous. Ils sont partis le premier mars 1760. Je leur donne cinq sols par jour à chacun. J'ay donné à M Lantis 96 livres à leur départ.

« J'ay envoyé au même 150 livres par les mains de M. son frère pour l'aîné qui me reste le 15 janvier 1761. Le pauvre Prelan a esté tué le 16 octobre à Clostercamp d'un coup de fusil dans la poitrine [1].

« J'ay mis mes enfants Du Champ et Xavier à Bordeaux en chambre sous la tutelle da père Massonneau mon frère. Le premier commencera son pilotage le 11 novembre 1758. Xavier étudie en philosophie. J'ay donné à mon frère 240 livres à compte pour leur dépense. Dieu veuille qu'ils en profitent ! Je les ay habillés à crédit chez Lassuderie à Tonneins à qui je dois près de 300 livres. J'ay dépensé pour mes deux enfants cette année 1759 à Bordeaux 1000 livres. Du Champ est revenu avec son certificat de pilotage le mois de juin 1759 [2].

---

[1] Nous avons déjà trouvé un peu plus haut mention de cet évènement. Plus heureux que son frère, Pierre-Joseph Gaspard, arriva jusqu'à un grade élevé et se retira en bonne santé à La Carrère. Une procuration notariée, du 24 mai 1780, nous l'y montre installé auprès de son père qui le charge de vendre deux journaux de terre. A cette occasion il reçoit le titre de « Capitaine aide-major des troupes de la marine. » Bernard Massonneau dut mourir peu de temps après, car des actes notariés des années suivantes ne mentionnent plus que son fils aîné, par exemple, divers actes de 1782. Voici le début d'un acte du 17 mai 1786 : «Dans la ville de Gontaud, en Agenois, pardevant nous notaire royal, fut présent *noble* (une complaisance du notaire!) Pierre-Joseph Gaspard de Massonneau, sieur de La Carrère, ancien officier major de la marine pensionné du roy...»

[2] Dans divers contrats, Marc Pierre prend le titre de sieur de Du Champ. Il n'a malheureusement pas continué le livre de raison de son père et s'est contenté d'y inscrire ses revenus et ses dépenses. Je n'en tirerai que cette seule note : «Compte et produit de la récolte de La Carrère en bled froment, seigle, chanvre et vin, par la vente faite de tout ce produit j'en ay retiré la somme de 1050 livres, de quoy il faut soustraire les impositions de la même année (1790) et qui s'élèvent à la somme de 116 livres 2 sols 4 deniers». Aujourd'hui le domaine de La Carrère, de la même contenance à peu près qu'en 1790 (40 journaux de 45 ares), est affermé 2000 francs. C'est la plantation du tabac qui a si fort élevé le revenu d'un domaine devenu à la mort de Marc Pierre, la propriété de mon père, petit neveu du dernier des Massonneau de La Carrère.

« J'ay mis Xavier pour finir la philosophie en pension chez M. Gassies à Bordeaux (1759) à raison de 150 livres par an, laquelle année ne doit être comptée que de neuf mois, parce qu'il passe trois mois en vacances chez moy.

« Xavier, mon troisième fils, a pris l'habit clérical et soutane le mois d'octobre 1760. Il a commencé à étudier en théologie cette même année.

« Xavier est entré au séminaire le 1er novembre 1764 [1]. »

· *Livre de raison de la famille Morras*, de Périgueux (XIIe siècle), indiqué dans le *Bulletin de la Société historique et archéologique du Périgord*, tome XVI, janvier-février 1889, première livraison, p. 34. Ce manuscrit a été donné à la Bibliothèque de la Société par M. l'abbé Petit, ancien curé de Château-l'Évêque et de Tocane-St-Apre.

---

[1] Nous retrouvons le séminariste de 1764, curé de la paroisse de Celles, quelques années plus tard. Voici en quels termes ce vénérable ecclésiastique écrivit à mon grand-père qui lui avait annoncé son mariage avec Mademoiselle Germaine de Montardit : « A Monsieur Monsieur Tamizey de Larroque, gendarme du Roy, chès Madame sa mère à Gontaud. — Je suis enchanté, mon cher enfant, du choix que tu as fait. Dès que tu pensais à me donner une cousine, tu ne pouvais à mon goût mieux rencontrer, et je t'en remercie en mon particulier. Il s'agit à présent de ne jamais perdre de vue le prix du bienfait que tu viens de recevoir, et d'y répondre par une conduite propre à resserrer de plus en plus les liens que tu es en même de former. Quoique je ne connoisse pas par moy-mesme tout le mérite de Macemoiselle de Montardit, la voix du peuple qui est la voix de Dieu, me pénètre par avance de respect et d'affection pour elle. Tu dois te féliciter d'une si heureuse retraite (l'oncle s'adresse à un ancien officier de cavalerie), et bénir tous les jours de la vie les personnes qui t'ont procuré un contentement si parfait. J'espère tout de ton caractère, de ta reconnaissance, et surtout des principes de religion qu'on a autrefois gravés dans ton cœur. Peut-être ont-ils été un peu obscurcis pendant ton séjour à Lunéville (le corps d'élite auquel appartenait mon grand-père portait les divers noms de *gendarmes anglais, gendarmes rouges, gendarmes de Lunéville*), mais j'aime à croire que tu travailleras à leur redonner tout leur lustre, et qu'il seront dans la suite le mobile de toutes tes actions. Ce n'est que sur eux, tu le sais, que tu peux fonder solidement ton bonheur et celuy de ta chère compagne. Mon amitié pour toi m'engage à te donner ces avis; j'espère de celle que tu m'as toujours témoigné que tu en feras ton profit. »

Livre de raison de Jean Pierre Olivier, conseiller au parlement d'Aix (xviiᵉ siècle), conservé à Bollène (Vaucluse), dans les archives de M. Paul de Foucher, lequel a l'intention de le publier, à la suite de la correspondance de ce magistrat avec son collègue et ami Fabri de Peiresc. J'ai publié un extrait du Journal de J. P. Olivier ou mieux Olivari (car tel est le nom réel) dans le tome I. des *Lettres de Peiresc aux frères Dupuy*. (Paris, Imprimerie Nationale, in-4º, 1888, p. 78) [1].

Manuscrits de Pagès, marchand d'Amiens 1684-1723), mis en ordre et publiés par M. Louis Douchet, 1856-59. Six fascicules in-8º.

Livre de raison de Bernardin Pellicot, un des 16 enfants de François Pellicot, écuyer de Marseille, cité par M. de Ribe, *les familles*, tome II, p. 259.

Livre de raison des familles Pérard et Sézille. Entre les mains de M. Jules Dumesnil, maire de Puiseaux (Loiret), ancien sénateur. Registre de 350 feuilles (1527-1739) [2].

Livre de raison de Guillaume Plieux, procureur du roi au siège présidial et sénéchaussée de Condom (1560-1650). Cité par un descendant du magistrat, magistrat lui-même, M. Amable Plieux, dans son étude sur l'*Instruction publique à Lectoure* (*Revue de Gascogne*, livraison de mars 1889).

Livre de raison de Pierre Préverauld de la Boissière, juge au présidial d'Angoulême, (1735-1768, conservé aux Archives départementales de la Charente (E. 408), in-8' de 94 pages.

Livre de raison de la famille Quinhart, cité dans les *Annales du Midi* fondées et dirigées par M. A. Thomas, professeur à la Faculté des lettres de Paris (Toulouse, seconde livraison, avril 1889, page 84.)

Livres de raison de la famille de Raymond, (1606-1789). Voir sur ces onze registres qui des archives de Madame la comtesse Marie

---

[1] Voir sur les *Olivari* une note du *Testament de Peiresc*, dans : *Un grand amateur français du XVIIᵉ siècle*, par M. Léopold Delisle (Toulouse, 1889, page 29). Conférez M. de Ribbe, *Les familles*, tome I, pag. 46.

[2] La publication de ce recueil serait bien désirable, car aux souvenirs de la famille se mêlent de nombreux renseignements historiques successivement relatés, pendant près de trois siècles, par ces bourgeois de Puiseaux.

de Raymond ont passé dans les archives de son cousin Monsieur le Baron de Montesquieu, au château de la Brède, les intéressants détails fournis par M. Tholin (*le livre de raison des Daurée d'Agen*. page. 32 61). J'ai eu longtemps entre les mains les mémoriaux des aïeux de mon amie Madame de Raymond, et je puis attester de *visu* combien sont exacts et complets les renseignements analytiques groupés dans *l'étude* de l'habile éditeur.

Livre de raison de la famille Reneurel, des environs de Valence, 1591-1624. Aux Archives départementales de la Drôme, série E. n° 2108. M. Brun-Durand a bien voulu me communiquer deux passages extraits par lui de cette chronique intime dont le second renferme un récit bien dramatique en sa naïve simplicité. « Le 15 décembre 1591, Isabeau Perrier, ma femme s'est accouchée d'un fils. Je prie Dieu qu'il soit homme de bien.. Le 21 avril 1595, Isabeau Perrier, ma femme, venant de Montvendre avec moi, au-dessus de la cote de Faventines, a fait un fils dont m'a fallu servir de levandière, et de là l'enfant étant au monde, fut porté par sa mère dans une petite grange où n'habitoit personne et où nous trouvasmes un fagot de sarment et de la paille, et avec le rouet de mon arquebuse fut fait du feu pour chauffer la mère et l'enfant. »

Livre de raison de Madame de Ribbe, grand-mère de M. Charles de Ribbe (XVIIe siècle), cité par l'auteur des *Familles et de la Société en France,* tome II. p. 138.

Livre de raison de Vincent Ricard. docteur en droit à l'université d'Aix et lieutenant au siège de l'amirauté de Toulon. (XVIIe siècle), cité dans l'ouvrage susdit, tome I, p. 8 ; tome II, p. 175.

Livre de raison de Jacques de la Roque, consul d'Aix en Provence (1528-1538). Conservé dans les Archives de l'hospice d'Aix. Cité dans le même ouvrage, tome I, p. 146 [1].

Livre de raison de M. de Roumoulles de Linceau. Peiresc, dans une lettre encore inédite adressée à son intime ami et futur biogra-

---

[1] Voir *Testament de Jacques de la Roque fondateur de l'hôpital Saint-Jacques d'Aix* (1532). Texte latin avec traduction en regard, publié par M. le docteur Félix Chavernac, ancien chirurgien chef interne des hôpitaux d'Aix.

phe Pierre Gassendi, le 4 février 1633 [1] , nous fait ainsi connaître un document qui semble aujourd'hui perdu et qui était certainement un des plus curieux livres de raison qui aient jamais existé : « Bien ay-je veu un autre muet nommé M. de Roumoulles de Linceaux, qui estoit nostre parent, lequel avoit fait un libvre de raison qui estoit tout en peinture, et avoit fait son testament en peinture aussy. »

Livre de raison de Pierre de Saloulin, écuyer de la ville de Marseille, major général du bataillon des milices gardes-côtes 1734. *Les familles*, tome I, p. 59.

Livre de raison d'un sieur de Sahuguet cité par M. G. Clément-Simon, ancien procureur général près la cour d'Aix, au sujet de l'entrée de Louis XIII à Brive (5 novembre 1632), dans la très intéressante monographie intitulée : *Le père Martial de Brive. La muse séraphique au* xviii° *siècle* (Paris, H. Champion, 1888, in-8°, p. 5, note 1).

Livre de raison de J.-B. de Sudre, d'Avignon (xviii° siècle). *La Vie domestique*, tome 22, p. 205 ; *la famille*, tome I, p. 255-271 [2].

Livre de raison de Tiolier conservé en la bibliothèque de la ville de Clermont-Simon. M. A. Vernière, en me signalant l'intérêt de ce manuscrit, ajoute : « Mon ami Paul le Blanc et moi nous possédons plusieurs livres de raison qui nous viennent de diverses branches de nos ascendants. » Puissent les deux concitoyens et confrères — je devrai dire frères, tant ils sont unis ! — publier les plus méritants de ces mémoriaux de famille ! A eux qui aiment tant leur province natale on peut dire avec un affectueux reproche que pas un seul livre de raison, proprement dit, n'a encore été mis au jour dans

---

[1] On trouvera les lettres de Peiresc à Gassendi et celles de Gassendi à Peiresc dans le premier des volumes qui suivra les trois volumes de la collection des documents inédits consacrés à la correspondance de Peiresc et des frères Dupuy.

[2] Joseph de Gindre n'eut pas moins de dix-huit enfants de 1662 à 1688. Son journal est un des plus attachants de tous ceux que nous ont fait si bien connaître les pénétrantes analyses de M. de Ribbe.

cette région [1] , et c'est non sans grande confiance que, faisant appel au zèle des retardataires, je répéterai pour eux le mot du Chevalier d'Assas, ce mot qui retentira à jamais dans l'histoire : *A moi, Auvergne* [2] !

Livre de raison de M. Joseph Aulhelme Tricaud, conseiller du Roy, lieutenant général au bailliage du Bugey (1689-1694). Manuscrit de la Bibliothèque municipale de Grenoble, n° 1880, registre in-5, de 33 feuillets.

Livre de raison de Pierre Uchard (1709-1723). Ce manuscrit est possédé par Mademoiselle Marie de Coquet, d'Agen, qui descend de cet avocat, fils du juge ordinaire de Madaillan; le livre-journal a été continué par Jean-François Uchard, petit-fils dudit juge. Voir l'*Etude* de M. Georges Tholin, si souvent citée, p. 77-85.

Livres de raison de Joseph Vernet, parmi les manuscrits de la bibliothèque publique d'Avignon. C'est par eux, dit M. de Ribbe (*les familles*, tome I, p. 14) « que M. Léon Lagrange [3] a pu reconstituer l'histoire de la très nombreuse famille des Vernet, retracer la vie si pittoresque de Joseph et les moindres détails de son existence domestique. Joseph tient note de tout, de ses comptes de ménage, des gages des serviteurs, de ce qu'il paye à ses modèles, il enregistre les achats de joujoux pour ses enfants, les frais de leur éducation. Il s'y montre comme ayant été la providence de tous les siens, de son père, de ses frères, de ses sœurs, de ses neveux. Cette autobiographie est surtout d'un très grand prix, au point de vue artisti-

---

[1] On ne peut citer que deux demi-livres de raison : *journal de J. Beaudonin*, publié par P. Le Blanc (Paris, 1879, in-8°), et *journal d'un bourgeois du Puy au XVIII° siècle* (172. -1742), de l'avocat Rachetin, qui avait commencé à paraître dans les *Tablettes historiques de la Haute-Loire* (pp. 32, 126) et dont la publication a été continuée dans les *Tablettes historiques du Velay* (années 71-72, pp. 49, 123, 135, 161, 300) et années 77-78, p. 137. Il n'a pas été fait de tirage à part.

[2] L'un et l'autre, par leurs travaux, ont donné une certaine célébrité à la ville de Brioude. Leur patriotisme viendra faire plus encore pour l'honneur de leur berceau.

[3] *Joseph Vernet et la peinture au XVII siècle* (Paris, 1864, in-12). Dans un appendice, qui remplit les pages 375 à 450, l'auteur opérant au milieu des manuscrits d'Avignon un habile triage, a donné la quintessence des comptes et mémoires du grand artiste sous ce titre : *Journal ou recueil factice de diverses notes, ... tions et souvenirs épars dans les livres de raison de Joseph Vernet et de plusieurs ... mbres de la famille.*

que, car elle renferme le répertoire à peu près complet des œuvres de Joseph Vernet pendant cinquante ans, de 1735 à 1788. »

Livre de raison de François de Villeneuve, seigneur de Cananilles, commencé le 13 mai 1670 (l'auteur mourut le 11 septembre 1717). *Les familles*, tome I, p, 9.

Livre de raison de Honoré de Villepreux (archives de M. Maurice Boisvert). C'est surtout un registre de comptes. En voici le début : « Au nom de Dieu soit fait et tout pour sa plus grande gloire. Livre de raison pour moy Honoré de Villepreux, âgé de 41 ans nuf (*sic*) mois et 10 jours, né le 25 mars 1700 et baptisé le 27 dudit mois de mars 1700. Commencé ledit présent livre le 4 janvier 1742 pour tenir estat et mémoire tant de nos revenus que de toutes les affaires que je feré soit achapts, ventes,emprunts, prêts, payements et autres affaires d'employer ou de servir de l'argent à l'exception de la dépense journalière de la maison ny des comptes de métayers ny salaires des domestiqurs. Je tiens des estats particuliers pour cela. Vive Jésus, Marie et Joseph. « Les plus grands événements notés par le chroniqueur sont ceux-ci : «Acheté un brau à la foire de Sainte-Bazeille. Vendu une barrique de vin rouge ¹ . Acheté à Mme la comtesse de Ribérac, propriétaire du château et de la forêt de Calonges, quatre chênes de ladite forêt à 40 livres pièce». Exception doit être faite cependant pour l'événement de famille que voici : « *Mariage de mon frère.* — Le 10 avril 1742 mon frère a quitté icy pour s'en aller rester à Marmande où il s'est marié et a épousé ledit jour (10 avril 1742) la fille ainée de M. Fontainemarie, conseiller et doyen de la cour des Aydes de Bordeaux. Ma sœur [Marie] et moy avons resté ensemble ici à Sénestis ². » La dernière note écrite par le narrateur — ou plutôt le calculateur — car, encore une fois, ce ne sont là que des comptes — est du 30 avril 1771. Un neveu d'Honoré, continuant le journal, a ainsi enregistré le décès de celui dont il avait eu la plume en héritage : Mon oncle Villepreux mou-

---

¹ En janvier 1742, une barrique de ce vin — vin de pressoir — fut vendue 18 *livres* 10 *sols*.

² Le 25 mai suivant fut fait le partage des biens. Joseph de Villepreux, l'heureux époux de Mlle de Fontainemarie, eut pour son lot « la métairie de Rouchou qui est dans la jurisdiction de Marmande, paroisse de Beaupuy.» Honoré garda avec sa sœur une métairie auprès de Seyches, appelée Damoran et le domaine de Meynié, dans Sénestis.

rut le 14 mai de l'année 1771 d'une maladie qui le conduisit au tombeau dans l'espace de 12 jours seulement. Il fut enterré dans l'église des Révérends pères Cordeliers du Mas. »

III.

LETTRE DE M. LE DOCTEUR E. D'ANTIN

A *l'éditeur du* **Livre de raison de la famille de Fontainemarie** [1].

MONSIEUR,

Puisque vous êtes décidé à publier sous forme d'appendice au livre de raison de la famille de Fontainemarie l'inventaire des titres que j'ai trouvé dans la maison de la Sauviolle, je vous le renvoie un peu plus détaillé et mis dans l'ordre chronologique.

1º Articles accordés entre nous Gaston de Ferran, baron de Mauvoisin, d'une part, et Raymond Lapeyre sieur de Lassauviolle comme mari de Catherine Jordaneau pour raison des liens qu'ils possèdent aiant appartenu à feus Michel et Mathieu Jordaneaux ayeul et père de ladite Catherine (original de 1608). Deux copies collationnées de 1635 et 1670 ; plus un extrait du livre des reconnaissances de Mauvoisin ; en tout 4 pièces — Le tout relatif à un droit de chasse sur la baronnie de Mauvezin — Voir l'histoire du château de Mauvesin par l'abbé Alis.

2º Transaction et partage entre les sieurs de Lapeyre et de La Bessède, son beau-frère, 13 septembre 1665 — Autre pièce, même année, même affaire.

3º Accomodement au sujet d'un fossé faisant séparation entre deux pièces de chenevière, situées au village de Seguin dont l'une appartient à dame Marie de Villepreux, veuve de feu le seigneur de la

---

[1] Je n'avais annoncé qu'un appendice en deux parties. Une bonne fortune qui m'arrive *in extremis* me permet de donner une troisième partie. J'en suis d'autant plus heureux que la communication de M. le docteur d'Antin complète mieux tout ce que l'on a déjà lu ici sur les aïeux maternels de mon honorable correspondant et collaborateur.

Saubiolle, escuyer, soubsignée et demoiselle Marie Larue, femme du sieur Macé maître apoticaire de Castelmoron, 20 avril 1686.

4° Liasse de 11 pièces concernant un procès devant le juge ordinaire et cour de Mauvoisin entre la dame Anne Lapeyre de Fontainemarie et Bernard Durand Petit, procureur, 1730.

5° Petite liasse de 6 pièces concernant des échanges de terre entre la dame Anne Lapeyre Fontainemarie et divers voisins, 1730.

6° Copie du testament de François de Fontainemarie, sieur de Castécu Doriolle, conseiller du roy, doyen de la Cour des Aydes et Finances de Guyenne. Il nous apprend que son père était aussi, de son vivant, doyen de la Cour des Aides, que sa sépulture ainsi que celle de son ayeul était dans l'église des carmes de Marmande où lui-même veut être enseveli. Il fait un legs de 400 messes basses à raison de 8 sols par messe, qui seront ainsi réparties: 100 à l'église paroissiale et 100 à chacun des trois couvents de la ville. Il laisse en outre 30 livres aux pauvres et trente autres qui seront remises à la sœur de l'hospice chargée de visiter les malades pour qu'elle en puisse disposer sans le controle de MM. les administrateurs. Il dit avoir eu sept enfants de Marie-Marguerite Boutin, dont 6 actuellement en vie, sçavoir: Jean-Baptiste Fontainemarie, fils aîné ; Jeanne Fontainemarie, que M. Boutin, mon beau père, me demanda sitôt qu'elle fut sevrée; Catherine Fontainemarie, que nous appelons Flore ; Blaise Fontainemarie, et Marguerite et Marie Fontainemarie, toutes deux jumelles ; la morte qui s'appelait Marianne et qui était notre cinquième enfant fut ensevelie à Birac où elle était en nourrice. Il nomme MM. de Villepreux de Senestis, ses cousins, seconds tuteurs et curateurs de ses enfants ; institue Jean-Baptiste, son fils aîné, son héritier universel, fait une substitution en faveur de Blaise ou à son défaut en faveur de l'aîné de ses enfants mâles, ou de toutes ses filles s'il n'y a pas de mâles ; et si Jean-Baptiste et Blaise décèdent sans enfants mâles il substitue au dernier mourant des deux outes ses filles par égales portions, 1738.

Le cas prévu en faveur de Blaise se produisit, mais la Révolution empêcha la terre de Castecu de passer aux héritiers de Blaise de Fontainemarie.

7° Mémoire et dénombrement des meubles et effets de feu M. Boutin, fait par M. de Fontainemarie et Madame son épouse. Cette pièce très intéressante nous donne à elle seule un tableau de la vie d'un bourgeois riche de ce temps, mais elle est trop longue pour être publiée. Blaise Boutin était de Monségur, il portait l'épée (une épée à poignée d'argent, nous dit l'inventaire) et avait une charge dans la commune de Castelnau relative au recouvrement des deniers publics. Son père Bernard Boutin possédait des biens à La Réole et lui-même en avait dans la juridiction de Monségur, notament à Saint-Vivien, où il avait une chapelle dans l'église, pour lesquels il faisait reconnaissance à M. de Guillerague. Voici les degrés généalogiques relevés dans les titres inventoriés :

Elie Boutin
|
Bernard Boutin
Jeanne Dupié, fille de François et d'Antoinette Ducheynau
|

Jeanne Boutin	Anne Boutin	Blaise Boutin
Noble Jean de Ferran	David Villotte	Louise Callabre
		|
		Marie-Marguerite Boutin
		François de Fontainemarie.

On trouva à l'inventaire 89 obligations de valeur variant de 25 à 200 ou mille livres, plus de 60 sacs à procès (j'espère qu'ils étaient relatifs à l'exercice de sa charge), de nombreux baux pour des pièces de terres et trois métairies. Dans la maison, 9.501 livres, 8 sols et 6 deniers en espèces ayant cours ; 18 mars 1/2 d'argent en espèces hors cours et un marc, une once et demie d'or également démonétisé, qui furent changés à raison : pour l'argent de 46 fr. 18 sols le marc et pour l'or 678 fr. 15 sols. Ce qui met le rapport de la valeur de l'or à celle de l'argent comme 14,66 est à 1. L'inventaire commencé le 5 avril 1740 fut terminé au mois de décembre de la même année. M. de Fontainemarie mourut dans l'intervalle.

8° M. de Villepreux devenu le gendre de Mme de Fontainemarie dresse un état des créances du sieur Boutin qu'il fait précéder du préambule suivant qui nous en dit assez sur les obligations et les sacs à procès du défunt :

« Ce caier est pour tenir un état des intérêts que je dois rembourser à tous ceux qui en ont paié au sieur Boutin, à quoy moy Joseph de Villepreux je me suis engagé et l'ay promis de parole d'honneur et par une déclaration écrite de ma main que j'ay donné à Madame de Fontainemarie ma belle-mère et en cette considération elle m'a abandonné la jouissance de tout le bien de feu M. Boutin et par ce moien je me suis obligé en conscience de faire le remboursemant quoyque je l'aurais été dès que ma femme aurait jouy de ce bien parce qu'on ne peut posséder selon la loy de Dieu un bien qui vient par l'usure de celui qui le laisse, ainsy je dois donc par ces deux motifs remplir cette obligation et je désire faire cette œuvre pieuse et j'espère que Dieu qui conduit touttes choses me fera la grâce de me donner son secours pour parvenir à remplir ce devoir. »

9° Liasse de 11 pièces concernant un différent entre Blaise de Fontainemarie, ancien capitaine au régiment de Normandie, et Jean-Baptiste de Fontainemarie, conseiller en la Cour des Aydes de Guyenne, tous deux fils de François, au sujet du partage des successions de leurs père et mère. Transaction intervenue le 6 mars 1767 par l'intermédiaire de M. Drouilhet de Sigalas, conseiller au Parlement.

10° Quatre pièces, arpentements. 1675, 1710, 1733, 1791.

11° Trois baux de métairies. 1752, 1793, 1798.

12° Cahier de quittances de rente de ma maison de Marmande (Maison de M. Jarleton, grande rue Labat) laquelle relève de M. le baron de Commarque à commencer de l'année 1765. En marge : fiefs de Toris et Albert à M. le baron de Commarque, représentant eue Madame la comtesse de Ribérac.

13° Titre que m'a concédé M. de Saint-Sauveur, évêque de Bazas, du banc que j'ai dans l'église paroissiale de Mauvezin, en date du 19 octobre 1774.

Le suppliant adresse une demande à l'évêque désignant l'emplacement et offrant 24 livres à l'église. L'Évêque émet un avis favorable et ordonne la publication au prône trois dimanches consécutifs. Le curé donne un certificat de publication et déclare que personne n'a fait opposition : l'évêque, alors, confirme l'autorisation et fixe à 50 livres l'aumône qui devra être faite à l'église. Reçu du trésorier de la fabrique. de plus 13 livres 10 sous ont été payés au secrétaire de Monseigneur pour ses droits et pour la confirmation du titre.

14° Copie du contrat de mariage entre M. Antoine Dandirac de Verdry, ancien officier d'infanterie et demoiselle Catherine de Fontainemarie le 11 décembre 1787 et la célébration] du mariage le 15 janvier 1788.

15° Testament de M. Antoine Dandirac de Verdry, du 18 février 1789.

16° Déclaration portant quittance et partage entre les demoiselles Dandirac sœurs et Dame Catherine de Fontainemarie, veuve de M. Dandirac de Verdry, leur belle sœur. Un détail du partage nous apprend que le café valait alors 25 sous la livre à Bordeaux.

17° Liasse de contrats de constitution de rente. On trouve cette mention en marge de l'un d'eux : Consenty par M. de Feytou de Fauguerolles. Remboursé en assignats le 9 may 1792. Les assignats valaient le jour du remboursement 70 livres 5 sols numéraire, c'est-à-dire 100 fr. assignats, en sorte que 4000 l. assignats ne valaient numéraire que 2810. Il y a donc perte de 1190 l.

18° Pancarte de recruteur : dimension 0,45 c· de large sur 0,30 c. de haut.

Armes de France
De par le roy

On fait sçavoir à toutes sortes de personnes de quelle qualité et condition qu'elles soient, qui voudront prendre parti pour le service du Roy, dans le régiment de NORMANDIE, infanterie, n'auront qu'à s'adresser à M. de FONTAINEMARIE, capitaine audit régiment, qui leur donnera toute sorte de satisfaction, un bon congé de six ans, trente sols à dépenser par jour jusqu'au départ, habillés de neuf en arrivant au Régiment. Les Enfants de famille y sont très distingués. Il récompensera très grassement les personnes qui lui procureront quelque bel homme. Il a besoin d'un Frater, d'un Tailleur et d'un Cordonnier.

Il est logé   où pareilles affiches sont sur la porte.

Ici est terminé l'inventaire des titres de la Sauviolle.

Maintenant puisque l'occasion s'en présente, je vous prierai de rectifier l'erreur de l'abbé Alis qui, dans la notice consacrée à la famille de Fontainemarie, dans l'histoire du château de Mauvezin, a fait de moi un médecin-major au 20° de ligne. Il y avait en effet à Marmande, un médecin militaire qui portait le même nom que moi, mais différemment orthographié. Mon grand-père, Pierre-Emile d'Antin, le mari de Mathilde-Flore de Fontainemarie, était fils de Bertrand d'Antin, de la maison d'Antin en Bigorre, major de vaisseau, lieutenant-colonel de marine, et d'Élisabeth Angélique de Mondenard de Roquelaure. Sans attacher d'autre importance à cette erreur, je ne serai pas fâché de recouvrer ma personalité.

Laplume, 4 juillet 1889.   D'ANTIN

ERRATUM

Prière de transporter de la page **54** à la page **52**, la note sur *le prieuré de Garrigues*, portant le n° 1 (dernier alinéa), dans la page où elle a été malencontreusement placée.

———————